Rudolf Steiner  1861~1925

**신지학THEOSOPHY**_초감각적 세계 인식과 인간 규정성에 관하여

## 일러두기

- 이 책은 루돌프 슈타이너 전집 제9권 『Theosophie_Einführung in übersinnliche Welter-
  kenntnis und Menschenbestimmung』을 제목이나 내용의 축약 없이 그대로 옮긴 것이다.

- 본문 중 GA는 루돌프 슈타이너 전집 서지 번호이다.

- 이 책은 1904년 초판 발행된 것으로 1990년 발행 당시 발행자가 삽입한 각주를 원발
  행자로 옮겨 실었다.

# 신지학 THEOSOPHY

초감각적

세계 인식과

인간 규정성에

관하여

*Rudolf Steiner*

루돌프 슈타이너 저술

최혜경 옮김

서출판

OMO

른씨앗

# 차례

## 신판을 내며

이 책의 제9판본 출판을 앞둔 1918년에 필자는 내용 전체를 면밀히 검토했다. 그 이후로 이 책에 설명된 인지학적 세계관을 반박하는 서적들이 눈에 띄게 늘었다. 1918년에 상당히 많은 부분을 확장, 보충했다. 이번 신판에서는 그와 맞먹을 만큼 많은 부분을 고치지는 않았으나, 각 부분에서 나올 수 있는 이의를 직접 제기해 보았고, 또한 그 이의를 제거하기 위해 신중하게 그 무게를 가늠해 보았다. 이 점을 고려하는 사람은 항간에 나도는 반박조의 서적에 대해 필자가 무엇을 말하고자 하는지 역시 본질적으로 알 수 있다. 특히 1918년 이래 지난 4년간 인지학적 세계관을 필자의 영혼 속에서 다방면으로 확장했다. 뿐만 아니라 그것을 심화하는 것도 허락되었다. 그럼에도 불구하고 이번에는 당시만큼 내용을 보충해야 할 내적인 이유가 없었다. 그 확장과 심화는 이 책에 쓰인 내용을 대단히 의심스러운 것으로 만들지 않았다. 오히려 그 이후로 발견된 사항들은 이 근본적인 설명 내용 중 본질적인 것은 하나도 변경하지 않는 게 옳다는 것을 보여 준다고 생각한다.

1922년 11월 24일, 슈투트가르트

# 제9판에 즈음한 서문

신판을 낼 때마다 늘 그렇게 해 왔듯이 이번에도 이 책에서 설명한 것을 다시 신중하게 검토했다. 그 결과로 이 신판에 실린 내용은 상당 분량 확장, 보충되었다. 특히 제2장 '정신의 재현신과 숙명'을 거의 모두 개정했다. 예전 발행본에서 정신과학적 결과로서 정당화된 내용은 전혀 바꿀 필요가 없다는 생각이다. 그래서 예전 판에 실린 내용 중 본질적인 부분은 하나도 삭제하지 않았다. 그 대신에 많은 것을 부가했다. 정신과학적 영역에서는 사람이 예전에 설명했던 것을 마주 대하는 경우 그렇게 한번 말한 것을 여러 방향에서 재조명해 더 명확한 그림을 보여 주고 싶다는 욕구를 느끼는 게 보통이다. 단어를 주조하기 위해서, 더 풍부한 형태로 표현하기 위해서 지속적인 영혼 경험이 보증하는 것을 활용하도록 강요되는 자신을 만난다. 필자는 그에 관해 제6판 서문에서 이미 고백했다. 그리고 특히 **이번** 개정판에서 그 강요를 따랐다. 이런 연유에서 이 신판은 '다중적으로 확장, 보충된 것'이라고 불러도 괜찮다.

1918년 7월, 베를린

## 제6판에 즈음한 서문

신판 발행이 불가피해질 때면 거의 매번 책 내용을 신중히 검토했다. 이번에도 역시 그 과제를 치렀다. 이번 검토와 개정에 대해서는 3판본을 냈을 때와 비슷하게 말할 수 있다. 그래서 '제3판에 즈음한 서문'을 본문 바로 앞에 싣는다. 그렇다 해도 **이번에는 세부 사항에 있어서 많은 부분을** 이전 판본에서 할 수 있었던 것보다 더 명확하게 보여주기 위해 특히 세심한 주의를 기울였다. 많은 것이, 아주 많은 것이 이 방향에서 더 일어나야 한다는 것을 잘 알고 있다. 단, 정신세계를 서술하는 경우에는 사실이나 체험을 표현해야 할 함축적인 단어나 적절한 어법을 찾아내기 위해 영혼이 가는 길에 의존한다. 반드시 찾아야겠다는 의도를 가지고 그렇게 하면 헛된 구함에 그치고 마는 바로 그 표현이 영혼이 가는 길에서 '적절한 때가 되면' 그냥 주어진다. 필자는 정신세계를 인식하는데 있어 주요 세부 사항과 관련해 이 신판 중 몇 부분에서 중대한 사항을 처리하도록 허락되었다고 믿는다. 몇 가지는 이제야 비로소 되어야 할 그대로 설명된 듯이 보인다. 10년 전 이 책을 처음으로 출판한 이래 필자의 영혼이 정신세계에 대한 더 많은 인식을 향해 씨름해 나아가면서 겪은 것들 중 어떤 것을 이 6판본이 함께 했다고 감히 고백한다. 이 6판본의 근본적인 성향은, 심지어 본질적인 모든 것을 위한 표현 양식조차 초판과 완전히 똑같을 수 있다. 그럼에도 불구하고 필자가 정신 연구를 해 온 지난 10년 동안 획득했다고 믿는 것을 서술한 이 책을 생생하게 살아 있는 것으로서 마주 대하고 있다는 것을 많은 부분에서 알아볼 수 있을 것이다. 이 책이 완전히 새로운 것이 아니라 예전 판본을 재판하는 것에 그쳐야 했다면, 그에 맞추어 적절한 한도 안에서 개정할 수도 있었다. 이 신판에서 주로 추구한 것은, 몇몇 부분에서 나올 수 있는 이러저러한 질문에 대한 답을 독자 스스로 발견할 수 있도록 개별적인 '확장과 보충'을 통해서 배려하는 것이었다.

　　이 격동하는 시대에, 그리고 격동하는 영혼으로 이 6판본에 들어갈 문장을 써 내리고 있다. 현재 인류가 체험하고 있는 비극적 사건이 유럽에 덮쳐 왔을 때 '인식의 길'까지 인쇄가 끝났다. 이 서문을 쓰고 있는 지금 이 시대 영혼에 폭풍처럼 휘몰아치는 사건을 언급하지 않는다는 것은 불가능해 보인다.

1914년 9월 7일, 베를린

# 제3판에 즈음한 서문

1_재판할 때 말했던 것을 이 3판에서 다시 언급해도 괜찮다는 생각이다. 이번에도 역시 이 책에서 설명하고 있는 것에 더 정확한 형상을 부여하는데 중요하다고 생각되는 '확장과 보충'이 개별적인 부분에서 이루어졌다. 초판과 재판에 들어 있는 내용을 근본적으로 바꾸어야 할 필요성은 전혀 없어 보인다. 마찬가지로 이 책의 과제에 대해 이미 초판에 말한 것과 재판 서문에 첨가한 것도 현재 변경할 필요가 없다. 그래서 사실 이 지면에서는 초판과 재판 서문에 첨가한 것을 다시 제시하고자 한다.

2_이 책에서는 초감각적 세계 중 몇 부분을 상세히 설명할 것이다. 감각에 드러나는 것만 인정하는 사람은 이 설명을 본질이 없는 공상에서 나온 창작으로 여길 것이다. 하지만 감각 세계를 벗어나는 길을 찾는 사람은, 인간 삶이 다른 세계를 인식할 때만 가치와 의미를 얻는다는 것을 머지않아 이해하도록 배운다. 이런 인식으로 인해 −흔히 사람들이 두려워하는 것처럼− '사실상'의 인생에 소원하게 되지 않는다. 이 인식을 통해서야 비로소 사실상의 인생에 두 발을 단단히 딛고 서기를 배우기 때문이다. 초감각적 세계를 인식하는 사람은 인생의 **원인**을 알아보게 된다. 반면에 이 인식이 없으면 맹인처럼 **효과**만 더듬거리며 그 사이를 지나갈 뿐이다. 감각적인 '실재'는 초감각적인 것을 인식함으로써 비로소 그 의미를 얻는다. 그러므로 사람이 그 인식을 통해 인생에서 실용적으로 되지 무능해지지는 않는다. 삶을 이해해야만 진정으로 '실용적인' 인간이

될 수 있다.

　　3_필자는 경험을 통해서, 특히 이 영역에서 인간이 할 수 있는 종류의 경험을 통해서 증명할 수 있는 것 외에 다른 것은 전혀 설명하지 않는다. 오직 이 의미에서 스스로 체험한 것만 묘사되어야 한다.

　　4_우리 시대에 길들인 독서 방식으로는 이 책을 읽을 수 없다. 독자는 특정 관계에서 이 책 한 장 한 장마다, 심지어는 문장 하나하나마다 스스로 **작업해야만** 한다. 필자는 이것을 의식적으로 추구했다. 왜냐하면 이 책은 그렇게 해야만 독자에게 되어야 할 것이 될 수 있기 때문이다. 그저 읽어 내려가는 사람은 이 책을 전혀 읽지 않는 것이나 다름없다. 독자 자신의 진실이 체험되어야 한다. 정신과학은 오로지 이 의미에서만 가치가 있다.

　　5_세간에 널리 알려진 과학적 입장으로는 이 책을 판단할 수 없다. 판단을 위한 관점은 이 책 자체에서 획득되어야 한다는 말이다. 비평가가 이 관점을 받아들인다면, 어떤 면에서도 이 설명으로 인해 진정한 과학성에 모순이 되지 않는다는 것도 당연히 알아보게 된다. 필자는 어떤 단어를 통해서도 과학적 양심에 모순이 되지 않도록 했다고 자부한다.

　　6_이 책에 제시된 진실을 다른 길에서 찾고자 하는 사람은 필자의 다른 저서인 『자유의 철학Die Philosophie der Freiheit』(GA 04)에서 그것을 발견할 수 있을 것이다. 이 두 책은 다른 방식으로

같은 목표를 추구한다. 비록 몇 가지 사항에 있어서 두 권 모두 읽으면 도움이 되겠지만, 그래도 한 책을 이해하기 위해서 다른 책이 반드시 필요하지는 않다.

7_이 책에서 '최종적'인 진실을 찾는 사람은 필시 불만스러운 기분으로 책을 덮을 것이다. 정신과학의 전 영역 중에서 일단 **기본이 되는 진실**만 제시되기 때문이다.

8_처음부터 곧바로 세계의 시초와 종말을, 현존 목적을, 신의 본성을 물어보는 것은 인간이 지니는 자연스러운 성격이기는 하다. 하지만 **이해**를 위한 단어와 개념이 아니라 삶을 위한 진정한 인식을 마음속에 품고 있는 사람은, 정신-인식의 초보 단계를 다루는 설명에서 지혜의 고차 단계에 속하는 주제를 말해서는 **안 된다**는 것을 잘 알고 있다. 그리고 이 초보 단계를 이해함으로써 비로소 고차적인 질문들이 어떤 식으로 제시되어야 하는지도 분명해진다. 다른 영역에 대한 확장된 전달 사항은 이 책에 이어지는 다른 책, 즉 필자의 『윤곽으로 본 신비학Die Geheimwissenschaft im Umriss』 (GA 13)에서 찾아볼 수 있다.

9_이미 재판 서문에 보완적으로 덧붙인 대로, 오늘날 초감각적 사실에 대해 설명하는 사람은 두 가지 사항을 분명하게 숙지해야 한다. 그 첫 번째는, 특히 우리 시대에 초감각적 인식을 양성할 **필요가 있다**는 것이다. 두 번째는, 많은 사람이 그런 설명을 어처구니없는 환상이나 몽상으로 보게 만드는 표상과 느낌이 오늘날 정신생활에

만연한다는 것이다. 현시대는 초감각적 인식을 필요로 한다. 왜냐하면 인간이 세상과 삶에 대해 틀에 박힌 방식으로 경험하는 모든 것이 인간 내면에 수많은 질문을 불러일으키고, 이 질문은 오로지 초감각적 진실을 통해서만 대답될 수 있기 때문이다. 다음 사실을 오판해서는 안 된다. 현존의 근원에 대해 오늘날 정신 사조에서 가르침으로 받을 수 있는 것은 보통보다 더 깊이 감지하는 영혼에게 대답이 아니라, 세계와 삶에 대한 커다란 수수께끼와 관계하는 **질문**이라는 것 말이다. '엄격한 과학적 사실에서 나온 결과'에서, 그리고 몇몇 현대 사상가가 내린 결론에서 현존이 내는 수수께끼에 대한 답을 얻었다는 생각을 얼마 동안은 할 수 있다. 그런데 영혼이 스스로를 진정으로 이해하는 경우에 들어갈 수밖에 없는 그 깊이까지 파고들면, 처음에는 답처럼 다가왔던 것이 실은 진실한 질문을 하게 만드는 자극으로 밝혀진다. 그리고 그 질문에 대한 답은 인간의 호기심에 부응해서는 안 된다. 영혼 생활의 내적인 평정과 완결성이 그 답에 의존한다. 그런 답을 얻기 위한 노력은 지적인 욕구를 충족시키는 데에 그치지 않고, 더 나아가 인간을 쓸모 있게 만들어서 인생을 위한 과제를 떠맡을 수 있도록 준비시킨다. 그런 반면 해당 질문에 대한 답이 없으면 인간은 영적으로, 그리고 종국에 육체적으로도 역시 활기를 잃고 위축된다. 초감각적인 것을 인식한다는 것은 이론적인 욕구를 위한 어떤 것만은 아니며, 삶의 진정한 실천을 위한 것이다. 다름 아니라 바로 현대 정신생활의 양식 때문에 **정신-인식**은 우리 시대에 필수불가결한 인식

영역이 되었다.

10 다른 한편으로는 오늘날 정황이 그러하기를, 실은 가장 불가피하게 그 인식을 필요로 하는 다수가 가장 극렬하게 그것을 거부한다. '확실한 과학적 경험'을 지반으로 삼아 구축된 수많은 이론이 너무 강한 강제력으로 작용하기 때문에, 적잖은 사람이 이 책과 같은 저술물에 제시된 내용을 근거 없는 헛소리로 치부할 수밖에 없는 상태에 있다. 초감각적 인식을 설명하는 사람은 착각에 빠지는 일이 없이 그런 정황을 완전히 냉철하게 대할 수 있다. 그런데 사람들은 그 설명에 대해 '반박할 여지가 없는' 증거를 내놓으라고 요구하려는 유혹에 쉽사리 빠진다. 그런 증명을 요구하면서 스스로 미혹에 빠진다는 생각은 하지 않는다. 왜냐하면 그런 사람들은 사실에 내재하는 증거가 아니라, – 물론 무의식적으로 – 자신이 인정하고 싶은 것이나, 아니면 자신이 서 있는 입장에서 인정이 가능한 것을 요구하기 때문이다. 필자는 현대 자연 인식이라는 바닥에 서 있는 사람이라면 누구나 인정할 수 있는 것 외에 다른 것은 이 책에 전혀 들어 있지 않다고 자신한다. 이 책에 실린 내용은 자연 과학의 모든 요구 사항을 따랐고, 바로 **그런 이유에서** 초감각적 세계에 관해 제시하고 있는 설명 양식이 자체적으로 확립된 것임을 알아볼 수 있을 것이다. 그렇다. 진정한 자연 과학적 표상 양식이야말로 이 설명에서 집에 온 듯이 편안하게 느껴야 하리라. 그리고 이렇게 생각하는 사람은, 적잖은 논의가 괴테Johann Wolfgang von Goethe

의 심오하게 진실한 문장에 드러나는 양식으로 마음에 와 닿는다고
느낄 것이다. "거짓스러운 가르침은 반박될 수 없다. 왜냐하면
그런 가르침은 오류가 진실이라는 확신에 근거하기 때문이다."
자신의 사고 방식을 따르는 증명만 인정하려는 사람과 논의한다는
것은 무의미하다. '증명'의 본질을 잘 알고 있는 사람은, 인간 영혼이
논의를 통해서가 아니라 다른 길에서 진실을 발견한다는 점 역시 잘
알고 있다. 이 책 제3판 역시 그런 의향으로 세상에 건네져야 하리라.

1910년 루돌프 슈타이너

도입문

01.　　　1813년 가을, 요한 고틀리프 피히테Johann Gottlieb Fichte는 진실에 온전히 헌신한 인생의 완숙된 열매로서 '지식학'을 강의했다. 그는 강의 앞부분에서 다음과 같이 말했다. "이 강의는 완전히 새로운 내적인 감각 도구를 전제 조건으로 한다. 그 도구를 통해서 보통 사람에게는 전혀 존재하지 않는 새로운 세계가 열릴 것이다."* 이어서 한 가지 비유를 통해 평범한 감각 표상을 가지고 그의 가르침을 평가하려는 사람에게 그것이 얼마나 불가해할 수밖에 없는지를 보여 주었다. "맹인으로 태어난 사람들만 사는 세상을 한번 상상해 보라. 그 사람들은 촉각을 통해서 그 존재를 알 수 있는 사물과 그 사물들 간의 관계에만 익숙해져 있다. 너희가 그 사람들을 만나서 빛을 통해서만, 그리고 시각을 위해서만 존재하는 다른 상황과 색채에 관해 이야기한다. 이는 그들에게 무無에 대해 말하는 것이나

---

\* 　원발행자_요한 고틀리프 피히테의 『지식학Wissenschaftslehre』 도입 강의.
　　선험적 논리와 의식의 사실 정황에 대해 1812년과 1813년 베를린 대학교에서
　　행한 강의. 임마누엘 헤르만 피히테Immanuel Hermann Fichte가 발행한
　　유고집(1834년) 4쪽
　　옮긴이_임마누엘 헤르만 피히테Immanuel Hermann Fichte(1796-1879)_ 독일
　　신학자, 철학자. 요한 고틀리프 피히테의 아들

다름없다. 그들이 너희에게 그 사실을 말이라도 해 준다면, 너희는 그나마 행운아에 속한다. 왜냐하면 그런 식으로 너희 오류를 곧바로 알아챌 것이고, 그 사람들 눈을 열어 줄 능력이 되지 않으니 헛되이 말하기를 중단할 것이기 때문이다." 그런데 피히테가 이 강의에서 암시하는 것과 같은 주제에 대해 말하는 사람의 처지는 바로 맹인으로 태어난 사람들 사이에 있는 눈 뜬 사람의 처지와 굉장히 비슷하다. 다만 그런 주제는 진정한 인간 존재와 최상의 인간 목표와 관계한다. 그러므로 '헛되이 말하기를 중단하는 것'이 필요하다고 믿는 자는 인류를 포기해야만 하리라. 오히려 이 주제에 있어서는 눈을 뜨려는 의지가 있는 사람의 '눈을 열어 줄' 가능성이 있다는 점을 한순간이라도 의심해서는 안 된다. 그러므로 '내적인 감각 도구'가 자라나서 그것을 통해 외적인 감각에는 숨겨진 진정한 인간 존재를 인식할 수 있게 되었다고 느낀 모든 이가 그 전제 조건 아래 말하고 저술했다. 그랬기 때문에 그런 '숨겨진 지혜'가 고래로부터 끊임없이 전해 내려왔다. 건강한 눈을 지닌 사람이 색채 표상을 소유한다고 느끼는 바와 마찬가지로, 그런 것에 대해 어떤 것을 파악한 사람은 그것을 소유하고 있다고 확실하게 느낀다. 그렇기 때문에 '숨겨진 지혜'를 위한 '증명'이란 그에게 전혀 필요치 않다.

그리고 그는 자신과 같이 '고차적 감각'이 열려서 비밀을
알게 된 다른 사람을 위한 증명 또한 있을 수 없다는 사실을
잘 알고 있다. 그가 그런 사람에게 말할 때는, 미국을
여행하고 온 사람이 아직 미국에 가 보지 않은 사람에게
여행담을 이야기해 주듯이 한다. 그 여행담을 들은 사람은
기회가 있으면 미국에 가서 직접 보고 그에 대한 표상을
만들 수 있다.

02.      하지만 초감각적인 것을 관찰하는 자는 정신세계를
연구하는 사람뿐 아니라 모든 사람을 염두에 두고 말해야
한다. 왜냐하면 모든 사람과 관계하는 것을 전달해야 하기
때문이다. 그렇다, 그는 알고 있다. 그것에 대한 앎이 없이는
아무도 문자 그대로의 진정한 의미에서 '인간'이 될 수 없다는
것을. 그리고 그가 말해야 하는 내용을 이해하는 데에는
다양한 단계가 있다는 것도 알기 때문에 모든 사람을
대상으로 해서 말한다. 초감각적인 것을 관찰하는 자는,
비록 고유한 정신 연구를 위한 시야가 열릴 때까지 아직은
많은 시간이 더 필요한 사람들 역시 그에게 이해심을
보일 수 있다는 것을 알고 있다. **모든** 인간 내면에 진실에
대한 **느낌과 이해심**이 들어 있기 때문이다. 그는 다른
무엇보다도 모든 건강한 영혼 속에서 빛날 수 있는 그

이해심에 호소한다. 더 고차적인 인식 단계로 차츰차츰
이끌어가는 힘들 중에 한 가지가 바로 그 이해심에 들어
있다는 것을 알고 있다. 처음에 전달되는 것에서 **아무것도
보지 못한다**는 느낌, 바로 그 느낌이 '정신의 눈'을 열어 주는
마술사다. 그 느낌이 어둠 속에서 꿈틀거린다. 영혼은 **보지
못한다.** 단, 그 느낌을 통해서 **진실의 힘**에 사로잡히게 된다.
그러면 진실이 영혼에 차츰차츰 다가와서 '고차적 감각'
을 열어 준다. 이것이 어떤 사람한테는 그리 오래 걸리지
않고, 어떤 사람한테는 좀 더 오래 걸린다. 그래도 참을성과
지구력이 있는 사람은 그 목표에 도달하도록 되어 있다.
왜냐하면 맹인으로 태어나 육체적인 장애가 있는 경우에는
수술을 한다고 해서 반드시 눈이 열린다고 보장할 수 없는
반면에, **정신적인 눈은 누구에게나** 열릴 수 있기 때문이다.
언제 그 눈이 열릴지는 단지 시간 문제일 뿐이다.

03.　　　학식이나 학문적 교육 수준은 그 '고차적 감각'을
열어 주는 전제 조건이 전혀 되지 않는다. 그 감각은 고도의
학문적 수준에 이른 사람뿐 아니라 배운 것이 없는 순박한
사람한테도 열릴 수 있다. 현시대에 흔히 '유일무이한'
학문이라 불리는 것은 자주 그러하기를 그 목표에 도움이
되기보다는 오히려 방해가 될 수 있다. 왜냐하면 그런

학문은 자체적 성격으로 인해 보통 감각으로 접근할 수 있는 것만 '실재'로 여기기 때문이다. 그리고 **이** 실재를 인식하기 위해 그 학문이 이룬 업적이 아무리 위대하다 해도, 그 학문에 필수적이고 유익한 것을 인간의 모든 앎을 위한 기준이라고 선언한다면, 그와 동시에 고차적인 실재로 가는 입구를 막아 버리는 수많은 편견을 양산해 낸다.

04.　　사람들은 이 책에 쓰인 내용에 대해 자주 다음과 같은 이의를 제기한다. "어쨌든 간에 '넘어설 수 없는 한계' 가 일단은 인간에게 주어졌다." 인간은 그 한계를 넘어설 수 없고, 그렇기 때문에 그런 '한계'를 참작하지 않는 인식은 모두 거부해야 한다는 것이다. 그리고 인간 인식 능력의 한계 너머에 있다고 이미 확정된 주제에 관해 어떤 것을 말하고 싶어하는 사람이 있으면, 대다수는 그 사람을 상당히 건방지다고 생각한다. 사람들은 이런 이의를 제기하면서 고차적인 것을 인식하기 전에 인간 인식력이 **발달되어 있어야 한다**는 사실을 전적으로 간과한다. 이 인식력은 모든 인간 내면에 잠자고 있는 능력이고, 이 능력이 **발달되기 전에는** 인식의 한계 너머에 **놓여 있는 것**이 발달된 뒤에는 전적으로 인식 영역 **내부에** 존재하게 된다. 물론 여기에서 한 가지 사항을 반드시 고려해야 한다. 다음과 같이 말할 수

있다. "인간 인식력이 아직 깨어나지 않았기 때문에 어차피 알아보지 못할 것에 대해 말을 한들, 그것이 사람들한테 도대체 무슨 소용이 있는가?" 이 질문은 상황을 오판하기 때문에 나온다. 해당 사항이 있는 그것을 **발견하기 위해서는** 당연히 특정 능력을 필요로 한다. 하지만 그것이 발견된 뒤에는 **전달될 수 있다.** 그러면 편견 없는 논리와 건강한 진실 감각을 적용하려는 의지가 있는 사람이라면 **누구나** 그것을 이해할 수 있다. 어떤 편견을 통해서도 흐려지지 않는 통합적인 사고와 가차없이 자유로운 진실 감각을 자신 내면에 작용시키는 사람 누구에게나, 인생과 세계 현상의 수수께끼에 만족스러운 방식으로 접근할 수 있도록 하는 것이라는 인상을 주는 것만 전달할 뿐, 그 외에 다른 것은 이 책에 전혀 들어 있지 않다. 다음과 같은 질문을 하는 입장에 한번 서 보면 된다. "이 책에서 주장된 내용이 진실이라면, 인생이 만족스럽게 해명될 수 있을까?" 그리고 인간 각자의 **인생이** 그 증거가 된다는 것을 발견할 것이다.

05.　　　그런데 그 고차적 현존 영역에서 '스승'이 되려면, 그 영역을 위한 감각이 열리는 것으로는 충분치 않다. 일상의 실재 영역에서 학문이 교사라는 직업에 한 부분인 바와 마찬가지로 그 영역에서도 역시 '학문'이 한 부분을 이룬다.

감각적인 실재 안에서 건강한 감각이 사람을 '학자'로 만들지 않는 것과 똑같이 정신적인 실재 안에서는 '고차적인 관조'가 사람을 곧바로 '아는 자'로 만들지 않는다. 모든 실재는 진실에서 보자면 정신적인 것의 낮은 차원과 높은 차원이고, 하나이면서 동일한 근본 존재의 양면인지라 낮은 차원의 인식에 있어 무지한 사람은 고차적인 것에 있어서도 역시 그렇게 머무르게 된다. 바로 이 사실이 ―정신적 소명을 통해서― 정신적 현존 영역에 관해 발설해야 할 이유가 있다고 느끼는 사람 내면에 잴 수 없이 커다란 책임감을 불러일으킨다. 이 책임감은 또한 그에게 겸양과 신중함을 부여한다. 그래도 이 책임감이 고차적인 진실을 다루고자 하는 사람에게 저지하는 요소로 작용하면 절대로 안 된다. 평상시의 인생에서 통상적인 학문과 관계할 계기가 전혀 없는 사람에게도 책임감이 그런 역할을 해서는 안 된다. 왜냐하면 사람이 식물학이나 동물학, 수학이나 다른 학문에 대해서 별로 아는 것이 없어도 인간으로서 자신의 과제를 훌륭히 처리할 수 있지만, 초감각적인 것에 대한 앎을 통해 밝혀진 인간 존재와 숙명에 어떤 방식으로든 접근하지 않고는 온전한 의미에서 문자 그대로 '인간'이 될 수 없기 때문이다.

06.      인간이 올려다볼 수 있는 최고의 것, 그것은
'신적인 것'이라 불린다. 그리고 인간은 최상의 목적을 어떤
방식으로든 그 신적인 것과 연결해서 생각해야 한다. 바로
이런 연유에서 감각적인 것을 벗어나는 지혜, 달리 말해
인간에게 그 자신의 존재를, 그와 동시에 그의 규정성을
드러내는 지혜를 '신적인 지혜' 혹은 **신지학**이라 명명해도
괜찮다. 인간 삶과 우주 삼라만상 속에서 일어나는 정신적인
과정을 고찰하는 것을 **정신과학**이라 칭할 수 있다. 이
책에서 시도된 바와 같이 정신과학에서 특히 인간 존재
중 정신적인 알맹이와 관련하는 결과를 분리해 내면, 바로
그 영역을 위해서 '신지학'이라는 표현이 사용될 수 있다.
왜냐하면 수천 년 세월을 거치면서 신지학이라는 용어가 그
방향에서 사용되었기 때문이다.


07.      이로써 암시된 의향을 근거로 해서 신지학적
세계관이 이 책에 윤곽으로 그려졌다. 외부 세계에서 하는
체험이 눈과 귀에, 그리고 평범한 오성에 사실이듯, 그와
유사한 의미에서 필자에게 **사실인 것** 외에는 아무것도 이
책에 제시하고 싶지 않다. 이런 사실은, 이 책의 특정 장에
서술된 '인식의 길'에 들어서고자 결심한 누구나 접근할
수 있는 체험과 관계하는 것이다. 건강한 사고와 느낌은

고차 세계에서 진정한 인식으로서 흘러나올 수 있는 모든 것을 이해할 능력이 된다고 전제하면, 그리고 **이** 이해에서 출발하고 **이로써** 확고한 지반을 만들어 낼 때 자신의 관조를 향한 의미심장한 첫걸음을 뗀 것이라고 전제하면, 비록 자신만의 관조에 도달하기 위해서 또 다른 것이 더해져야 하기는 해도, 그 사람은 초감각적 세계의 안건을 올바른 방식으로 대하는 것이다. 그 길을 경멸하고 **오로지** 다른 방식으로 고차 세계로 뚫고 들어가려 하면 진정으로 고차적 인식을 향하는 문을 잠그는 격이다. 원칙은 이렇다. 고차 세계를 바라본 뒤에야 비로소 그 세계를 인정하려고 하면, 그것이 바로 그 관조 자체에 방해가 된다. 나중에 관조될 수 있는 것을 건강한 사고를 통해 먼저 이해하려는 의지가 그 관조를 장려한다. 그것이 '형안자炯眼者의 관조'로 이끌어가는 중요한 영혼의 힘을 마법처럼 생겨나게 한다.

# 1. 인간 존재

01.    **괴테**가 쓴 다음 문장은 인간 존재를 인식할 수 있는 여러 길 중에 한 가지 출발점을 훌륭하게 묘사하고 있다. "인간은 주변에 있는 대상을 인지하는 즉시 그것을 자신과 연관시켜 고찰한다. 그렇게 하는 것이 당연하다. 왜냐하면 그의 숙명 전체가, 그 대상이 마음에 드는지 들지 않는지, 흥미로운지 혐오스러운지, 자신에게 유용한지 유해한지 등에 걸려 있기 때문이다. 주변의 대상을 주시하고 판단하는 완전히 자연스러운 그 양식은 불가피한 만큼 또한 아주 쉬워 보인다. 그런데 그렇게 하면서 인간은 수많은 오류에 빠지고, 그 때문에 나중에는 부끄러워하게 되고, 인생이 비참해지기도 한다. 훨씬 더 어려운 일을 떠맡는 사람은 따로 있다. 지식에 대한 활기찬 욕구를 가지고 자연 대상물 자체를, 그리고 그것들 간의 관계를 관찰하려고 노력하는 자가 바로 그런 사람이다. 왜냐하면 그는 인간으로서 **자신과** 사물을 연관시켜 고찰할 때 도움이 되는 기준이 없다는 것을 곧바로 알아보기 때문이다. 대상이 마음에 드는지 들지 않는지, 흥미로운지 혐오스러운지, 자신에게 유용한지 유해한지 등에 대한 기준이 그에게는 없다. 그는

그런 기준을 완전히 포기해야 한다. 마치 신적인 존재가 된 것처럼 공평무사한 태도로 마음에 드는 것이 아니라 있는 그대로를 찾고 조사해야 한다. 그러므로 진정한 식물학자는 식물에 있는 아름다운 면이나 유용성에 마음을 주지 않는다. 한 가지 식물이 어떤 형태를 띠는지, 그것이 식물계에서 다른 것과 어떤 관계에 있는지 조사한다. 햇빛이 모든 식물을 공평하게 비추고 자라나게 하듯이, 식물학자도 그와 똑같이 공평한 시각으로 모든 식물을 관찰하고 조망해야 한다. 그리고 그 인식에 이르는 기준과 판단 자료는 자신에게서가 아니라 관찰하는 대상의 영역에서 얻어 내야 한다."*

02.     괴테가 서술한 이 생각은 세 가지 사항을 주목하도록 만든다. 그 첫 번째는 대상이다. 인간이 듣고, 보고, 만지고, 냄새 맡고, 맛을 보는 대상에 대한 정보가 감각의 문을 통해 끊임없이 밀려든다. 두 번째는 대상이 호불호, 욕구, 혐오감 등으로 인간에게 남기는 인상이다. 이런 인상으로 인해 사람이 이것은 마음에 들어 하는 반면에 저것은 공연히 싫어하고, 어떤 것은 유용하게 여기는 반면에 다른 것은

---

* 　원발행자_〈주체와 객체를 매개하는 자로서 시도하다.Der Versuch als Vermittler von Objekt und Subjekt〉(1793년) 논문에서 인용

유해한 것으로 본다. 그리고 세 번째는 인간이 '신적인 존재가 된 것 같은 입장에서' 대상에 대해 얻는 인식이다. 바로 대상의 현존과 작용에 대해 인간에게 밝혀진 비밀이 그것이다.

03.　　　이 세 영역은 인간의 삶에서 명확하게 구별된다. 바로 그래서 인간이 삼중적인 양식으로 세계와 엮여 있다는 것을 알아보게 된다. 그 첫 번째 양식은, 인간이 있는 그대로 발견하는 어떤 것, 주어진 사실로서 받아들이는 어떤 것이다. 두 번째 양식을 통해서 인간은 세계를 자신의 안건으로, 자신에게 의미가 있는 어떤 것으로 만든다. 세 번째 양식, 이것을 인간은 끊임없이 추구해야 할 목표로 고찰한다.

04.　　　왜 세계는 인간에게 이렇게 삼중적인 양식으로 드러나는가? 단순한 고찰이 그 이유를 가르쳐 준다. 이제 내가 꽃이 만발한 들판으로 산책을 간다고 하자. 꽃들이 내 눈에 그들의 색을 드러낸다. 이는 내가 주어진 것으로서 받아들이는 사실이다. 오색찬란한 색채에서 환희를 느낀다. 이로써 하나의 사실을 나 자신의 안건으로 만든 것이다. 내가 느낌을 통해서 나 자신의 현존에 그 꽃을 연결시킨다.

일 년 뒤에 다시 그 들판으로 산책을 간다. 일 년 전과는 다른 꽃들이 그곳에 있다. 그 꽃들을 보면서 새로이 환희를 느낀다. 작년에 느꼈던 환희가 기억으로 되살아난다. 그 기억이 내 안에 있다. 그 기억을 되살리는 대상물은 덧없이 사라졌다. 하지만 지금 보고 있는 꽃들은 작년에 핀 꽃들과 같은 종류다. 달리 말하자면 지금 보고 있는 꽃들도 작년에 본 꽃들과 같은 법칙에 따라 피고 있다는 것이다. 내가 그 양식을, 그 법칙성을 일단 밝혔다면, 그것을 작년에 핀 꽃에서 알아본 것과 마찬가지로 올해 핀 꽃에서도 다시 발견한다. 그리고 아마도 다음과 같이 곰곰이 생각할 것이다. '작년에 그 꽃들은 덧없이 사라졌다. 그것들에서 느낀 환희는 내 기억으로만 남아 있다. 작년에 그 꽃들은 단지 **내** 현존에 결합되어 있을 뿐이다. 하지만 내가 작년에 핀 꽃에서 인식했고, 올해 다시금 인식하는 것, 그것은 꽃이 피는 한 항상 남아 있다. 그것은 내게 드러나기는 했지만 내 환희와 같은 방식으로 내 현존에 의존하지 않는 어떤 것이다. 환희와 같은 느낌은 **내 내면에** 머문다. 반면에 꽃의 법칙성은, 즉 꽃의 **본질**은 세계에서 내 외부에 머문다.'

05.    이와 같이 인간은 끊임없이 삼중적인 양식으로 외부 세계 대상과 자신을 연결시킨다. 일단 이 사실 정황에

아무것도 부가하지 않고, 주어진 그대로 파악해 보자. 그러면 인간은 **그 존재에 있어 세 가지 면**을 지닌다는 결과가 나온다. 바로 이것만, 다른 것은 절대 안 되고 이 세 가지만 여기에서 잠정적으로 **신체, 영혼, 정신**이라는 단어로 암시되어야 한다. 어떤 선입견이나 심지어는 가정을 이 세 단어에 연결시키는 사람은 다음에 이어지는 설명을 불가피하게 오해할 수밖에 없을 것이다. 여기에서 **신체**라 함은, 위에서 예로 든 꽃들처럼 주변에 있는 대상이 인간에게 드러나도록 하는 것을 일컫는다. **영혼**이라는 단어로는, 인간이 주변에 있는 대상을 자신 현존과 연결하도록 만드는 것을, 대상에서 호불호, 기쁨과 고통, 쾌감과 불쾌감 등을 느끼도록 만드는 것을 암시해야 한다. **정신**은, 인간이 괴테의 표현처럼 '신적인 존재가 된 것 같은 입장에서' 대상을 관찰할 때 그의 내면에서 드러나는 것을 의미한다. 이런 의미에서 인간은 **신체, 영혼, 정신**으로 이루어져 있다.

06.　　　인간은 신체를 통해 일시적으로 대상과 자신을 연결할 수 있다. 영혼을 통해서 대상이 남기는 인상을 내면에 보존한다. 그리고 마침내 정신을 통해서 대상 자체가 보유하는 것이 그에게 드러난다. 인간을 이 세 방면으로

고찰할 때만 그 본질이 해명될 것이라 기대할 수 있다. 왜냐하면 이 세 방면이, 인간은 외부 세계와 세 가지 다른 방식으로 유사하다는 것을 보여 주기 때문이다.

07.　　인간은 신체를 가지고 있기 때문에 감각에 드러나는 외부 대상과 유사하다. 인간 신체는 외부 세계에 있는 질료로 구성되어 있다. 그뿐 아니라 외부 세계 힘들 역시 인간 신체 속에서 작용한다. 그리고 인간은 외부 대상을 감각으로 관찰하듯 자신의 신체적 현존 역시 그렇게 관찰할 수 있다. 하지만 그와 똑같은 방식으로 영적인 현존을 관찰하는 것은 불가능하다. 인간에게서 신체적 과정으로 일어나는 모든 것은 역시 신체적 감각으로만 지각될 수 있다. 호불호, 기쁨과 고통 등은 자신도 타인도 신체적인 감각으로는 지각할 수 없다. 영적인 것은 신체적인 관찰로 접근할 수 없는 영역이다. 인간의 신체적 현존은 모두의 눈에 드러난다. 그에 반해 영적인 것은 인간이 **자신의** 세계로서 내면에 지닌다. **정신**을 통해서 외부 세계가 그에게 더 고차적인 양식으로 나타난다. 외부 세계의 비밀이 인간 내면에 드러난다. 이것을 더 정확히 설명하자면, 인간이 정신 속에서 스스로를 완전히 벗어나 대상이 그 자체에 대해 말하도록, 그러니까 인간을 위해서가 아니라 **대상**을

위해서 의미 있는 것에 대해 말하도록 둔다는 것이다.
인간이 별들 총총한 하늘을 올려다본다. 인간 영혼이
체험하는 환희는 인간에 속한다. 별들의 영원한 법칙,
그것을 인간은 사고내용 속에서, **정신** 속에서 파악한다.
그것은 인간에 속하지 않고 별들 자체에 속한다.

08.      이렇게 인간은 **세 가지 세계**의 시민이다. 신체를
통해서 지각하는 세계에 자신의 **신체**를 통해서 속한다.
인간은 **영혼**을 통해서 자신의 세계를 구축한다. 이 두
세계를 초월하는 세계가 인간에게 **정신**을 통해서 드러난다.

09.      이제 분명해 보인다. 세 가지 세계가 이렇게
근본적으로 다르니 세 가지 다른 고찰 방식으로만 각
세계를, 그리고 각 세계에서 인간이 하는 역할을 밝힐 수
있으리라는 것이.

# 인간의 신체적 본질

01.　　　인간 신체는 신체에 있는 감각 기관을 통해서 알아볼
수 있다. 그리고 그 고찰 방식은, 사람이 감각으로 지각할 수
있는 다른 대상을 알아보는 방식과 전혀 다르지 않다. 광물,
식물, 동물을 고찰할 때와 똑같이 인간을 고찰할 수 있다.
인간은 이 세 가지 현존 형태와 유사하다. 인간은 광물과
유사하게 자연에 있는 질료로 신체를 구축한다. 식물과
유사하게 성장하고 번식한다. 동물과 유사하게 주변에서
대상을 지각하고, 이 인상을 근거로 자신만의 내적인 체험을
형성한다. 그러므로 광물적 현존, 식물적 현존, 동물적
현존이 인간에 속한다고 말할 수 있다.

02.　　　광물, 식물, 동물의 구조에서 보이는 다양성은 세

가지 현존 형태에 상응한다. 그 구조가 ―그 형상이― 바로
인간이 감각으로 지각하는 것이고, 유일하게 신체라 불릴
수 있는 것이다. 그런데 인간 신체는 동물의 그것과 다르다.
인간과 동물 간의 유사성에 대해 어떻게 생각하는지와는
무관하게 그 차이는 누구나 인정해야 한다. 영적인 모든
것을 부정하는, 아주 극단적인 물질주의자라 해도,『자연
인식과 정신 인식의 논리학Organon der Erkenntnis der
Natur und des Geistes』에서 **카루스Carl Gustav Carus**가
서술한 다음 문장을 어쩔 수 없이 시인해야 할 것이다.
"생리학자와 해부학자에게는 신경 체계가, 그중에서도 특히
두뇌의 가장 섬세하고 내적인 구조가 실은 아직도 해명할
수 없는 수수께끼로 남아 있다. 다만 두뇌 조직의 복합성은
동물계에서 점점 더 고조되고, 인간의 경우 다른 존재에서
절대로 볼 수 없는 수준에 이른다. 이것은 완벽하게 규명된
사실이며, 인간의 정신적 발달을 위해 고도의 의미가
있다. 아니, 그 사실 자체가 이미 인간의 정신적 발달을
충분히 해명한다 해도 과언이 아니다. 생식기가 기형인
경우 종의 번식이 불가능하다는 것은 자명한 이치다. 그와
마찬가지로 두뇌가 적절히 발달되지 않은 경우, 그러니까
천치나 백치처럼 두뇌가 작고 빈약한 경우 특별히 개인적인
사고내용이 생겨날 수도, 인식이 있을 수도 없다. 그에 반해

전체 인간과 두뇌 구조가 적절하게 발달된 상태는, 물론 그 자체만으로는 창조력에 결정적이라 할 수 없지만, 적어도 고차적 인식을 위해 없어서는 안 될 첫 번째 전제 조건임을 보증한다."[*]

03.    세 가지 현존 형태, 즉 광물적, 식물적, 동물적 형태가 인간 신체에 속하듯이, 네 번째 형태, 즉 특별한 **인간적 형태**도 그에 속한다. 인간이 광물적 현존 형태를 소유하는 바, 보이는 모든 존재와 유사하다. 인간이 식물적 현존 형태를 소유하는 바, 성장하고 번식하는 모든 존재와 유사하다. 인간이 동물적 현존 형태를 소유하는 바, 주변 환경을 지각해서 받아들인 인상을 근거로 내적인 체험을 만드는 모든 존재와 유사하다. 마침내 자신만의 인간적 형태를 지님으로써 신체적 관계에서 이미 인간 자신만의 특별한 영역을 형성한다.

---

[*]    원발행자_카루스의 저서 『자연 인식과 정신 인식의 논리학Organon der Erkenntnis der Natur und der Geistes』(라이프치히, 1856)에서 〈인식에 관하여〉라는 논문에서 인용. 89쪽 이하 참조

# 인간의 영적 본질

01.　　　인간 영혼의 본질은 **자신만의** 내면 세계라는 점에서
인간 신체성과 구분된다. 아주 단순한 감각 지각만 주시해
보아도 곧바로 자신만의 세계가 대조적으로 드러난다.
단순한 감각 지각을 타인도 자신과 똑같은 방식으로
체험하는지, 그것은 일단 아무도 알아볼 수 없다. 색을
구분할 수 없는 사람, 즉 색맹은 사물을 다양한 회색조로
된 명암으로 본다. 어떤 사람은 부분적인 색맹이라 특정
색채만 구분하지 못한다. 그들의 눈이 그들에게 주는 세계
형상은 이른바 보통 사람들의 그것과 다르다. 다른 감각
기관의 경우에도 다소간 차이가 있겠지만 그와 마찬가지다.
더 이상 거론할 여지없이 그런 현상만 보아도, 단순한 감각
지각조차 이미 인간의 내면 세계에 속한다는 결론이 나온다.

다른 사람이 빨간색으로 지각하는 탁자를 나도 신체의
감각 기관을 통해서 그렇게 지각할 수 있다. 하지만 다른
사람이 빨간색을 어떻게 느끼는지, 이것은 내가 지각할
수 없다. ─그러므로 감각 지각은 **영적인 것**이라 말해야
한다. 이 사실을 아주 분명히 하면, 내면 체험을 **단순하게**
두뇌 과정이나 그와 유사한 어떤 것이라 생각하기를 즉시
멈출 것이다.─ 감각 지각에 일단 **느낌**이 연결된다. 어떤
감각은 사람에게 쾌감을 불러일으키는 반면, 다른 감각은
혐오감을 불러일으킨다. 그것은 인간 내면의 삶, 영적인
삶이 움직이는 것이다. 외부에서 영향력을 행사하는 세계에
부가해서 인간은 자신의 느낌 속에서 두 번째 세계를
만들어 낸다. 이제 세 번째 세계가 그에 더해진다. 바로
의지다. 의지를 통해서 인간이 외부 세계에 반작용한다.
그렇게 함으로써 자기 내면 존재를 외부 세계에 새겨
넣는다. 인간이 의지 활동을 하는 동안 인간 영혼이 외부로
흘러 나간다. 인간 행위는 인간 내면의 삶이라는 인장이
찍혀 있음으로 해서 외부 자연의 사건과 구분된다. 이렇게
**영혼은** 인간 자신만의 것으로서 외부 세계를 마주 대한다.
인간이 외부 세계에서 고무를 얻는다. 하지만 그 고무에
따라 **자신만의** 세계를 형성한다. 신체성이 영적인 것의
근거가 된다.

# 인간의 정신적 본질

01.　　인간의 영적인 것은 신체를 통해서만 규정되지 않는다. 인간은 방향도 목적도 없이 한 가지 감각 인상에서 다른 감각 인상으로 떠돌아다니지 않는다. 신체 과정을 통해서, 혹은 외부로부터 인간에게 영향을 미치는 임의적인 자극의 인상에 따라 행동하지도 않는다. 인간은 자신의 지각과 행위에 대해 **숙고한다.** 자신의 지각에 대해 숙고함으로써 대상에 대한 인식을 얻고, 자신의 행위에 대해 숙고함으로써 인생에 이성적인 연관성을 부여한다. 그리고 인식에서뿐 아니라 행동에서도 **올바른 사고내용**을 따를 때만 인간으로서 자신의 과제를 인간답게 완수할 수 있다는 것을 알고 있다. 고로 인간의 영적인 것은 이중적인 불가피성을 마주 대하고 있다. 그것은 자연의 불가피성으로

인해 신체의 법칙에 의해 규정된다. 반면에 올바른 사고로 이끌어가는 법칙에는, 인간이 이 법칙의 불가피성을 자유롭게 인정하기 때문에 규정되도록 스스로를 맡긴다. 인간은 그 자연성으로 인해 신진대사의 법칙에 예속되어 있다. 반면에 사고의 법칙에는 인간이 스스로 복종한다. 그렇게 함으로써 인간이 신체를 통해서 속하는 그 질서보다 더 고차적인 질서의 구성원이 된다. 그리고 이 질서는 **정신적인** 것이다. 신체적인 것이 영적인 것과 다르듯, 영적인 것 역시 정신적인 것과 다르다. 사람이 신체 속에 움직이는 수소, 산소, 질소, 염소에 대해서만 말하는 한, 영혼은 눈에 들어오지 않는다. 영혼 생활은 그런 움직임 속에서 '달콤하다' 혹은 '그렇게 하고 싶다' 같은 느낌이 일어나는 곳에서 비로소 시작된다. 그와 마찬가지로 인간이 외부 세계와 신체 생활에 자신을 완전히 맡길 때 인간을 관통하는 영혼 체험만 주시하는 한 **정신은** 눈에 들어오지 않는다. 신체적인 것이 영적인 것을 위한 근거인 바와 마찬가지로 영적인 것은 정신적인 것을 위한 근거다. 그런데 그 정도에서 보아 전자의 경우에 비해 훨씬 더 많이 그렇다. 자연 연구가는 신체에 관여한다. 영혼 연구가(심리학자)는 영혼에 관여하고, 정신 연구가는 **정신에** 관여한다. 자신의 자아에 대해 숙고함으로써 신체, 영혼, 정신 간의 차이를 분명히 하는 것은, 사고하면서 인간 존재에 관해 해명하고자 하는 사람에게 제시될 수밖에 없는 요구 사항이다.

# 신체, 영혼, 정신

01.      인간은 자신의 본질 중에서 특히 **사고**의 의미를
분명히 할 때만 올바른 방식으로 스스로에 대한 비밀을 풀
수 있다. 두뇌는 사고를 위한 신체적 도구다. 인간이 건강한
눈으로 색을 볼 수 있듯이, 적합하게 구축된 두뇌를 사고의
도구로 이용한다. 인간 신체 전체는 그 정신 기관에서, 즉
두뇌에서 절정을 이루도록 구축되어 있다. 두뇌 구조는 그
과제를 주시하면서 고찰할 때만 이해할 수 있다. 두뇌는
사고하는 정신을 위한 신체적인 근거가 된다는 데에
그 과제가 있다. 이는 동물계와 비교해 보면 알 수 있다.
양서류의 경우 두뇌가 아직은 척수에 비해 훨씬 작은
상태에 있다. 포유류의 경우 비교적 조금 더 큰 편이다.
인간의 경우에는 나머지 신체에 비해 가장 큰 상태에 있다.

02.　　　**사고**에 관해 여기에 제시된 바와 같은 의견에 반대하는 편견이 적잖다. 상당수의 사람은 **사고**를 과소평가하고, 대신에 '내밀한 감성 생활', '느낌'을 더 치켜세우는 경향이 있다. 흔히 다음과 같이 말들 한다. "'이성적인 사고'를 통해서가 아니라, 느낌에서 직접적으로 나오는 힘을 통해 더 고차적인 인식으로 도약한다." 그렇게 말하는 사람들은 명철한 사고로 인해 느낌이 무뎌지지 않을까 두려워하는 것이다. 실생활의 문제와 관계하는 평범한 사고인 경우에는 물론 그 말이 맞다. 그러나 현존에서 더 높은 영역으로 이끌어가는 사고내용인 경우에는 정반대가 된다. 어떤 느낌도, 어떤 열정도 고차 세계와 관계하는, 수정처럼 맑은 순수한 사고내용을 통해 불붙여진 온기, 아름다움, 승화의 느낌과 비교될 수 없다. 최고도의 느낌은 '저절로' 생겨난 것이 아니라, 능동적인 사고 노동으로 쟁취된 것이다.

03.　　　인간 신체는 **사고하기에** 적합한 구조로 되어 있다. 광물계에 내재하는 질료와 힘이 인간 신체 속에 결합되어 있는 바, 바로 그 결합된 상태를 통해서 사고가 드러날 수 있다. 이 과제에 적합하게 구축된 광물적 구조를 앞으로

계속되는 고찰을 위해 인간의 물체적 신체, 즉 **육체**\*라
명명해야 한다.


04.　　　그 중심점을 두뇌에 두고 정렬된 광물적인 구조는
**번식**을 통해서 생성되고, **성장**을 통해서 완성된 형태를
얻는다. 번식과 성장이라는 면에서 인간은 식물, 그리고
동물과 공통성을 지닌다. 생물은 번식하고 성장하기
때문에 무생물인 광물과 구분된다. 생물은 배아를 통해서
생물에서 생성된다. 생물의 계통 안에서 후손이 선조에
연결된다. 광물을 생성시키는 힘은 그것을 구성하는 질료
자체에 집중되어 있다. 수정은 규소와 산소에 들어 있는
힘을 통해서 형성되며, 그 힘이 수정 속에 결합되어 있다.
떡갈나무를 형상화시키는 힘은 배아라는 우회로를 통해서
모계나 부계 식물에서 찾아야 한다. 그리고 떡갈나무의

---

\*　　옮긴이_몸, 혹은 신체, 혹은 육체를 칭하는 독일어로는 Leib과 Körper, 이
두 단어가 있다. 루돌프 슈타이너는 주로 Leib를 사용한다. Der physische
Leib신체, Ätherleib에테르체, Astralleib아스트랄체 등으로. 이 경우
옮긴이는 '신체' 혹은 '체'라 번역한다. 그런데 이 문단에서 의미하는
순수하게 광물적인 몸을 말하는 경우 루돌프 슈타이너는 Körper 혹은 Der
physischer Körper라 하고, 옮긴이는 이것은 일관되게 '육체'로 번역한다.
Körper는 무기적 물체를 의미하기도 한다. 그래서 '광물적 신체' 혹은
'물체적 신체'라 번역하는 것이 정확하겠지만, 그런 말에 익숙하지 않아 읽기
거북하다는 조언이 있었고, 그래도 Leib과 반드시 구분해야 했기 때문에 '육체'
라는 단어를 선택한 것이다.

**형태**는 선조에서 후손으로 번식되어 유지된다. 생물은 **선천적, 내적** 조건을 지닌다. 하등 동물, 심지어 어류도 진흙탕에서 생겨날 수 있다고 믿는 조야한 자연관이 한때 있었다. 생물의 형태는 **유전**을 통해서 번식한다. 생물의 발달 양식은 어떤 부계나 모계에서 생겨났는지, 달리 표현하자면 어떤 **종種**에 속하는지에 달려 있다. 한 생물을 구성하고 있는 질료는 끊임없이 바뀌지만, **종**은 그것이 살아 있는 한 존속되고 후손에 유전된다. 그러므로 질료의 결합을 규정하는 것은 바로 **종**이다. 종을 형성하는 그 힘을 **생명력**이라 명명해야 한다. 광물적 힘들이 결정체에서 표현되는 바와 마찬가지로 형성하는 생명력은 식물적, 동물적 생물의 종이나 형태에서 표현된다.

05. 　　광물적 힘은 인간이 신체에 있는 감각 기관을 통해서 지각한다. 그리고 어떤 것을 지각할 수 있는 것은, 그것을 위한 감각 기관이 있는 경우일 뿐이다. 눈이 없이는 빛의 지각이 있을 수 없고, 귀가 없으면 음향 지각이 있을 수 없다. 인간이 소유하는 감각 중에서 일종의 촉각만 지니는 극히 단순한 유기체가 있다. 그런 유기체한테는 인간의 지각 양식 중에서 촉각으로 지각될 수 있는 광물적인 힘만 존재할 뿐이다. 인간을 포함한 고등 동물의 경우 다른 감각

기관이 더 발달되고, 그 발달 정도에 따라 주변 세계를 더 포괄적이고 다양하게 지각한다. 그러니까 외부 세계에 있는 것이 어떤 존재한테도 역시 지각으로서, 감각으로서 있는지, 이것은 그 존재의 기관에 달려 있다는 말이다. 공기 속에 특정 움직임으로 존재하는 것이 인간 내부에서 음향 감각이 된다. 그런데 생명력의 표출은 평범한 감각 기관으로 지각할 수 없다. 인간이 식물의 색을 **보고**, 그 향기를 **맡는다**. 생명력은 **그런** 관찰에 드러나지 않고 숨겨져 있다. 하지만 맹인으로 태어난 사람이 색을 부정할 권리가 없듯이, 평범한 감각 기관만 지니는 사람 역시 생명력을 부정할 권리가 없다. 맹인으로 태어난 사람이 수술을 받아서 눈을 뜨면 색을 볼 수 있다. 그와 똑같이 해당 기관이 열린 사람에게는 식물과 동물의 단순한 **개체**뿐 아니라 생명력을 통해 창조된 다양한 **종種** 역시 지각으로서 존재한다. 그 기관이 열리면 인간이 완전히 새로운 세계로 들어선다. 그때부터는 인간이 살아 있는 존재에 있는 색이나 냄새뿐 아니라 그 **살아 있는 존재 자체의** 생명을 지각한다. 모든 식물, 모든 동물에서 그 물체적인 형태 외에도 **삶으로 가득찬 정신 형상**을 감지한다. 그 정신 형상을 표현하기 위한 단어가 있어야 한다면, 그것을 **에테르체** 혹은 **생명체**라 부를 수 있다.* 정신생활을 연구하는 사람에게는 이 주제가 다음과 같은 방식으로 드러난다. 에테르체는 육체의 질료와 힘에서 저절로 나오는 결과가 아니다. 그것은 독립적인 실제 존재고, 이 존재가 육체의 질료와 힘을 비로소 삶으로 일깨운다. 정신과학의 의미에서는 다음과 같이 표현해야

---

* 필자는 이 책에서 에테르체 혹은 생명체라 명명한 것을 그 이후 오랫동안 역시 '형성-력-체'라고도 불렀다.(간행물 <다스 라이히Das Reich>, 1년 차 4호 [1917년 1월]호를 참조하라) 이 책에서 에테르체라는 명칭이 의미하는 것은 옛 시대 자연 과학에서 말하는 '생명력'과 혼동될 우려가 있다. 필자는 그런 오해를 막기 위해서 아무리 많은 것을 해도 충분치 않다고 믿기 때문에 형성력체라는 명칭을 붙여야 한다고 느꼈다. 현대 자연 과학의 의미에서 생명력에 대한 옛 시대 자연 과학에서 썼던 그 낡은 표상을 거부하는 문제라면, 필자는 특정한 의미에서 **그런** 힘을 반대하는 입장이다. 왜냐하면 유기체에 있는 비유기적인 힘이 특이하게 작용하는 방식을 해명하기 위해 그 명칭을 이용했기 때문이다. 그런데 유기체 내부에서 비유기적으로 작용하는 것은 비유기적인 세계 영역에서와 다르게 작용하지 않는다. 비유기적인 자연의 법칙은 유기체 내부에서도 수정 등과 같은 것에 있는 법칙과 다르지 않다는 의미다. 그런데 유기체 속에는 비유기적이지 **않은** 것도 역시 존재한다. 그것은 바로 형성하는 생명이다. 바로 이것의 근저에 에테르체 혹은 형성-력-체가 놓여 있다. 에테르체를 받아들인다고 해도 자연 과학에서 정당화되는 과제는 방해되지 않는다. 자연 과학이 힘의 효과에 대해 비유기적인 자연에서 관찰하는 것을 유기체의 세계 안으로까지 추적할 수 있다. 그리고 유기체 안에서 일어나는 그 효과를 특별한 생명력을 통해 변화된 것으로 생각하기를 거부한다면, 진정한 정신과학은 그것도 역시 정당하다고 인정한다. 정신 연구가는 무생물에서 드러나는 것 외에 **다른 것**이 그에 더해서 유기체 안에 드러나는 한에서만 에테르체에 대해 말한다. 그 모든 것에도 불구하고 필자는 이 책에서 '에테르체'라는 명칭을 '형성-력-체'라는 다른 명칭으로 대체해야 한다고 생각하지 않는다. 이 책에 담긴 전반적인 관계 안에서는 알아보려는 의지가 있는 사람 누구에게나 오해의 여지가 없도록 되어 있기 때문이다. 그런 오해는 이 연관성을 보여 줄 수 없는 설명에서 그 명칭을 사용할 때만 생겨날 수 있다. (이 책 끝부분에 **5. 몇 가지 주석과 보충**에서 설명하고 있는 것을 참조하기 바란다)

한다. "단순한 물체는 —이를테면 수정이라 하자— 그
무생물 자체에 들어 있는 물체적 형성력을 통해서 그
형태를 얻는다. 그에 반해 살아 있는 육체는 그 힘을 통해서
형태를 얻지 **않는다.** 삶이 육체를 떠나는 순간에 육체는
**오직 물체적 힘에만** 맡겨지고, 결국에는 파괴된다는
것에서 그 사실을 알아볼 수 있다. 생명체는 육체가 살아
있는 매 순간 파괴되지 않도록 보호하는 하나의 존재다."
—이 생명체를 **보기** 위해서는, 다른 존재에서 이 생명체를
지각하기 위해서는 일깨워진 **정신의 눈**이 필요하다. 그 눈이
없어도 논리적인 근거로 생명체라 하는 존재를 받아들일 수
있다. 하지만 그것의 **관조**는 정신의 눈으로만 할 수 있다—
이는 육체의 눈이 있어야 색을 볼 수 있는 것과 같은 이치다.
'에테르체'라는 표현에 구애되지 말아야 한다. 이 설명에서
'에테르'는 물리학에서 가정하는 에테르와 다른 어떤 것을
의미한다. 이 책에서 앞으로 설명할 것을 위한 명칭으로서
그냥 받아들이기로 하자. 그리고 인간 육체가 그 구조에
있어서 인간 과제의 모사인 것처럼, 인간 에테르체도 그렇게
보아야 한다. 사고하는 정신을 주시하면서 고찰할 때만
에테르체를 이해할 수 있다. 인간 에테르체는 사고하는
정신을 기준으로 조직되어 있음으로 해서 식물과 동물의
에테르체와 구별된다. 인간은 육체를 통해서 광물계에

속하듯이, 에테르체를 통해서 생명의 세계에 속한다. 인간이 죽은 뒤에 육체는 광물 세계 안에서 분해된다. 에테르체는 생명의 세계 안에서 분해된다. 여기에서 '체體'는 한 존재에 어떤 양식이든 '형상', '형태'를 부여하는 것을 표시한다. '체'라는 표현을 감각에 드러나는 육체 형태와 혼동하면 안 된다. 이 책에서 의도된 의미에서 '체'라는 표현은 영적인 것으로서, 그리고 정신적인 것으로서 형상화되는 것을 위해서도 이용될 수 있다.

06.     생명체는 인간에게 아직은 외적인 어떤 것이다. 내면 자체는 외부 세계에서 오는 자극에 느낌이 일어나면서 처음으로 응답한다. 사람이 외부 세계라 칭할 수 있는 것을 아무리 광범위하게 추적해 본들, 느낌은 발견할 수 없다. 다음과 같은 과정을 한번 생각해 보자. 광선이 안구 속으로 침투해 든다. 안구 속에 망막까지 들어간다. 그곳에서 (이른바 시홍視紅에서) 광선이 화학 과정을 불러일으킨다. 그 자극으로 인한 효과가 시신경을 통과해 두뇌까지 이른다. 두뇌 속에서도 계속해서 물리적인 과정이 일어난다. 이 모든 것을 관찰할 수 있다면, 외부 세계 어디에서나 일어나는 물리적인 과정만 볼 수 있을 것이다. 생명체를 관찰할 능력이 있는 사람은 두뇌 속에 물리적 과정이

동시에 생명 과정이라는 것을 지각하게 된다. 하지만 광선을 받아들이는 사람이 지니는 파란색에 대한 감각, 느낌은 그 과정 어디에서도 발견할 수 없다. 그것은 그 사람 영혼 내면에서 비로소 생겨난다. 인간이 육체와 에테르체로만 된 존재라면, 느낌은 있을 수 없을 것이다. 느낌을 사실이 되도록 만드는 활동은 생명 형성력의 작용과 본질적으로 완전히 구분된다. 내적인 체험은 바로 그 활동을 통해서 생명 형성력의 작용에서 끌어내어진다. 그 활동이 없다면, 식물에서 관찰할 수 있듯이 단순한 생명 과정만 존재할 것이다. 모든 방향으로부터 인상을 받아들이는 사람을 한번 상상해 보라. 그러면 인상이 다가오는 모든 방향을 향하고 있는 그 사람이 앞에 언급한 활동이 생겨나는 원천이라고 생각하는 수밖에 없다. 그 사람의 느낌이 모든 방향에서 다가오는 인상에 응답한다. 바로 이 활동이 생겨나는 원천을 **감각영혼**이라 불러야 한다. 감각영혼은 육체와 똑같이 실재다. 앞에 서 있는 사람을 단지 육체만 있는 존재로 여기면서 그의 감각영혼을 도외시한다면, 이는 그림 앞에 서서 그저 빈 캔버스만 있다고 생각하는 것과 똑같다.

07.    감각영혼을 지각하는 것과 관련해서도 역시 앞서 에테르체를 다루면서 했던 설명과 비슷하게 말해야 한다.

신체적 기관은 감각영혼을 지각하는 것에 관한 한 '맹인'이다. 생명을 생명으로서 지각할 수 있도록 하는 기관 역시 이 관계에 있어서는 맹인이다. 그런데 에테르체가 생명을 지각할 수 있는 기관을 통해서 관조되는 것과 같이, 느낌으로 된 내면 세계는 더 고차적인 기관을 통해서 특별한 양식의 초감각적 지각으로 바뀔 수 있다. 그렇게 되면 인간이 물체 세계와 생명 세계의 인상을 느끼기만 하지 않고, 그 느낌들을 **관조할 수 있다.** 이런 기관이 있는 사람 앞에는 다른 존재의 느낌 세계가 외적인 실재처럼 놓여 있다. 자신의 감각 세계를 체험하는 것과 다른 존재의 감각 세계를 관조하는 것, 이 양자를 반드시 구분해야 한다. 자신의 감각 세계는 당연히 누구나 들여다볼 수 있다. 하지만 다른 존재의 감각 세계는 오직 열린 '정신적 눈'을 지닌 **형안자만 관조할 수 있다.** 형안자가 아닌 이상 인간은 감각 세계를 단지 '**내면의 것**'으로, 영혼 속에 숨겨진 자신의 체험으로 알고 있다. 열린 '정신적 눈'으로 보면, 보통은 다른 존재 '내면에만' 살고 있는 것이 외부의 정신적 풍경을 배경으로 빛을 발한다.

∞

08.   오해할 소지를 사전에 불식시키기 위해 여기에서 한 가지를 강조하겠다. 형안자는, 다른 존재가 내면에 자신의 감각 세계 내용으로서 지니는 것을 그대로 똑같이 체험하지 않는다는 것이다. **그 다른 존재는** 자신 내면의 관점에서 느낌을 체험한다. 반면에 **형안자는** 그 감각 세계 외형을, 일종의 현시를 지각한다.

09.   감각영혼은 그 작용에 있어서 에테르체에 의존한다. 왜냐하면 감각영혼이 느낌으로 빛나도록 해야 하는 것을 바로 에테르체에서 이끌어내기 때문이다. 그리고 에테르체가 육체 안에서 생명인 바, 감각영혼 역시 육체에 간접적으로 의존한다. 제대로 구축된, 실제로 살아 있는 눈으로만 상응하는 색채 감각이 가능하다. 이런 식으로 신체성이 감각영혼에 작용한다. 그러니까 감각영혼은 그 작용성에 있어서 신체를 통해 규정되고 제한된다는 말이다. 감각영혼은 신체성을 통해 그어진 경계 안에서 산다. — **신체는** 광물적인 질료로 이루어져 있고 에테르체를 통해 생명을 얻는다. 그리고 신체 자체가 감각영혼에 경계를 부여한다. 감각영혼을 '관조하기' 위한 기관, 앞에서 언급한 기관을 지닌 사람은 감각영혼이 신체를 통해 제한된다는 사실을 알아본다. — 하지만 감각영혼의 경계는 육체의

경계와 맞아떨어지지 않는다. 영혼은 육체를 능가해서 돌출되어 있다. 이 사실에서 감각영혼의 위력이 육체에 비해 더 크다는 사실을 알아볼 수 있다. 하지만 감각영혼을 제한하는 힘은 육체에서 나온다. 이로써 한편에 있는 육체와 에테르체, 그리고 다른 한편에 있는 감각영혼 사이에 인간 존재를 구성하는 특이한 부분이 더 들어선다. 바로 **영혼체** 혹은 감각체다. 다음과 같이 말할 수 있다. "에테르체 중 한 부분이 다른 부분에 비해 더 섬세하고, 그 섬세한 부분이 **감각영혼**과 합일되어 있다. 반면에 조야한 부분은 육체와 합일되어 있다." 그럼에도 불구하고 이미 언급한 대로 감각영혼은 영혼체를 능가해서 돌출되어 있다.

10.    여기에서 감각이라 불리는 것은 영혼 본질의 한 부분일 뿐이다.(감각영혼이라는 표현은 편의상 선택된 것이다) 호불호 등과 같은 느낌, 충동과 본능, 욕망과 욕구가 감각에 연결된다. 이 모든 것이 감각처럼 독자적인 성격을 지니고 있으며 또한 신체성에 의존한다.

∞

11.    감각영혼은 신체와 상호 작용하는 바와 마찬가지로

사고와, 달리 말해서 정신과도 상호 작용한다. 사고는
가장 먼저 감각영혼에 헌신한다. 인간은 자신의 느낌에
대한 사고내용을 형성하고, 그렇게 함으로써 외부 세계를
파악한다. 불에 덴 아이가 그 경험을 곰곰이 생각하고 '불은
뜨겁다.'라는 사고내용에 이른다. 인간은 충동, 본능, 욕망
등을 어리석게 맹목적으로 좇아가지 않는다. 곰곰이 생각해
보고 이런 것들을 만족시킬 기회를 만든다. 사람들이
물질적인 문화라 부르는 것 대부분이 바로 이 방향에서
움직인다. 그 문화는, 사고가 감각영혼에 바치는 헌신으로
이루어져 있다. 실로 잴 수 없이 많은 사고력이 그 목표를
겨냥한다. 바로 그 사고력이 선박, 기관차, 무선 전신, 전화
등을 발명했다. 그리고 그런 것들 대부분이 감각영혼의
욕구를 충족시키는 데에 이용된다. 생명 형성력이 육체를
관철하는데, 그와 유사한 양식으로 사고력은 감각영혼을
관철한다. 생명 형성력은 육체를 선조와 후손에 연결시킨다.
그렇게 함으로써 순수하게 광물적인 것과 전혀 관계하지
않는 법칙성 속에 육체를 위치시킨다. 그와 똑같이
사고력은, 영혼이 그저 감각영혼인 한에는 속하지 않는
법칙성 속에 영혼을 위치시킨다. 감각영혼을 통해서 인간은
동물과 유사하다. 동물도 느낌, 충동, 본능, 욕구 등을
가진다는 것을 알아볼 수 있다. 다만 동물은 그런 것들을

직접적으로 따른다. 동물의 경우 그런 것들은 직접적인 체험을 벗어나는 독자적인 **사고내용**으로 관철되어 있지 않다. 미성숙한 사람들 경우에도 특정 정도까지는 그렇다. 그러므로 단순한 감각영혼은 사고를 도구로 삼는 더 발달된 고차적인 영혼 지체와 구별된다. 사고를 도구로 삼는 그 영혼을 **오성영혼**이라 명명한다. 그것을 감성영혼 혹은 정서라고 명명할 수도 있다.

12.    오성영혼은 감각영혼을 관철한다. 바로 그래서 영혼을 '관조'하는 기관이 있는 사람은 단순하게 감각영혼인 것에 비해 그 오성영혼을 더 특별한 존재로 간주한다.

13.    인간은 사고를 통해서 자신만의 삶을 능가해 나아가며, 자신의 영혼을 넘어서는 어떤 것을 습득한다. 사고 법칙이 세계 질서와 조화를 이룬다는 사실은 인간에게 자명한 확신이다. 이 조화가 있기 때문에 인간은 이 세계에서 고향에 온 듯이 친근하게 느낀다. 이 조화는, 인간이 자신의 본질을 알아보도록 하는 의미심장한 사실들

중에 하나다. 영혼 속에서 인간은 진실을 구한다. 그런데 영혼만 그 진실을 통해 말하지 않는다. 세계의 사물 역시 그 진실을 통해서 말한다. 사고를 통해서 진실로서 인식된 것은, 인식한 그 영혼뿐 아니라 세계의 사물에도 연관되는 **독자적인 의미**가 있다. 별들 총총한 하늘을 바라볼 때 나는 놀라움과 더불어 내 내면에서 살고 있다. 천체 궤도에 대해 내가 형성한 사고내용은 내 사고에만 의미가 있는 것이 아니라, 다른 모든 사람의 사고에도 그와 똑같은 의미가 있다. 내가 존재하지 않는다면, **내** 놀라움에 대해 말하는 것은 무의미하다. 반면에 내 사고내용에 대해 나와 **무관하게** 말하는 것은 그와 똑같은 식으로 무의미하지 않다. 왜냐하면 내가 오늘 생각하는 진리는, 비록 내가 오늘만 그 주제를 다룬다 해도, 어제도 진리로 남아 있었고 내일도 **진리로** 남아 있을 것이기 때문이다. 어떤 인식이 나한테 기쁨을 준다면, 그 기쁨은 내 내면에 살고 있는 동안에만 의미가 있다. 인식에 있어 **진리는** 그 기쁨과 무관하게 독자적인 의미가 있다. 영혼은 진리를 파악하면서 그 자체에 가치가 들어 있는 어떤 것과 스스로를 연결한다. 그 가치는 영혼의 느낌과 함께 생겨나지 않고, 역시 영혼의 느낌과 함께 사라지지 않는다. 진정한 진리는 생성되지도 소멸되지도 않는다. 그것은 파괴될 수 없는 의미를 지닌다. ─이는, 몇몇 인간적인 '진리'가 특정 시대에 부분적이거나 전체적인 오류로 밝혀지기 때문에 단지 일시적인 가치만 있다는 생각과 모순되지 않는다. 왜냐하면 비록 **인간의** 사고내용이 영원한 진리의 무상한 현상 형태에 불과해도, 진리는 독자적으로 존속한다고 말해야 하기 때문이다. 완벽하고 순수한 진리는 어쨌든 간에 신을 위해서만 존재할 수 있기 때문에 자신은 진리를 향한 영원한 추구로 만족하겠다고 — 레싱Gotthold Ephraim Lessing처럼 — 말하는 사람 역시 진리에 담긴 영원한 가치를 부정하지 않는다. 오히려 그런 진술을 통해서 그 가치를 인정할 뿐이다. 왜냐하면 그 자체에 영원한 의미가 들어 있는 것만 그것을 향한 영원한 추구를 일깨울 수 있기 때문이다. 진리가 그 자체로서 독자적인 것이 아니라면, 인간 영혼의 느낌을 통해서 그 가치와 의미를 얻는다면, **그렇다면** 그것은 인류 모두를 위한 **유일한** 목표가 될 수 없을 것이다. 인간이 진리를 추구하고자 한다는 것은, 그와 동시에 진리의 **독립적인 본질을** 인정한다는 것을 의미한다.

14.　　진리에 있어 그러하듯이 **진정한 선**善에 있어서도 마찬가지다. 윤리적—선함은 성향과 격정에 의해 명령받지 않고 그 반대로 그것에 명령하는 한 독립적이다. 호불호,

갈망, 혐오감 등은 인간 자신의 영혼에 속한다. 그에 반해 의무는 호불호 위에 존재한다. 의무가 어떤 사람에게는 아주 고귀할 수 있고, 그래서 그것을 위해 목숨을 바칠 수도 있다. 그리고 인간이 의무로 알아본 것을 강요당하지 않고, 굴복하지 않고 스스로를 통해서 따르도록 자신의 호불호와 성향을 더욱더 정제할수록 더 높은 곳에 이른다. 진리와 마찬가지로 윤리적—선함 역시 그 영원한 가치를 감각영혼을 통해서 얻지 않고, 그 자체에 이미 담고 있다.

15.    인간은 자신 내면에 독립적인 진리와 선함이 소생하도록 함으로써 단순한 감각영혼을 벗어나 고양된다. 영원한 정신이 감각영혼 속으로 비쳐든다. 불멸하는 빛이 감각영혼 속에 부상한다. 그 빛 속에 사는 한 영혼은 영원한 것의 한 부분이다. 영혼이 자신 현존을 그것과 연결한다. 영혼이 진리와 선함으로 내면에 지니는 것, 그것은 영혼 속에서 **불멸한다.** —영혼 속에서 영원한 것으로서 빛나는 것, 그것을 여기에서 **의식영혼**이라 명명한다— 영혼에서 나온 저급한 충동이라 해도 그것에 **의식**이 있다고 말할 수 있다. 정말 사소한 느낌도 의식의 대상이다. 이런 의미에서는 동물도 의식이 있다고 말할 수 있다. 다만 여기에서 말하는 **의식영혼**은 인간 의식의 핵심, 달리

말해서 **영혼 중의 영혼**을 의미한다. 의식영혼은 인간 영혼의 또 다른 특별한 구성체로서 오성영혼과 구별된다. 후자는 아직 감각, 충동, 본능 등에 연루되어 있다. 사람은 누구나 느낌으로 선호하는 것을 일단 **진실한 것으로** 여기지 않는가? 하지만 느낌이나 그런 것들에서 나오는 공감과 반감의 **모든** 뒷맛이 전혀 없는 그 진리만 **영속한다.** 모든 사적인 느낌이 저항하고 거부한다 해도 진리는 진실하다. 영혼 중에서도 **바로** 그 진리 속에서 사는 부분을 의식영혼이라 불러야 한다.

16.　　이로써 신체에서와 마찬가지로 영혼에서도 세 가지 구성체를 구분해야 한다. **감각영혼, 오성영혼,** 그리고 **의식영혼.** 신체성은 아래에서 위로 **제한하면서** 영혼에 작용한다. 정신성은 위에서 아래로 **확장하면서** 영혼에 작용한다. 왜냐하면 영혼이 진리와 선함으로 더 많이 채워질수록, 영원한 것이 영혼 속에서 점점 더 확장되고 포괄적으로 되기 때문이다. 화염 속에서 환하게 솟아오르는 빛이 감각적인 눈을 위한 실재인 바와 마찬가지로, 어떤 사람 내면에서 그 영원한 것이 점점 더 확장되어 그에게서 뿜어나는 광휘 역시 영혼을 '관조'할 수 있는 사람한테는 실재다. '형안자'에게 신체적 인간은 **전체 인간**의 한 부분일

뿐이다. 신체는, 그것과 상호 간에 관철하는 다른 구성체들
한가운데에 가장 조야한 형상으로서 존재한다. 에테르체가
생명 형태로서 육체를 채운다. 영혼체(아스트랄 형상)가 모든
방향으로 에테르체를 능가해서 돌출되어 있는 것으로서
드러난다. 그리고 다시금 그 영혼체를 능가해서 돌출되어
있는 감각영혼이 있다. 그 다음에 진리와 선함을 더욱더
많이 수용함으로써 점점 더 커지는 오성영혼이 있다.
진리와 선함이 오성영혼을 확장시키기 때문이다. 자신의
성향이나 호불호만 따르면서 사는 사람은, 그 경계가
감각영혼과 일치하는 오성영혼을 지닌다. 인간 육체가 흡사
구름 속에 있는 것처럼 그 한가운데 있는 모양, 이것을 **인간
오라**라 부를 수 있다. 오라는, 이 책이 묘사하고자 시도하는
방식으로 '인간 존재'를 관조하면, 이 존재를 더욱더
풍요롭게 만드는 것이다.


∞


17.　　　어린아이가 자라는 과정에서 처음으로 독자적인
존재로서 나머지 세계 전체를 마주 대하는 자신을
느끼는 순간이 등장한다. 이는 섬세하게 느끼는 사람에게
의미심장한 체험이 된다. 시인 **장 파울**Jean Paul Friedrich

Richter은 자서전에서 그 체험을 다음과 같이 서술한다. "절대로 잊을 수 없는 사건이 있다. 나는 지금까지 누구에게도 그것을 이야기하지 않은 채 내 내면에만 간직해 왔다. 그것은 바로 내 자의식의 탄생이다. 언제, 어디에서 그 체험을 했는지 지금도 정확하게 기억한다. 아주 어렸을 적인데, 어느 날 오전 현관문 앞에 서서 왼편에 장작더미가 쌓인 곳을 보고 있었다. 그런데 갑자기 내면의 얼굴이 '나는 바로 나야!'라면서 섬광처럼 나를 내리쳤다. 그때 이래로 그 얼굴이 환하게 빛을 내면서 존재한다. 그때 나의 나가 처음으로, 그리고 영원히 나 스스로를 보았다. 짙은 구름으로 가려진, 인간 최대의 신성함 속에서만 일어나는 그 사건 속으로, 오로지 그것의 새로움만 일상의 소소함에 지속성을 부여하는 그 사건 속으로 타인이 하는 어떤 이야기도 첨가물로 섞여 들 수 없기 때문에, 그것이 내 기억의 착각이라고는 도저히 상상할 수 없다."*

어린아이들이 스스로를 가리키면서 "한스는 용감해." 혹은 "마리가 그 장난감을 가지고 싶어해."라고 말한다는 사실은 널리 알려져 있다. 어린아이가 자신에 대해 마치 제3자인

---

* 원발행자_『장 파울의 인생에서 나온 진실. 어린 시절 이야기Wahrheit aus Jean Pauls Leben, Kindheitsgeschichte von ihm selbst geschrieben』(전8권, 브레슬라우, 1826-1828) 제1권 1호 53쪽 이하

듯이 말하는 것을 사람들은 당연시한다. 어린아이 내면에
자아에 대한 의식이 아직 태어나지 않았기 때문이라고,
어린아이가 자신의 독립적인 존재를 의식하지 못하기
때문이라고 한다. 인간은 자의식을 통해서 모든 다른
존재로부터 격리된 독립적인 존재로서 자신을 '나/Ich'라고
칭한다. '나/Ich'라는 그 칭호에 신체적, 영적 존재로서
체험하는 모든 것을 포괄시킨다. 신체와 영혼은 '나/Ich'를
운반하는 존재다. 그것이 신체와 영혼 안에서 작용한다는
의미다. 육체의 중심은 두뇌 속에 있듯이, 영혼은 그
중심점을 '나/Ich' 속에 둔다. 인간은 외부에 의해 느끼도록
자극된다. 이는 외부 세계의 효과로서 느낌이 대두된다는
말이다. 의지는 외부 세계와 관계한다. 의지는 외적인
행위에서 실현되기 때문이다. 사실상 인간 본질로서
'나/Ich'는 완전히 비가시적으로 머문다. 바로 그래서 장
파울이 '나/Ich'를 인지한 것을 '짙은 구름으로 가려진,
인간 최대의 신성함 속에서만 일어나는 사건'이라 불렀고,
그것은 실로 정확한 서술이다. 인간은 자신의 '나/Ich'와
더불어 완전히 혼자이기 때문이다. 그리고 그 '나/Ich'가
바로 인간 자체다. 바로 이 사실이 인간에게 이 '나/Ich'를
자신의 진정한 존재로 간주할 권리를 부여한다. 그러므로
인간이 그 안에 들어가 살고 있는 신체와 영혼은 **'껍데기'**

라 불러도 된다. 그것들을 통해서 그가 활동할 수 있는 바 신체적인 조건이라 불러도 된다. 성장하는 과정에서 그 도구를 '나/Ich'의 하인으로 이용할 수 있도록 점점 더 많이 배운다. 이를테면 독일어에서 '나'를 칭할 때 사용하는 'Ich'라는 단어는 모든 다른 명칭과 구별된다.* 이 명칭에 담긴 성질에 대해 적확한 방식으로 숙고하는 사람에게는 깊은 의미에서 인간 존재에 대한 인식에 이르는 입구가

---

\* 옮긴이_루돌프 슈타이너에 따르면 나/Ich는 순수하게 정신적인 존재며 이 지상 세계로의 현신을 거듭하며 발달해 가는 존재다. 인간 나/Ich는 육체와 절대로 직접적으로 접촉하지 않고 나/Ich-조직을 통해 간접적으로만 육체에 관여한다. 우리가 보통 '나'라 칭하는 것, 우리가 일상적으로 알고 있는 '나' 혹은 '자아'는 정신적인 나/Ich가 육체의 신경 체계에 비치는 거울 형상이다. 루돌프 슈타이너는 거울 형상 '나'와 진정한 '나/Ich'를 분명하게 구분한다.

옮긴이가 경우에 따라 '나'라고만 쓰지 않고 독일어 'Ich'를 병기하는 이유는, Ich에 특별한 의미가 있고 이에 딱 맞아떨어지는 단어가 다른 언어에는 없기 때문이다. 루돌프 슈타이너에 따르면 독일어 Ich는 예수 그리스도의 이니셜을 딴 것이라 한다. (이를테면 『죽음의 비밀. 중유럽의 본질과 의미, 그리고 유럽 민족 정신들Das Geheimnis des Todes. Wesen und Bedeutung Mitteleuropas und die europäischen Volksgeister』(GA159) 참조) 독일어 Jesus(예수스)의 J는 발음상 IE에 가까워 그 이니셜은 I가 되겠고, 거기에 Christus(크리스투스) 의 이니셜인 Ch를 합성하면 독일어의 '나'를 의미하는 Ich가 되는 것이다. 루돌프 슈타이너가 말하는 이 관점을 일관성 있게 따르자면, Ich는 우리말 '나' 로 번역하기보다는 고유명사로 'Ich'라고 그대로 써야 옳다.

옮긴이가 루돌프 슈타이너의 저서를 번역하던 초기에만 해도 '나'와 '나/Ich'를 분명하게 구분하지 못해서 '나' 혹은 '자아'라 번역했는데, 이는 잘못된 것이라 정정되어야 한다. 이런 오류는 영어 번역서에서도 발견된다. 루돌프 슈타이너가 순수하게 정신적인 Ich를 의미하면서 쓴 부분이 영어 번역서에서는 언제나 'Self'로, 즉 '자아'로 번역되어 있다.

열린다. 모든 사람이 동일한 방식으로 한 사물에 나 외의
다른 이름을 붙일 수 있다. 모든 책상을 '책상'이라고, 모든
의자를 '의자'라고 부른다. '나/Ich'라는 명칭은 그렇지 않다.
아무도 타인을 칭하기 위해 그 단어를 사용할 수 없다.
누구나 자신만 '나/Ich'라고 부를 수 있다. 나/Ich라는
단어가 **나를** 칭하는 것이라면, 그것은 절대 타인의
목소리로 외부에서 내 귀에 들어올 수 없다. 영혼은 오로지
내부로부터만, 오로지 **나 자신을 통해서만** 자신을
'나/Ich'라고 칭할 수 있다. 그러므로 인간이 자신에게
'나/Ich'라고 말하는 순간에 이 세상 **그 누구와도 관계하지
않는** 어떤 것이 그의 내면에서 말하기 시작한다. 바로 그
어떤 것에서 지금까지 이야기한 '껍데기'가 덜어 내어졌다.
'나/Ich'는 점점 더 많이 신체와 영혼의 주인이 된다.
— 그리고 이 역시 오라 속에 표현된다. 나/Ich가 신체와
영혼을 더 많이 지배할수록, 오라가 더 많은 색채를 띠면서
다채로워지고, 더 체계적인 모양을 갖춘다. '형안자'는
오라에 미치는 나/Ich의 작용을 볼 수 있다. 하지만 '나/Ich'
자체는 그에게도 역시 비가시적으로 머문다. 나/Ich는
정말로 '짙은 구름으로 가려진, 인간 최대의 신성함'이기
때문이다. — 그런데 나/Ich는, 영원한 빛으로서 인간 내면을
환히 밝히는 빛의 빛살을 내면으로 받아들인다. 인간이

영혼과 신체의 체험을 '나/Ich' 속에 총괄하듯이, 진리와 선함의 사고내용도 그 '나/Ich' 속으로 흘러들게 한다. 감각 현상이 한 방면에서, **정신**이 다른 방면에서 그 '나/Ich'에 드러난다. 신체와 영혼은 도구로서 헌신하기 위해 스스로를 '나/Ich'에 바친다. 그런 반면에 '나/Ich'는 정신에 자신을 바치고, 정신이 그 '나/Ich'를 채운다. '나/Ich'는 신체와 영혼 속에서 산다. 반면에 정신은 '나/Ich' 속에서 산다. 그리고 정신에서 나와서 나/Ich 안에 있는 것, 바로 그것이 영원한 것이다. 왜냐하면 '나/Ich'는, 나와 연결되어 있는 것에서 그 본질과 의미를 얻기 때문이다. 그것은 육체 속에 사는 한 광물계의 법칙에, 에테르체를 통해서는 번식과 성장의 법칙에, 감각영혼과 오성영혼의 능력에 따라 영혼 세계의 법칙에 복종한다. 나/Ich는 내면에 정신적인 것을 수용하는 한 정신의 법칙에 복종한다. 광물의 법칙이 만들어 내는 것, 생명의 법칙이 만들어 내는 것, 그런 것은 생겨나고 사라진다. 하지만 정신은 생성되지도 소멸되지도 않는다.

∞

18.    나/Ich는 영혼 속에서 산다. 비록 '나/Ich'가 최고도로 표현되는 것이 의식영혼에 속한다 해도, 이 '나/Ich'는

의식영혼에서 빛을 내면서 전체 영혼을 채우고, 신체에 대한
그 효과는 영혼을 통해서 표현된다고 말해야 한다. 그리고
정신은 나/Ich 안에서 생생하게 존재한다. 정신이 '나/Ich'
안으로 비쳐 들고, 나/Ich를 '껍데기'로 삼아서 그 안에서
산다. 이는 나/Ich가 신체와 영혼을 '껍데기'로 삼아 그
안에서 사는 것과 똑같은 이치다. 정신은 나/Ich를 내면에서
외부로 형성하고, 광물 세계는 나를 외부에서 내면으로
형성한다. '나/Ich'를 형성하고 '나/Ich'로서 사는 정신을
'정신자아'라 부르기로 한다. 왜냐하면 그것이 인간의
'나/Ich'로서, 혹은 '자아'로서 드러나기 때문이다.
'정신자아'와 '의식영혼' 간의 차이는 다음과 같은 방식으로
분명히 할 수 있다. 의식영혼은 모든 공감과 반감에서
자유로운, 그 자체로서 존속하는 진리를 **접촉한다.**
정신자아는 **바로** 그 진리를 내면에 담고 있는데, 그 진리는
'나/Ich'를 통해서 수용되고 포괄된다. 즉 나/Ich를 통해서
진리가 개인화되고 독립적인 인간 존재 속으로 양도된다.
영원한 진리가 그렇게 독립적으로 되어서 '나/Ich'와 한
존재로 결합하면, 이로써 '나/Ich' 자체가 영원성에 이른다.

19.    인간이 한 방면에서 받아들이는 감각 지각은
나/Ich 안에서 물체 세계가 드러나는 것이다. 이와 유사하게

정신자아는 다른 방면에서 나/Ich 안에 정신세계가 드러나는 것이다. 달리 말해서 인간은 빨강이나 초록과 같은 색채와 명암, 견고성과 부드러움, 온기와 냉기 등에서 물체 세계의 현시를 인식하고, 진실과 선함인 것에서는 정신세계의 현시를 인식한다. 물체적인 것의 현시를 **감각**이라 부르듯, 똑같은 의미에서 정신적의 것의 현시를 **직관**이라 부르기로 한다. 극히 단순한 사고내용에도 이미 직관이 들어 있다. 사고내용은 손으로 만질 수도 없고, 눈에 보이지도 않는 것이니 말이다. 이는 정신에서 나오는 사고의 현시를 나/Ich를 통해서 받아들여야 한다는 말이다. 덜 발달된 사람과 발달된 사람이 식물 하나를 관찰한다면, 이 두 사람의 나/Ich 안에는 각기 완전히 다른 어떤 것이 살게 된다. 그럼에도 불구하고 이 두 사람의 느낌은 동일한 대상을 통해서 생겨났다. 양자의 차이는, 한 가지 대상에 대해 한 사람은 더 완결된 사고내용을 만들 수 있는 반면에 다른 사람은 그렇지 못하다는 데에 있다. 대상이 오로지 감각을 통해서만 현시된다면, 정신적 발달에 있어서 진보란 절대 있을 수 없다. 원시인도 자연을 감지한다. 하지만 자연 법칙은 더 발달된 사람의 직관에 의해 매개된 사고내용에 비로소 현시된다. 어린아이도 외부 세계에서 오는 자극을 의지의 원동력으로 감지한다. 하지만 윤리적인 선함의

계율은, 인간이 정신 속에서 살면서 그 현시를 이해하도록
배우는 발달 과정 중에만 싹이 튼다.

20.     눈이 없으면 색채를 감지할 수 없는 바와 마찬가지로
정신자아의 고차적 사고가 없이는 직관 역시 부재한다.
그리고 감각이 색채가 드러나는 식물을 창조해 내지 못하는
바와 마찬가지로, 직관은 정신에 대해 알려줄 뿐이지 그것을
창조해 내지 못한다.

21.     영혼 속에서 펼쳐지는 인간 나/Ich는 위에서
내려오는 소식을, 즉 정신세계에서 나오는 통지를 직관을
통해서 가져온다. 이는 감각을 통해 물체 세계에서 통지를
얻는 바와 마찬가지다. 이렇게 함으로써 나/Ich는 감각을
매개로 해서 물체 세계를 영혼 자체의 삶으로 만들 듯이,
정신세계 역시 영혼 자체의 삶으로 만든다. 영혼, 혹은 그
안에서 빛나는 나/Ich는 두 방향으로 문을 연다. 한쪽으로는
물체적인 것에, 다른 쪽으로는 정신적인 것에.

22.     물체 세계는 그 질료와 힘으로 육체를 구축함으로써
나/Ich에게 그 세계에 대한 기별을 줄 수 있다. 의식하는
영혼이 그 육체 안에서 살 수 있고, 외부 물체를 지각하기

위한 기관 역시 그 안에 들어 있다. 마찬가지로 정신세계는 정신의 질료와 힘으로 정신의 몸을 구축한다. 그 정신의 몸 안에서 나/Ich가 살 수 있으며, 직관을 통해서 정신적인 것을 지각할 수 있다.(정신의 질료, **정신의 몸**이라는 표현이 문자 그대로 보면 분명히 모순이다. 정신적인 것 중에서도 인간 신체에 상응하는 것 쪽으로 생각이 향하도록 하기 위해서만 이 표현을 사용해야 한다)

23.　　　물체 세계에 인간 육체가 각기 분리된 존재로서 구축되는 것과 똑같이, 정신세계 안에서는 정신의 몸이 구축된다. 물체 세계에서 그러하듯이 정신세계 안에도 내면과 외부가 인간을 위해 존재한다. 인간은 물체적인 주변 세계에서 질료를 받아들이고, 그것을 육체 속에서 소화시킨다. 그와 똑같이 정신적인 주변 세계에서 정신적인 것을 받아들여서 자신 소유로 만든다. 정신적인 것은 인간을 위한 영원한 양식이다. 그리고 인간은 물체 세계에서 태어나오듯이, 진리와 선함의 영원한 법칙을 통해서 정신에서 태어나온다. 인간은 독립적인 존재로서 물체 세계 전체에서 분리되어 있는 바와 똑같이 자신 외부에 있는 정신세계에서 분리되어 있다. 그 독립적인 정신 존재를 '정신인간'이라 명명하기로 한다.

24.　　인간 육체를 조사해 보면, 외부 물체 세계에 존재하는 질료와 힘들을 발견한다. 정신인간에 있어서도 그와 똑같다. 외부 정신세계에 있는 요소들이 정신인간 내부에서 활기차게 고동쳐 흐른다. 외부 정신세계에 있는 힘들이 정신인간 내부에서 활동한다. 살아 있다고 느끼는 존재가 육체의 피부로 둘러싸여서 그 자체로 분리되어 있듯이, 정신세계 안에서도 역시 그러하다. 정신의 피부가 통합적인 정신세계에서 정신인간을 분리시켜 독립적인 정신 존재로 만든다. 이로써 정신인간이 정신 존재로서 정신세계 안에서 자체적으로 살면서 직관적으로 세계의 정신내용을 지각한다. 이 '정신적 피부'를 **정신의 껍데기**(오라적 껍데기)라 부르기로 한다. 단, 이 '정신적 피부'는 인간 발달과 더불어 계속해서 확장되기 때문에, 인간의 정신적 개인성(그의 오라적 껍데기) 역시 무한히 커질 수 있다는 사실을 분명히 해야 한다.

25.　　정신인간은 그 정신의 껍데기 속에서 **산다.** 육체가 육체적인 생명력을 통해서 구축되듯이, 정신인간은 정신적인 생명력을 통해서 구축된다. 바로 그래서 에테르체에 관해 말할 때와 유사한 방식으로 정신인간과 관련해서는 에테르 정신에 관해 말해야 한다. 그 에테르

정신을 **생명정신**이라 부르기로 한다. 그러므로 정신적인 인간 존재는 세 부분으로 되어 있다. **정신인간, 생명정신, 그리고 정신자아.**

26.    정신의 범주를 들여다볼 수 있는 '형안자'에게 이 정신적인 인간 존재는 **오라**에서 더 고차적인 ─ 사실상의 정신적인 ─ 부분으로서 지각할 수 있는 실재다. 형안자는 그 정신의 껍데기 속에서 정신인간을 생명정신으로서 '관조'한다. 그리고 더 나아가 '그는 관조한다'. 어떻게 그 '생명정신'이 정신적인 외부 세계로부터 끊임없이 정신의 양식糧食을 받아들임으로써 점점 더 확대되는지. 더 나아가 어떻게 정신의 껍데기가 그렇게 양식을 받아들임으로써 계속해서 확대되는지, 어떻게 정신인간이 더욱더 크게 자라는지. 그 '점점 더 커짐'이 공간적으로 '관조'되는 한, 그것은 당연히 실재의 **그림**일 뿐이다. 일단 이 점을 간과한다면, 그 그림의 표상 속에서 인간 영혼은 자신에 부합하는 정신적인 실재를 향하고 있는 것이다. 인간의 정신적 존재와 육체적 존재 간의 차이는, 후자가 제한된 크기를 지니는 반면 전자는 무한히 성장할 수 있다는 데에 있다. 정신의 양식으로 받아들이는 것은 역시 영원한 가치가 있다. 그러므로 인간 오라는 상호 간에 관철하는 두

부분으로 이루어져 있다. 그 한 부분에는 육체적 현존이,
다른 부분에는 정신적 현존이 색채와 형상을 부여한다.

27.　　나/Ich는 그 두 현존을 다음과 같은 방식으로
분리한다. 물체적 현존은 그 특성상 **자신을 바쳐서** 신체를
구축하고, 이 신체가 그 안에 영혼이 활동하도록 한다.
이와 유사하게 나/Ich는 자신을 바침으로써 자신 내면에
정신이 활동하도록 한다. 정신은 나름대로 영혼을 관철하고,
정신세계 안에서 도달해야 할 목표를 영혼에 부여한다.
영혼은 신체를 통해서 물체적인 것에 들어 있고, 정신세계
안에서 움직이기 위한 날개가 정신인간을 통해서 영혼에
자라난다.

∞

28.　　인간 **전체**를 파악하고 싶다면, 인간은 앞서 언급한
모든 부분으로 구성되어 있다고 생각해야 한다. 신체는 물체
세계의 질료로 지어지는데, 그 구조는 사고하는 나/Ich를
중심으로 조직되어 있다. 신체는 생명력으로 관통되고,
이로써 에테르체 혹은 생명체로 된다. 그렇게 에테르체로

관통된 신체는 감각 기관으로 외부를 향해 자신을 열면서 영혼체로 된다. 감각영혼이 그 영혼체를 관통해서 그것과 하나가 된다. 그런데 감각영혼은 외부 세계에서 받은 인상을 감각으로서 수용하는 데에 그치지 않는다. 감각영혼의 자체적 삶이 있는데, 그 삶은 한편으로는 감각을 통해서 다른 한편으로는 사고를 통해서 수태된다. 그렇게 감각영혼은 오성영혼이 된다. 감각영혼이 그렇게 할 수 있는 것은, 아래쪽으로는 감각에, 위쪽으로는 직관에 문을 열기 때문이다. 이로써 감각영혼이 곧 의식영혼이다. 이는 육체가 감각영혼에 감각 기관을 만들어 주듯이, 정신세계가 감각영혼에 직관 기관을 형성해 넣기 때문에 가능하다. 감각 기관이 영혼체를 통해서 감각을 전해주는 바와 마찬가지로, 정신은 감각영혼에 직관 기관을 통해서 직관을 전해준다. 이로써 정신인간이 의식영혼과 하나로 연결된다. 이는 육체가 영혼체 속에서 감각영혼과 연결되어 있는 것과 마찬가지다. 의식영혼과 정신자아가 합일을 이루고 있다. 이 합일 속에 정신인간이 생명정신으로서 **살고 있다.** 이는 에테르체가 영혼체를 위해서 신체적인 삶의 근거를 형성하는 바와 마찬가지다. 그리고 육체가 육체의 피부로 둘러싸여 있듯이, 정신인간은 정신의 껍데기 속에 둘러싸여 있다. **전체** 인간의 구성체는 다음과 같다.

가) 육체
나) 에테르체 혹은 생명체
다) 영혼체
라) 감각영혼
마) 오성영혼
바) 의식영혼
사) 정신자아
아) 생명정신
자) 정신인간

29.     영혼체(다)와 감각영혼(라)은 지상에 사는
인간에게서 합일되어 있다. 마찬가지로 의식영혼(바)과
정신자아(사) 역시 합일되어 있다. 이로써 지상에 있는
인간의 **일곱** 구성체가 나온다.

1. 육체
2. 에테르체 혹은 생명체
3. 감지하는 영혼체
4. 오성영혼

5. 정신으로 채워진 의식영혼

6. 생명정신

7. 정신인간


30.　'나/Ich'는 영혼 속에서 섬광을 발하고, 정신에서 나오는 자극을 받아들임으로써 정신인간의 소유자가 된다. 이로써 인간은 '세 가지 세계(물체 세계, 영혼 세계, 정신세계)'에 참여한다. 육체, 에테르체, 영혼체를 통해서 물체 세계에 뿌리를 내리고, 정신자아, 생명정신, 정신인간을 통해서 정신세계로 올라가면서 만개한다. 한 쪽으로는 뿌리내리고 다른 쪽으로는 만개하는 그 **줄기**는 영혼 자체다.


31.　인간 존재를 이렇게 분류해 보았는데 이와 전적으로 일치하면서도 단순화된 형태를 제시할 수 있다. 비록 인간 '나/Ich'는 의식영혼 속에서 빛나고 있기는 해도 결국은 영혼 존재 전체를 관통한다. 이 영혼 존재의 각 부분은 신체의 여러 부분과 달리 엄격하게 분리되어 있지 않고, 오히려 고차적 의미에서 서로 간에 관통되어 있다. 이제 나/Ich의 껍데기인 오성영혼과 의식영혼이 밀접하게 결합되어 있고, 나/Ich를 그 핵심으로 보면, 인간을 육체,

생명체, 아스트랄체, 나/Ich로 분류할 수 있다. 이 분류에서
아스트랄체라는 표현은 영혼체와 감각영혼을 함께
묶은 것을 칭한다. 이 명칭은 고대 문헌에서 나왔으며,
여기에서는 인간 존재 중에서도 감각으로-지각할 수 있는
것을 넘어서서 존재하는 것을 칭한다. 비록 감각영혼이
특정한 관계에서 나/Ich의 힘으로 관통되어 있다 해도
영혼체와 아주 밀접하게 연결되어 있는 바, 그 양자를
합일된 것으로 생각해서 한 가지 명칭을 써도 정당하다.
이제 나/Ich가 자신을 정신자아로 관통시키면, 마침내
정신자아가 등장해서 아스트랄체가 영적인 측면에서
개조되도록 한다. 인간의 충동, 본능, 욕망 등은, 그것들이
감지되는 한 일단은 아스트랄체 안에서 작용한다. 그에
더해 감각적 지각 역시 그 안에서 작용한다. 감각적
지각은 인간 내면의 구성체인 영혼체를 통해서 생겨난다.
그런데 이 구성체는 외부 세계에서 인간에 더해진다.
감각영혼이 내면으로부터 힘으로 관철되는 한 충동,
욕망, 격정 등이 감각영혼 안에 생성된다. 다만 이 내면이
스스로를 정신자아에 바치기 전에 그러하다. '나/Ich'가
자신을 정신자아로 관철되도록 하면, 영혼이 그 정신자아로
아스트랄체를 강화시킨다. 이 효과는, 나/Ich가 정신으로부터
받아들인 것으로 충동, 본능, 욕망 등을 환하게 두루

비추는 상태로 표현된다. 나/Ich는 정신세계에 참여하는
정도에 따라 충동과 욕망 등의 세계에서 지배자가 된다.
그리고 나/Ich가 그 세계를 지배할 수 있는 바로 그만큼
정신자아가 아스트랄체 속에 드러난다. 이로써 아스트랄체
자체가 변화한다. 그러면 아스트랄체가 변화된 부분과
그렇지 않은 부분으로 나뉜 존재로 드러난다. 그러므로
인간에게서 드러나는 현시라는 관점에서 보자면,
정신자아는 변화된 아스트랄체라고 말할 수 있다. 인간이
생명정신을 나/Ich 안에 수용하면, 그와 유사한 변화가
인간에게 일어난다. 그러면 생명체가 변화한다. 생명체가
생명정신으로 관철된다. 생명정신은, 생명체가 다른 것으로
변화하는 그 양식에서 현시된다. 그러므로 생명정신은
변화된 생명체라고 말할 수 있다. 그리고 나/Ich가 내면에
정신인간을 수용하면, 이로써 강력한 힘을 얻어서 육체를 그
힘으로 관철할 수 있게 된다. 그 힘을 통해 육체에서 변화된
것은 당연히 육체적인 감각 기관으로 지각할 수 **없다**.
육체에서 정신화된 바로 그것이 정신인간이 아닌가. 그래도
육체는 감각적 지각을 위해서 감각적인 것으로서 존재한다.
그리고 이 감각적인 것은 정신화된 한 정신적인 인식
능력에 의해 지각될 수 있을 뿐이다. 외적인 감각 기관에는
정신으로 관철된 육체적인 것도 감각적으로 드러날 뿐이다.

이 모든 것을 근거로 해서 인간을 다음과 같이 분류할 수
있다.

1. 육체
2. 생명체
3. 아스트랄체
4. 영혼 핵심으로서 나
5. 변화된 아스트랄체로서 정신자아
6. 변화된 생명체로서 생명정신
7. 변화된 육체로서 정신인간

# 2. 정신의 재현신과 숙명
## (환생과 카르마)

01.       신체와 정신 중간에 **영혼이** 살고 있다. 신체를 통해
영혼에 다가오는 인상은 일시적이다. 그 인상은 신체
기관들이 외부 세계의 대상을 향해 열려 있는 동안에만
존재한다. 장미가 내 앞에 있고, 내 눈이 열려 있는 동안에만
나는 장미꽃의 색을 지각한다. 한 가지 인상, 감각 혹은
지각이 이루어지려면, 외부 세계에 대상과 신체 기관이
필수적으로 **동시에 현존**해야 한다. 하지만 내가 정신
속에서 장미에 대한 **진리로** 알아본 것, 그것은 현재와
더불어 지나가지 않는다. 그것은 그 자체로 진리라는
의미에서 나한테 전혀 의존하지 않는다. 내가 장미를
마주 대하지 않아도, 그 진리는 그대로 남아 있을 것이다.
내가 정신을 통해서 인식하는 것은 영혼 생활 중 한 가지
요소에 그 근거를 둔다. 바로 이 요소를 통해서 영혼은,
덧없는 육체적 근거에 예속되지 않고 독자적으로 영혼 속에
현시하는 세계 내용과 연결되어 있다. 그렇게 현시하는
것 자체가 어디에서나 불멸하는 것인지는 중점이 아니다.
중점은, 영혼을 위한 그 현시가 일어나되 거기에서 **영혼의**
덧없는 신체적 근거가 아니라, 영혼 안에서 그 덧없는 것에

예속되지 않는 독자적인 것을 참작하는가 하는 것이다. 인간이 영혼의 덧없는 것을 통해 제한되지 않는 영혼 체험이 있다는 사실을 알아보는 그 순간에, **영혼 속에** 그 영속적인 것이 관찰 대상이 된다. 신체 조직이 하는 덧없는 활동을 통해 직접적으로 그 체험이 의식되는가에 관한 문제도 역시 아니다. 실은 영혼 속에 살고 있지만 그 진실에서 보아 무상한 지각 과정에서 독립적인 **어떤 것을** 그 체험이 포함하는가, 이에 관한 문제다. 영혼은 신체와 정신 사이에서 중도를 유지하며 현재라는 순간과 지속성 사이에 위치되어 있다. 그런데 그 현재라는 순간과 지속성을 **매개하기도 한다.** 영혼은 지금 존재하는 것을 **기억으로** 보존한다. 그렇게 함으로써 덧없는 것에서 현재를 떼어 내 정신적인 것의 지속성으로 받아들이는 것이다. 영혼은 살아가는 동안 일시적인 자극에만 몰두하지 않는다. 자신의 입장에서 대상을 규정하고, 실행하는 행위를 통해 그 대상에 자신 존재를 동화시켜서 시간적으로 – 덧없는 것에 지속성을 새겨 넣는다. 영혼은 기억을 통해서 어제를 보존하고, 행위를 통해서 내일을 준비한다.

02.  영혼이 장미의 붉은색을 기억으로 보존할 수 없다면, 그것을 의식하기 위해서 항상 새로이 장미를 바라보아야

한다. 외부에서 오는 인상에 따라 남아 있고 영혼에 의해
보존될 수 있는 것이, 그 인상과 별개인 독자적인 **표상이** 될
수 있다. 외부에서 받은 인상을 표상으로 만드는 이 천성을
통해서 영혼은 외부 세계를 자신 내면 세계로 만든다. 그
다음에 **기억력**을 통해서 ─ 다시금 상기하기 위해 ─ 그
표상을 보존하고, 획득된 인상과는 별개인 그 표상과
더불어 계속해서 자체적인 삶을 영위할 수 있다. 이렇게
영혼 생활이 외부 세계에서 오는 덧없는 인상의 **지속하는
효과**로 된다.

03    그런데 행위도 일단 외부 세계에 새겨 넣어지면 역시
지속성을 띠게 된다. 내가 나뭇가지를 자른다면, 내 영혼을
통해서 어떤 일이 벌어지는 것이고, 외부 세계에서 일어나는
사건의 경과를 완전히 변경시킨다. 내가 내 행위로 관여하지
않았다면 그 나무에 완전히 다른 결과가 일어났을 것이다.
내 현존이 없었더라면 일어나지 않았을 사건을 내가 일련의
효과로 불러일으킨 것이다. 내가 **오늘** 한 일은 **내일**을 위해
존속한다. 그 일은 내 **행위**를 통해서 지속성을 띠게 된다.
이는, 어제 얻은 내 인상이 기억을 통해서 내 영혼을 위해
지속성을 띠는 바와 마찬가지다.

04.     단, 내 행위를 통해서 지속성을 얻게 된 것에 대한
표상은, 지각을 근거로 하는 체험이 지속성을 얻게 된 것,
즉 '기억'에 대한 표상과 같은 방식으로 평범한 의식 속에
형성되지 않는다. 인간 '나/Ich'는 인상에서 생겨난 기억과
연결되어 있듯이, 자신의 행위를 통해서 세상에 생겨난
변화와 역시 연결되어 있지 않을까? '나/Ich'는 이러저러한
기억이 있는지 없는지에 따라 새롭게 받아들인 인상을
다르게 판단한다. 이와 마찬가지로 '나/Ich'로서 이러저러한
행위를 했는지 하지 않았는지에 따라서도 역시 '나/Ich'는
세상에 대해 다른 관계에 있게 된다. '나/Ich'에 대한 세상의
관계 속에 어떤 것이 존재하는지 그렇지 않은지는, 내가
타인에게 어떤 행동을 해서 인상을 남겼는지 그렇지
않은지에 달려 있다. 주변에 인상을 만든 후에 '나/Ich'는
세상에 대한 관계에 있어서 다른 사람이 된다. 여기에서
의미하는 것을 기억을 얻음으로써 '나/Ich'한테 일어난
변화처럼 그렇게 쉽게 알아볼 수 없는 이유는, 기억은
형성되는 즉시 인간이 이미 오랫동안 자기 소유라 느끼는
영혼 생활과 연결된다는 데에 있다. 그에 반해 행위를
통해 생기는 외적인 효과는 그 영혼 생활에서 떨어져
있고, 결과적으로 기억 속에 보존하는 것과는 다른 어떤
것이 된다. 이 점을 간과한다 해도, 사람이 어떤 일을

실행한 후에는 '나/Ich'를 통해서 자신의 성격을 새겨 넣은
무엇인가가 세상에 존재하게 된다는 것은 인정해야 한다.
여기에서 고려되는 것을 진정으로 숙고하면 다음과 같은
질문에 당도한다. "어떤 외적인 계기가 생기면 기억 속에
보존한 인상이 다시금 떠오르는 바와 마찬가지로, '나/Ich'를
통해서 그 존재가 새겨 넣어진 행위의 결과 속에는
나/Ich한테 다시 돌아오려는 경향이 들어 있지 않을까?
기억 속에 보존된 것은 그런 계기를 기다리고 있다. 기회만
되면 내면에서 떠올라 영혼에 다가서는 바와 마찬가지로,
나/Ich-성격과 함께 외부 세계에 보존된 것 역시 **외부에서**
인간 영혼에 다가서기 위해서 기다리고 있지는 않을까?"
이는 여기에서 단순히 질문으로 제시할 뿐이다. 왜냐하면
행위의 결과 중에 나/Ich-성격을 띠는 것이 인간 영혼을 다시
만날 계기가 전혀 생기지 않을 수도 있기 때문이다. 그러나
그것이 **그러한 것으로서** 존재한다는 사실, 그리고 그렇게
존재함으로써 나/Ich에 대한 세계의 관계를 규정한다는
사실은 앞서 말한 내용을 사고하면서 추적해 보면 즉시
한 가지 가능한 표상으로 드러난다. 그 '가능한' 표상에서
실재를 암시하는 어떤 것이 인간 삶 속에 들어 있는지,
이것이 이어지는 고찰에서 검사되어야 한다.

05.    이제 가장 먼저 기억을 고찰해 보자. 어떻게 기억이 이루어지는가? 기억은 당연히 감각이나 지각과 완전히 다른 방식으로 형성된다. 눈이 없다면 나는 '파란색'이라는 감각을 지닐 수 없다. 하지만 눈을 통해서 '파란색'에 대한 기억을 지니는 것은 절대로 아니다. 눈이 그 감각을 주어야 한다면, 눈앞에 파란색 사물이 있어야 한다. 지각 활동을 통해서 **현재의** 표상이 형성되는데, 그와 동시에 외부 세계와 영혼 사이의 관계 속에 어떤 것이 일어나지 않는다면, 신체성은 언제나 예외 없이 모든 인상을 무無 속으로 빠져들게 할 것이다. 여기에서 그 어떤 것이 인간 내면에 낳는 결과란, 과거에 **외부로부터** 인간 내면에 한 가지 표상을 야기한 것에 대한 표상을 인간이 나중에 어떤 과정을 통해서 **내면에** 지닐 수 있게 한다는 것이다. 영적으로 관찰하도록 수련을 거친 사람은, 다음과 같은 의견에서 출발하는 표현은 전혀 옳지 않다는 것을 알아볼 수 있게 된다. "사람이 오늘 표상 하나를 얻는다. **바로 그** 표상이 내면 어디인가 머무르고 있다가 내일 기억을 통해 다시금 떠오른다." 결코 그렇지 않다. **지금** 지니는 **이** 표상은 '지금과' 더불어 지나가는 현상이다. 기억이 들어선다 함은, 내면에서 한 가지 과정이 일어난다는 것인데, 이 과정은 외부 세계와 나 사이의 관계 속에서 현재의 표상을

불러일으키는 것과는 **별도로** 일어나는 어떤 것에서 나오는 결과다. 기억을 통해서 불러일으킨 표상은 새로운 것이지 보존된 낡은 것이 **아니다.** 기억이 있는 원인은, **다시** 표상될 수 있다는 데에 있지, 이미 존재하는 표상을 다시 불러일으킨다는 데에 있지 않다. **다시** 들어서는 것은 표상 자체와는 다른 어떤 것이다.(정신과학 영역에서는 특정 주제에 있어 일상생활에서와 달리, 그리고 더 나아가서 통상적인 과학에서와도 달리 필수적으로 **더 정확한** 표상을 얻어야 하기 때문에 여기에 참고삼아 이 논평을 덧붙인다) '내가 기억한다.'라는 말은 '그 자체로서 더 이상 거기에 없는 어떤 것을 체험한다.'는 것이고, 과거에 했던 한 가지 체험을 현재의 삶에 연결한다는 것이다. 기억을 하는 경우 언제나 그러하다. 어떤 사람을 만난다고 가정하자. 어제 그 사람을 만났기 때문에 오늘 그를 다시 알아본다. 어제 지각을 통해서 만들어 낸 형상을 오늘 그에게서 얻는 인상과 연결할 수 없다면, 그는 나한테 완전히 낯선 사람으로 남아 있을 것이다. 오늘 만나는 형상은 나한테 지각을 준다. 내 감각 조직이 그렇게 한다는 말이다. 그렇다면 누가 어제 그 형상을 내 영혼 속에 마법처럼 집어넣었는가? 어제 내가 체험하는 동안 거기에 있었던 그 존재, 바로 그 동일한 존재가 역시 오늘 체험하는 동안에도 내 내면에 있다. 앞선 장에서 언급한 **영혼이** 바로 그 존재다. 과거를 충실히 보존하는 영혼이 없다면, 모든 외적인 인상은 인간에게 언제나 새로운 것이 된다. 어떤 것이 기억으로 바뀌는 그 과정을 영혼이 마치 부호를 새겨 넣듯이 신체에 새겨 넣는다는 것은 확실하다. 아니, **영혼은** 반드시 그렇게 새겨 넣어야 하고, 그 다음에 외부 세계에 있는 어떤 것을 지각하는 것처럼 스스로 새겨 넣은 것을 내적으로 지각한다. 그렇게 영혼은 기억을 보존하는 자가 되는 것이다.

06.      과거를 보존하는 자로서 영혼은 끊임없이 정신을 위한 보물을 수집한다. 옳은 것과 옳지 않은 것을 구별할 수 있는지, 이는 인간으로서 정신 속에서 진리를 파악할 능력이 있는 존재, 즉 사고하는 존재라는 것에 달려 있다. 진리는 영원하다. 비록 과거 일을 종종 잊어버린다 해도, 매번 인상이 새롭게 다가온다 해도, 진리는 대상에서 나한테 항상 다시금 드러날 수 있다. 그런데 내면의 정신은 현재 인상에 제한되어 있지 않다. 영혼이 과거를 훨씬 더 능가해 나아가면서 시야가 넓어지지 않는가. 그리고 영혼이 과거에서 나오는 것을 정신에 더 많이 부가할 수 있다면, 정신은 더욱더 풍부해진다. 이렇게 영혼은 신체에서 받아들인 것을 정신에 건네준다. 이로써 인간 정신은 삶의

매 순간 내면에 두 종류를 지닌다. 그중 하나는 진리와 선함의 영원한 법칙이며, 다른 하나는 과거에서 나온 결과인 기억이다. 인간 정신이 하는 것은 이 두 요소의 영향 아래 실행된다. 바로 이런 이유에서 우리가 인간 정신을 이해하고자 한다면, 정신에 대해서 역시 두 가지를 알아야 한다. 그 첫 번째는, 영원한 것으로부터 얼마나 많이 정신에 현시되는가 하는 것이고, 그 두 번째는 과거에서 나온 보물이 얼마나 많이 내면에 있는가 하는 것이다.

07.     그 보물은 정신에 불변하는 형태로 남아 있지 않는다. 인간이 체험에서 얻은 인상은 기억에서 차츰차츰 사라진다. 하지만 그 열매는 사라지지 않는다. 사람이 어린 시절에 읽기나 쓰기를 배우면서 겪은 체험은 모두 기억하지 못한다. 하지만 그런 체험을 하지 않아서 능력의 형태로 그 체험에서 생긴 열매를 보존할 수 없다면, 읽을 수도 쓸 수도 없을 것이다. 바로 이것이 기억의 보물을 가지고 정신이 행하는 변화다. 정신은 개별적인 체험 형상으로 이끌어갈 수 있는 것은 자신의 숙명에 맡긴다. 그 대신 자신의 능력을 더 고양시키기 위해 그 체험에서 힘만 덜어낸다. 이렇게 어떤 체험도 이용되지 않은 채 사라지지 않는다. 영혼이 그것을 기억으로 보존하고 정신이 그것에서 능력을, 즉 정신생활의

내용을 풍부하게 만들 수 있는 것을 빨아들인다. 그렇게 작업된 체험들을 통해서 인간 정신이 **성장한다.** 그러므로 창고 속에 보관된 것처럼 과거의 체험을 정신 안에서는 발견할 수 없다 해도, 인간이 습득한 능력 속에서 그 **효과**를 발견한다.

∞

08.　　지금까지는 정신과 영혼을 출생과 죽음이라는 경계 안에서 고찰했다. 그런데 거기에만 머무를 수 없다. 그렇게 고찰하려는 사람은 인간 신체 역시 그 경계 안에서만 관찰하는 사람과 비슷하다. 물론 그 경계 안에서도 많은 것을 발견할 수 있다. 하지만 출생과 죽음 사이에 놓여 있는 것만 근거로 해서는 **인간 형상**을 절대로 해명할 수 없다. 인간 형상은 단순한 물체적인 질료와 힘에서 직접적으로 나온 것으로만 구축되지 않는다. 인간 형상은, 자체적으로 번식하기 때문에 생기는, 자신과 유사한 형상에서 유래할 수 있을 뿐이다. 물체적인 질료와 힘은 살아 있는 동안 신체를 구축하며, 번식의 힘은 그 신체에서 다른 신체가 생겨나도록 한다. 이 다른 신체는 원래의 신체와 같은 모양을 지닐 수 있는데, 이는 전자가 후자와 동일한 생명체를 지닌다는 것을

의미한다. 모든 생명체는 조상祖上의 반복이다. 생명체가
조상의 반복이라는 **오로지 그 이유 때문에**, 그것은
임의적인 형상이 아니라 유전된 형상으로 나타난다. 내
인간 형상을 가능하게 만드는 힘은 내 조상에 놓여 있었다.
그런데 인간 정신 역시 특정 형상으로 나타난다.(여기에서
형상이라는 단어는 당연히 정신적인 의미에서 쓰였다)
정신 형상은 인간마다 상상할 수 없을 정도로 다양하다.
두 사람이 있다면, 그 둘의 정신 형상은 절대로 동일하지
않다. 물체 세계에서 하듯이, 정신세계에서도 공평무사하게
객관적으로 관찰해야 한다. 정신적인 면에서 각 인간이
다양한 이유가 오로지 다양한 주변 환경이나 교육 등에만
있다고 말할 수 없다. 아니다. 절대로 그렇게 말할 수 없다.
왜냐하면 두 사람이 같은 환경에서 성장하고, 같은 교육을
받았다 해도 발달 과정은 완전히 다르기 때문이다. 그래서
인간은 완전히 다른 소질과 성향을 가지고 인생 노정에
들어선다는 사실을 인정해야 한다. 여기에서 우리는, 인간
본질의 전체적인 범위를 인식하는 경우 그 본질을 밝게
조명하는 한 가지 중요한 사실 앞에 선다. 오로지 물질적인
사건만 집중해서 관찰하는 사람은, 인간 개인의 다양성이
질료로 된 배아의 다양한 상태에 기인한다고 말할 수 있을
것이다.(그리고 그레고어 멘델Gregor Johann Mendel이

발견하고, 다른 과학자들이 계속해서 발달시킨 유전의
법칙을 고려하면, 그 생각이 과학적 판단 앞에서도 역시
외적인 정당성을 부여하는 많은 것을 진술한다) 그런데
그렇게 판단하는 사람은, 체험에 대해 인간이 가지는 진정한
관계를 자기는 전혀 이해하지 못하고 있다는 것만 드러낸다.
왜냐하면 객관적인 관찰에 따르면, 외부 환경은 질료적인
발달과의 상호 관계 속에 **직접적으로는** 절대 들어서지
않는 어떤 것을 통해서 다양한 사람에게 다양한 방식으로
영향을 미친다는 결과가 나오기 때문이다. 인간이 체험을
하고, 그 체험과 상호 작용함으로써 생겨나는 것이 있다.
그런데 그렇게 해서 생기기는 해도 **영혼** 스스로가 그 상호
작용에 관여해야 형상화될 수 있는 것이 있다. 바로 이것과
질료적인 성향에서 나오는 것은 분명하게 구분된다는 것이
이 영역에서 정말 정확하게 연구하는 사람에게 드러난다.
외부 세계의 내부에서 그렇게 상호 작용할 때 영혼은,
질료적인 배아 성향과 **그 본질에 있어** 어떤 연관성도 가질
수 없는 어떤 것과 분명하게 관계하고 있다.

09.　　　인간은 육체 형상을 통해서 지구상에 있는 동물계의
　　　동포들과 구분된다. 그런데 그 형상이라는 관점에서 보자면
　　　인류 전체가 특정한 경계 안에서 동일하다. 인간이라 하는

종種은 단 하나만 있을 뿐이다. 종족, 부족, 민족, 개인들 간에 차이가 아무리 크다고 해도, 육체라는 관계에서는 인간과 인간 간의 유사성이 어떤 종에 속하는 동물이든 동물과 인간의 유사성보다 더 크다. 인간이라 하는 종 내부에서 두드러지게 드러나는 모든 것은 조상으로부터 후손에 물려지는 유전을 통해 조건 지어진다. 그리고 인간 형상은 그 유전과 연결되어 있다. 사자는 오직 사자를 조상으로 두었기 때문에 사자 모양을 얻듯이, 인간 역시 오직 인간을 조상으로 두었기 때문에 육체 형상을 물려받는다.

10.　　인간 사이의 육체적인 유사성이 눈앞에 분명하게 있는 만큼, 인간 정신 형상의 다양성이 편견 없는 정신의 시각에 드러난다. 이것을 표현하는 공공연한 사실이 있다. 바로 한 인간의 전기가 존재한다는 사실이다. 인간이 그저 종에 속하는 존재이기만 하다면 전기는 있을 수 없을 것이다. 사자는 사자라는 종에, 비둘기는 비둘기라는 종에 속하는 한에서 관심을 일깨운다. 동물의 경우 종을 서술하면, 그 종에 속하는 개체 한 마리를 본질적으로 이해할 수 있다. 그 서술이 아버지나 아들, 혹은 손자에 관한 것인지는 별로 중요하지 않다. 동물에서 관심의 대상이

되는 것, 그것은 아버지와 아들과 손자 모두에 공통으로 존재한다. 인간이 의미하는 것, 그것은 인간이 더 이상 종에 속하는 존재가 아니고 개별적 존재인 곳에서 비로소 시작된다. 내가 크레빈켈에 사는 슐츠 선생의 아버지와 아들을 묘사했다고 해서 슐츠 선생의 본질을 파악한 것은 절대 아니다. 어떤 사람을 파악하려면 그 개인의 생애를 알아야 한다. 전기의 본질에 대해 곰곰이 생각해 보면, 정신적인 관계에서는 **인간 각자가 자신만의 독자적인 종이라는 사실**을 알아보게 된다. 인생에서 일어난 사건들을 외형상 함께 엮은 것을 전기라고 생각하는 사람은, 인간의 전기와 같은 의미에서 한 마리 개의 전기도 쓸 수 있다고 주장할 것이다. 하지만 한 인간이 지니는 진정한 고유성을 전기로 서술하는 사람은, 동물계에 한 가지 종 전체를 묘사하는 것과 맞먹는 어떤 것이 그 전기에 들어 있다는 것을 알아본다. 동물의 경우에도 ─특히 아주 영리한 동물인 경우─ 전기와 유사한 것을 쓸 수 있다고 하는데, ─물론 이해할 수 있는 생각이기는 해도─ 이는 중점이 아니다. 인간의 전기는, 어떤 동물 한 마리의 생애가 아니라 그 동물의 종에 대한 묘사에 상응한다는 것이 중점이다. 어떤 사람은, 한 가지 종에 속하는 여러 마리 동물을 개별적인 성격에 따라 구분할 수 있는 곡예단 단장을

보았다고 하면서 여기에 설명한 내용을 부정하려고 할
것이다. 그런 식으로 판단하는 사람은 **오로지** 개인성을
통해서**만** 습득되는 것으로 드러나는 다양성과 개인적인
다양성을 구별할 줄 모른다는 사실만 보여 줄 뿐이다.

11.　　종이나 종속은 유전을 통한 규정성 안에서 파악할
때만 육체적 의미에서 이해할 수 있다고 한다면, 정신적인
존재는 비슷한 **정신적인 유전**을 통해서만 이해할 수 있을
것이다. 나는 인간을 조상으로 두었기 때문에 육체적인
인간 형상을 지닌다. 그렇다면 어디에서 내 전기 속에
표현되는 것을 얻는가? 육체를 지닌 인간으로서 나는 내
조상이 가졌던 형상을 반복한다. 정신적인 인간으로서
나는 무엇을 반복하는가? "내 전기에 들어 있는 것은 어떤
해명도 더 이상 필요치 않다. 그냥 그렇게 받아들여야
한다."고 주장하는 사람은 역시 주저 없이 다음과 같이
말해야 할 것이다. "어디에서 진흙더미를 보았는데, 거기에
흙 부스러기가 저절로 뭉쳐지면서 살아 있는 인간으로
바뀌었다."

12.　　나는 인간이라 하는 종 전체와 같은 형상을 지니는
바, 육체를 지닌 인간으로서 나는 육체를 지닌 다른

인간에서 유래한다. 달리 말해 종의 특성은 한 가지 종 내부에서 유전을 통해 얻을 수 있다는 것이다. 정신적 인간으로서 나는 나 자신의 형상을 지닌다. 이는 나 자신만의 전기가 있는 것과 같은 이치다. 내 정신 형상은 다른 누구도 아니고 바로 나 자신에게서 유래한다는 의미다. 나는 불명확한 영혼 성향이 아니라 확실한 영혼 성향을 가지고 이 세계로 들어섰기 때문에, 그리고 내 전기 속에 표현되는 그 성향을 통해서 내 인생 노정이 규정되기 때문에, 나 자신에 대한 작업이 출생한 그 시점에 시작되었다고 볼 수 없다. 정신적 인간으로서 나는 출생 이전에 이미 존재했음에 틀림없다. 내 조상들은 정신적 인간으로서 나와 다르기 때문에 나는 분명히 내 조상들 속에 존재하지 않았을 것이다. 내 전기는 그들의 전기를 통해서 해명되지 않는다. 내 전기를 해명할 수 있는 전기를 소유하는 자, 바로 그 사람의 반복이 정신적인 존재로서 나인 것이다. 여기에서 **가장 먼저** 생각할 수 있는 다른 경우는, 내 전기 내용이 되는 것의 형상화는 출생(혹은 수태) **바로 전에** 있었던 정신적 삶**만** 근거로 해서 이루어진다는 것이다. 그런데 이 표상은, 물체 세계의 주변 환경에서 인간 영혼에 작용하는 것과 영혼이 순수하게 정신적인 세계에서 얻은 것이 동일한 종류라 가정하려고

할 때만 정당화될 수 있을 것이다. 그런 가정은 진정으로 정확한 관찰에 모순이 된다. 왜냐하면 이 물체적 주변 환경에서 인간 영혼을 규정하는 것은, 육체의 인생에서 마치 나중에 한 경험이 이전에 했던 동일한 종류의 경험에 영향을 미친다는 듯한 방식으로 작용하기 때문이다. 이 상황을 올바르게 관찰하려면, 한 가지를 알아보는 눈을 길러야 한다. 인간이 물체 세계에서 사는 동안 이미 배워서 숙달된 일을 처리해야 하는 입장에 있을 때와 비슷하게 영혼 성향에 작용하는 인상이 어떤 식으로 인생에 들어 있는가 하는 것이다. 단, 이 인상은 현생에서 배워 숙달된 것을 맞히지 않고, 연습을 통해 습득한 능력이라는 듯한 인상에 자신을 내맡기는 그 영혼 성향을 맞힌다. 이 주제를 투시하는 사람은 현생 이전에 있었을 수밖에 없는 전생에 대한 표상에 이른다. 그는 순수하게 정신적인 체험에 있어 사고를 한다면, 지상에서 **지금 살고 있는 이 생** 앞에만 서 있지 못한다. — 실러Johann Christoph Friedrich von Schiller가 지니고 다녔던 육체 형상은 조상으로부터 물려받았다. 그 형상이 땅에서 자라날 수는 없는 노릇 아닌가. 바로 이와 같은 이치로 육체 형상은 실러의 정신적 존재일 수 없다. 실러는 다른 정신적 존재의 반복일 수밖에 없다. 실러의 육체 형상은 번식을 통해 해명될 수 있듯이, 실러의 전기는 그 정신적 존재의 전기를 통해 해명될 수 있다. − 인간의 육체 형상은 인간이라는 종에 속하는 존재가 끊임없이 반복해서 재현신하는 것이듯, 정신적 인간은 **동일한** 정신적 인간이 재현신하는 것일 수밖에 없다. 왜냐하면 정신적 인간으로서는 누구나 바로 자신만의 종에 속하기 때문이다.

13.　　이 책에서 설명하는 것이 순전히 사변에 불과하다는 이의를 제기하고, 통상적인 자연 과학에서 보통 하듯이 외형상의 증명을 요구할 수 있다. 그런 이의에 대한 반박으로, 정신적 인간의 재현신은 외형상의 물리적 사실 분야에 속하는 과정이 아니라 완전히 정신적인 영역에서 일어나는 과정이라는 것을 반드시 말해야 한다. **사고를** 제외한 다른 **평범한** 정신력은 절대로 그 영역으로 들어설 수 없다. 바로 그래서 사고력을 신뢰하지 않는 사람은 더 높은 차원의 정신적 사실에 대해서도 해명할 수 없다. 정신적인 눈이 열린 사람은, 앞에 언급한 사고 과정이 육체의 눈앞에 일어나는 과정이 작용할 때와 똑같은 힘으로 작용한다는 것을 알아본다. 통상적인 자연 과학의 인식 방법에 따라 구축된 '증명'이 인간의 전기가 의미하는 것에 대한 위의 설명보다 더 설득력이 있다는 의견을 가진 사람은 평범한 의미에서 위대한 과학자가 될 수는 있다. 하지만 진정한

정신적인 연구의 길에서는 아주 멀리 떨어져 있는 것이다.

14.    한 인간이 지니는 정신적 특성을 부모나
조상으로부터 유전된 것으로 해결하려는 생각은 극히
심각한 편견에 속한다. 괴테가 부모에게서 그의 본질을
이루는 것을 유전 받았다는 편견을 당연한 것으로 여기는
사람한테는 그렇지 않다고 어떤 근거를 들어 이야기해도
아무 소용이 없다. 왜냐하면 그 사람 내면에 편견 없는
관찰에 대한 깊은 반감이 놓여 있기 때문이다. 그는
물질주의적 암시로 인해 현상의 연관성을 올바르게
조명하지 못하는 것이다.

15.    이 책과 같은 설명에는 출생과 죽음을 넘어서서
인간 존재를 추적하기 위한 전제 조건이 주어진다. 출생과
죽음을 통해 규정된 경계 안에서 인간은 세 가지 세계, 즉
신체적인, 영적인, 그리고 정신적인 세계에 속한다. 영혼은
신체의 세 번째 지체인 영혼체를 감각 능력으로 관통하면서,
그리고 정신의 첫 번째 지체인 정신자아를 의식영혼으로서
관철시키면서 신체와 정신 간에 매개자 역할을 한다. 이로써
살아가는 동안 영혼이 신체는 물론 정신에도 역시 관여한다.
이 관여는 영혼의 전반적인 현존에서 표현된다. 어떻게

감각영혼이 그 능력을 펼칠 수 있는지는 영혼체의 조직에 달려 있다. 다른 한편으로 정신자아가 얼마나 폭넓게 영혼 속에서 발달할 수 있는지는 의식영혼의 삶에 달려 있다. 영혼체의 모양이 더 좋을수록 감각영혼이 외부 세계와 더 나은 교류를 할 수 있다. 의식영혼이 정신자아에 더 많은 양식을 공급할수록 정신자아가 더 풍부하고 더 강력해진다. 사람이 살아가는 동안 체험을 하고, 그 체험을 소화시킨 열매를 통해서 정신자아에 양식이 공급된다는 것이 이제 설명되었다. 왜냐하면 이미 설명한, 영혼과 정신 간의 상호 작용은 당연하게도 영혼과 정신이 서로 뒤섞여 존재하면서 서로 관철하는 바로 그곳에서만, 달리 말해서 '정신자아와 의식영혼이' 연결되는 그곳에서만 일어나기 때문이다.

16.     먼저 영혼체와 감각영혼이 어떻게 상호 작용하는지 고찰하기로 한다. 영혼체는 이미 드러난 대로 신체적인 것이 극히 섬세한 모양으로 발달된 것이다. 그래도 신체적인 것에 속하고, 그것에 의존한다. 육체, 에테르체, 영혼체는 특정 의미에서 하나의 전체를 이룬다. 그래서 영혼체 역시 신체에 그 형상을 부여하는 유전의 법칙에 얽혀 있다. 신체적인 것 중에서도 가장 유동적이고 동시에 가장 휘발하기 쉬운 형태라서 역시 유전된 현상 중에서

가장 유동적이고 가장 쉽게 휘발하는 것을 보여 줄 수밖에 없다. 바로 그런 연유에서 종족, 민족, 가계만 기준으로 하는 경우 육체는 차이가 거의 없고, 에테르체는 그에 비해 사람마다 차이가 조금 있기는 해도 크게 보아 유사한 반면에, 영혼체는 개인마다 아주 커다란 차이가 있다. 한 인간에게서 **외적, 개인적인** 특성으로서 감지되는 것이 영혼체에서 표현된다. 개인의 특성 중에서도 부모, 조부모 등 조상으로부터 후손에 유전된 것을 담고 있는 것이 바로 영혼체다. 이미 설명했듯이 있는 그대로의 영혼이 완벽하게 그 자체적 삶을 영위하는 것은 사실이다. 이는 호불호, 느낌, 욕구 등과 함께 독자적으로 완결되어 있다는 의미다. 그렇다 해도 영혼은 전체로서 작용하고, 그런 연유에서 그 전체가 감각영혼에서도 역시 뚜렷하게 드러난다. 그리고 감각영혼이 영혼체를 관통하고 동시에 그것을 가득 채우기 때문에, 후자는 영혼의 천성에 따라 그 모양을 얻는다. 뿐만 아니라 영혼체는 유전된 요소를 운반하는 몸으로서 경향이나 욕구 등을 조상에서 후손으로 유전시킬 수 있다. 바로 이 사실에 괴테의 다음과 같은 말이 근거한다.

"아버지로부터 물려받기는 체격과, 인생을 신중히 주도해 가는 성격을, 어머니로부터 물려받기는 낙천적인 기질과,

사설 늘어놓는 욕망을."* 괴테가 보인 천재성은 부모에게서 물려받은 것이 아니다. 인간이 자신의 영적인 특성에서 무엇을 육체적인 유전 선상에 그대로 건네주는지가 이런 양식으로 드러난다. 인간 육체의 질료와 힘들은 물체적 자연이라는 전반적인 주변 환경에도 역시 똑같은 방식으로 존재한다. 질료와 힘들은 주변에서 인간 육체 속으로 끊임없이 수용되고 다시금 주변으로 배출된다. 인간 육체를 구성하는 질료는 몇 년 사이에 완전히 갱신된다. 질료가 인간의 육체 형태를 띤다는 것, 그리고 육체 속에서 끊임없이 갱신된다는 것, 이는 육체가 에테르체를 통해서 유지된다는 데에 의존한다. 그리고 그 형태는 출생과 ㅡ혹은 수태와ㅡ 죽음 사이에 일어나는 과정을 통해서만 규정되지 않고, 출생과 죽음을 넘어서는 유전의 법칙에 의존한다. 유전의 경로에서 영혼의 특성이 전달될 수 있는 이유는, 달리 말해서 육체적인 유전이 이루어지면서 영혼의 기미가 스며드는 이유는, 감각영혼이 영혼체에 영향을 미친다는 데에 있다.

17.　　그렇다면 영혼과 정신 간의 상호 작용은 어떤 식으로 이루어지는가? 살아가는 동안에는 정신이 앞에서 설명한

---

* 　원발행자_『온건한 경구Zahme Xenien』제6권

방식으로 영혼과 연결되어 있다. 영혼은 진리와 선함 속에 살 자질을 정신으로부터 받으며, 그로써 영혼의 고유한 삶 속에, 그리고 영혼의 호불호, 본능, 욕망 속에 정신 자체가 드러나도록 한다. 정신자아는 정신들의 세계로부터 진리와 선함의 영원한 법칙들을 '나/Ich'에게 가져다준다. 이 법칙들이 의식영혼을 통해서 영혼이 독자적 생활에서 하는 체험과 결합된다. 이 체험 자체는 사라진다. 하지만 체험의 열매는 남는다. 정신자아가 그 체험과 한번 결합된 적이 있다는 사실이 정신자아에 불변의 인상을 남긴다. 인간 정신이 언젠가 이미 한번 결합된 적이 있는 체험과 유사한 체험을 다시 만나면, 그것에서 익숙한 어떤 것을 알아보고, 그것을 처음 대할 때와는 다른 태도를 취한다. 모든 배움이 바로 이 정황에 기인한다. 그리고 배움의 열매가 바로 습득된 능력이다. ─ 이런 방식으로 인생은 덧없이 지나가도 그 열매들은 영원한 정신에 새겨 넣어진다.─ 우리가 그 열매들을 지각하지 않는가? 정신적인 인간의 특성으로서 앞에 설명된 그 성향은 과연 무엇에 기인하는가? 인간이 지상에서 인생 노정을 시작할 때 함께 가져온 이러저러한 능력에 기인할 뿐이다. 이 능력은 특정한 관계에서 보아 우리가 인생을 살아가는 동안에 습득할 수 있는 능력과 유사하다. 모차르트 같은 인물이 보인 천재성을 예로 들

수 있다. 모차르트Wolfgang Amadeus Mozart가 어린
나이에 이미 길고 어려운 악곡을 단 한 번만 듣고 다시
기억해서 오선지에 쓸 수 있었다는 것은 유명한 사실이다.
그에게 작품 전체를 단숨에 조망할 능력이 있었기 때문에
그렇게 할 수 있었다. 인간이 한 생을 살아가는 동안에도
연관성을 관통해서 조망할 능력을 일정한 한계 안에서
확장시킬 수 있고, 그렇게 함으로써 또한 새로운 능력을
얻게 된다. 레싱이 스스로에 대해 말하지 않았던가?
비판적인 관찰 능력을 통해서 거의 천재성에 필적하는 어떤
것을 습득했다고. 소질로 타고나는 그런 능력에 대해 기적
같은 일이라고 경탄만 하는 데에서 그치고 싶지 않다면,
그 능력은 정신자아가 영혼을 통해 얻은 체험의 열매라고
간주해야 한다. 그런 능력이 정신자아에 새겨 넣어졌었다.
그리고 이 생에서 그런 능력이 새겨 넣어지지 않은 바,
전생 언젠가 새겨 넣어졌을 것이다. 인간 정신은 자신만의
고유한 종種이다. 인간이 육체적 종의 존재로서 종 내부에서
그 특성을 유전 받듯이, **정신은 자신만의** 종 내부에서, 달리
말하자면 자신 스스로 안에서 유전된다. **한 생에서 인간
정신은 자신 스스로의 반복으로서 전생들의 노정에서 얻은
체험의 열매들을 가지고 나타난다.** 고로 이 생은 다른 생의
반복이고, 정신자아가 지난 생들에서 작업한 것을 함께

가져온다. 열매가 될 만한 것들을 수용하면 정신자아가 스스로를 생명정신으로 관철시킨다. 생명체가 그 형태를 종에서 종으로 반복하는 것과 마찬가지로, 생명정신은 영혼을 개인의 현존에서 개인의 현존으로 반복한다.

18.　　지상에서 반복하는 인생들에서 인간이 거치는 특정 과정들을 위한 근거를 찾는 표상이 앞선 고찰을 통해 정당성의 영역으로 끌어올려졌다. 이 표상은, 이 책 마지막 부분에서 설명하게 될 인식의 길에 들어서야 습득할 수 있는 정신적 형안에 그 발원지를 두는 관찰을 통해서만 완벽한 의미를 얻을 수 있다. 지금 여기에서는 사고를 통해서 올바르게 방향을 잡는 평범한 관찰이 확실하게 그 표상으로 이끌어간다는 점만 보여 줄 뿐이다. 다만, 그런 평범한 관찰이 처음에는 그 표상을 특정한 의미에서 윤곽처럼 남겨 둔다. 그리고 그 관찰은, 사고에 의해 올바르게 이끌어지지 않는 부정확한 관찰로 인한 반박에 대해 그 표상을 적절히 방어할 수 없을 것이다. 하지만 다른 한편으로는, 평범하게 사고하는 관찰을 통해서 그런 표상을 일단 습득하는 사람은 초감각적 관찰을 위해 준비하는 것이라는 것도 맞는 말이다. 그렇게 하는 사람은 초감각적 관찰을 하기 전에 지녀야 하는 것을 특정한 의미에서 사전에 형성하게 된다.

이는 감각적인 관찰을 하기 **전에** 눈이 있어야 하는 바와
마찬가지다. 그런 표상을 형성하는 것이 결국에는 초감각적
관찰에 대한 자기 암시를 하는 격이라고 이의를 제기하는
사람은, 자신이 자유롭게 사고하면서 실재에 관여할 능력이
없다는 것을, 그리고 **그 사람이** 바로 **그렇게 함으로써**
자신이 제기하는 그 이의에 대한 자기 암시를 하고 있다는
것을 증명할 뿐이다.

∞

19.     그렇게 영혼이 한 체험은 출생과 죽음의 경계
안에서만 아니라 죽음을 초월해서 계속해서 보존된다. 단,
영혼은 내면에서 빛을 발하는 정신에 체험을 새겨 넣는
데에 그치지 않는다. 앞에서(86쪽, 3문단) 이미 설명했듯이
**행위**를 통해서 세상에도 새겨 넣는다. 인간이 어제 처리한
일은 오늘 그 결과로 남아 있다. 잠과 죽음에 대한 비유가 이
방향에서 원인과 결과의 연관성에 대한 그림을 보여 준다.
잠은 죽음의 동생이라고 흔히들 말한다. 아침에 일어난다.
전날에 하던 일이 밤으로 인해 단절되었다. 아침에 그 일을
다시 시작하는데, 보통의 상황에서는 그 일을 마음대로
처리할 수 없다. 삶에 질서와 연관성이 있어야 하기에 어제

했던 일에 연결해서 계속해야 한다. 오늘 해야 할 일의 조건은 어제 내가 한 행위다. 어제 한 일로 오늘 내 숙명을 만들어 낸 것이다. 내가 잠시 동안 활동을 멈추었다. 그래도 그 활동은 나한테 속하며, 일정 시간이 지난 후에 다시 나를 잡아당긴다. 내 과거는 나와 연결되어 있다. 이는 내 과거가 내 현재 속에 계속해서 존재하고, 미래에도 계속해서 나를 따라다닐 것이라는 의미다. 어제 했던 행위의 결과가 오늘 내 숙명이 아니어야 한다면, 나는 오늘 아침에 다시 **깨어난 것이** 아니라 무에서 완전히 새롭게 창조되어 생겨나야 했을 것이다. 살 집을 한 채 지은 뒤에 모든 상황이 정상인데도 그 집으로 이사해 들어가지 않는다면 말도 안 되는 일이 아닌가.

20.      인간이 매일 아침마다 새로이 창조되지 않듯이, 인간 정신 역시 지상의 인생 노정에 들어설 때마다 매번 새로이 창조되지 않는다. 이 인생 노정에 들어설 때 무슨 일이 일어나는지를 분명하게 알아보려고 노력해야 한다. 유전의 법칙을 통해 그 형상을 얻은 육체가 등장한다. 육체는 이전의 생을 새로운 형상으로 반복하는 정신을 담는 운반체가 된다. 그 양자 간에 자체로서 완결된 독자적인 생활을 영위하는 영혼이 있다. 그 양자가 영혼의 호불호,

소망, 욕망 등을 이용한다. 영혼은 그 양자의 일에 사고를
바친다. 영혼이 감각영혼으로서 외부 세계로부터 인상을
받아들여 정신에 가져다주면, 정신이 그것에서 열매를
흡수해 영구히 지닌다. 말하자면 영혼은 매개자 역할을
하는 것이고, 그 역할을 다했다면, 그로써 과제를 완수한
것이다. 신체는 영혼에 인상의 모양을 만들어 준다. 영혼은
그 인상을 감각으로 변화시켜 표상으로서 기억 속에
보존하면서 정신에 넘겨주면, 정신이 그것을 영구히 지닌다.
인간이 지상의 인생 노정에 속하도록 하는 존재가 바로
영혼이다. 신체를 통해서 인간은 육체적 인간이라 하는
종에 속한다. 즉 신체를 통해서 종의 **일원이** 되는 것이다.
정신과 더불어 인간은 더 고차적인 세계에서 산다. 영혼이
일시적으로 그 두 세계를 서로 연결한다.

21.      그런데 인간 정신이 들어서는 물체 세계는 낯선
무대가 전혀 아니다. 그 세계에는 인간 정신이 전생에 했던
행위의 흔적이 남아 있다. 그 무대 위에 있는 어떤 것이
그 인간 정신에 속한다. 그것은 그 인간 정신의 본질을
담고 있으며, 그 인간 정신과 유사하다. 영혼이 한때 인간
정신에 외부 세계에서 오는 인상을 매개했으며, 그 인상이
정신에 영구한 것으로 되었듯이, 정신 기관으로서 영혼은

정신으로부터 수여받은 능력을 행위로 전환시켰으며, 결과적으로 그 행위가 영구한 것으로 되었다. 그렇게 함으로써 영혼이 사실상 그 행위 속으로 흘러들었다. 행위의 결과 속에서 인간 영혼은 두 번째 독자적인 생활을 영위한다. 그런데 바로 이 사실이, 어떻게 숙명적인 과정들이 현생으로 들어서는지를 주시하면서 인생을 이해해 보려는 계기를 준다. 어떤 사건이 한 사람에게 '들이닥쳤다'고 하자. 그러면 사람들 대부분은 그렇게 '들이닥친 사건'이 인생에 '우연히' 등장했다고 생각하는 경향이 있다. 그렇게 생각하면 결국 자신 스스로가 얼마나 그런 '우연들'의 결과인지 알아볼 수 있을 뿐이다. 마흔 살이 되는 해에 스스로를 돌아보고, 자신의 영혼 존재에 대해 질문하면서 본질 없는 추상적인 나/Ich-표상에 멈춰서 있고 싶지 않은 사람이라면 감히 다음과 같이 말해도 좋다. "나는 지금까지 숙명적으로 '들이닥친' 사건들을 통해서 되어진 그것일 뿐 다른 아무것도 아니다. 이를테면 내가 스무 살이었을 적에 겪은 일들 외에 일련의 다른 것들을 체험했더라면, 지금 나는 다른 사람이 되어 있지 않을까?" 이렇게 말하는 사람은 자신 '내면'에서 나오는 발달 자극뿐 아니라 '외부'에서 형상화하면서 인생에 관여해 들어오는 것에서도 역시 자신의 '나/Ich'를 찾을 것이다. 그는

'자신에게 일어나는 사건들 속에서' 자신의 나/Ich를 인식할 것이다. 이런 인식에 편견 없이 몰두하면, 특정한 숙명적인 체험을 통해서 한 인간에게 흘러드는 것 속에서 외부로부터 나/Ich를 장악하는 어떤 것을 보기 위해 진정으로 내밀한 인생 관찰의 단 한 걸음만 더 필요할 뿐이다. 이는 기억이 내면에서 작용해 과거의 체험을 다시금 빛나도록 하는 것과 마찬가지다. 과거의 체험은 외적인 계기가 있기만 하다면 기억 속에서 표상을 향한 길에 들어선다. 그와 유사하게 어떻게 과거에 한 영혼의 행위가 자아를 향한 길에 들어서는지를 숙명적인 체험에서 지각하는 능력을 함양할 수 있다. 인간 영혼이 **행위의 결과**를 다시 만날 수 있다는 표상 중에 한 가지 '가능한' 것을 앞에서 이미 말했다. (87~88쪽, 4문단) 지상에서 살았던 한 생에서 실행한 특정 행위의 결과를 그 생에 곧바로 **그런 식으로** 다시 만나기란 불가능하다. 왜냐하면 지상에서 보내는 한 생은 행위를 완수하도록 규정되어 있기 때문이다. 이렇게 완수하는 데에 체험이 존재한다. 사람이 체험을 하고 있는 중에는 그것을 기억할 수 없다. 그와 마찬가지로 영혼이 행위를 완수하는 중에는 그것의 특정 **결과**를 만날 수 없다. 이 관계에서 중점은, '나/Ich'가 행위를 하기 위한 바탕으로서 현생에서 지니고 있는 자질로는 만날 수 없는 행위의 결과를 체험한다는 것이다. 이제 눈길을 지상에서 거친 다른 생에서 한 행위의 결과로 돌릴 수 있을 뿐이다. 그러므로 유일하게 생각할 수 있는 것은, ―"인간이 '내면으로부터' 나/Ich 자신을 형성하는 것뿐만 아니라 숙명적인 체험으로 외관상 '들이닥치는' 것도 나/Ich와 연결되어 있다."고 감지하는 즉시― 사람이 그런 숙명적인 체험 속에서 전생에서 한 행위의 결과와 관계하고 있다는 것이다. 사고가 인도하는 내밀한 인생관을 통해, 사람이 지상에서 지금 살고 있는 생에서 겪는 숙명적인 체험은 전생의 행위와 연결되어 있다는, 평범한 의식에는 모순이 되는 가정 쪽으로 이끌어진다는 것을 알아본다. 이 표상 역시 초감각적 인식을 통해서만 그 완벽한 내용을 얻을 수 있다. 초감각적 인식이 없이는 그것이 그림자처럼 머물 뿐이다. 하지만 평범한 의식에서 그 표상을 얻었다면, 그것이 또한 영혼을 준비시키고, 이로써 영혼이 진정으로 초감각적 관찰을 하면서 자신의 진실을 **관조할** 수 있다.

22.　　　내 행위 중 한 부분만 외부 세계에 있다. 다른 부분은 내 내면에 있다. 나/Ich와 행위 사이에 그 관계를 자연 과학에서 나오는 단순한 비교를 통해 분명히 할 수 있다. 과거에는 시력을 가지고 있었던 동물들이 켄터키에

있는 어떤 동굴로 들어가서 살기 시작하면서 시력을
잃어버렸다고 하자. 캄캄한 동굴 속에서 장기간 살다 보니
시각 기능을 소실한 것이다. 그래서 눈으로 보는 동안에
일어나는 물리 화학적 작용이 그 동물들의 눈에서는 더 이상
일어나지 않게 되었다. 그 작용이 일어나는데 이용되었던
영양분이 이제는 유기체의 다른 기관으로 흘러든다. 그래서
그 동물들은 동굴 속에서만 **살 수 있는** 상태가 되었다.
동굴로 이주한 그 행위를 통해서 나중의 삶을 위한 조건을
만들었다. 그 이주가 그 동물들한테 숙명의 한 부분이 된
것이다. 한때 행위를 했던 존재가 그 행위의 결과와 결합된
것이다. 인간 정신과도 역시 그렇다. 영혼이 행위를 했기
때문에 인간 정신에 특정 능력을 매개할 수 있었던 것이다.
그리고 능력은 그 행위에 상응한다. 영혼이 처리한 한 가지
행위를 통해서 그것의 열매인 다른 행위를 처리할 힘찬
성향이 영혼 속에 살고 있다. 나중의 행위가 일어날 때까지
영혼은 그 성향을 불가피성으로서 내면에 지니고 있다.
하나의 행위를 통해서 그 행위의 결과를 처리해야 하는
불가피성이 영혼에 새겨 넣어진다고 말할 수도 있다.


23.    인간 정신은 행위를 통해 실제로 자신의 숙명을
준비한다. 지금 맞닥뜨린 새로운 상황에서 자신이 전생에

했던 것과 연결되어 있다는 것을 발견한다. ─ 다음과
같은 질문을 던져볼 수 있다. "어떻게 그럴 수 있을까?
현재 인간 정신은 언젠가 떠난 그 세계와는 완전히 다른
곳에 태어나지 않았는가?" 이런 질문은, 숙명의 사슬에
대한 표상이 인생의 외적인 면에 강하게 고착되어 있어서
생겨난다. 인생 무대를 유럽에서 미국으로 옮기면, 나는
완전히 새로운 환경을 접하게 된다. 그럼에도 불구하고
미국에서의 내 인생은 유럽에서의 그것에 완전히 의존한다.
유럽에서 사실은 기술자로 살았지만 마치 은행원으로
살았다는 듯이 미국에서 내 인생이 전혀 다른 모양을
띨 수도 있다. 미국에서 어떤 경우에는 기계와 관계하는
환경에, 또 어떤 경우에는 은행과 관계하는 환경에 있을 수
있다. 그래도 어쨌든 간에 유럽에서의 인생이 미국에서의
환경을 규정한다. 현재 내가 살고 있는 주변 환경 전체에서
예전의 인생과 유사한 것들을 끌어당긴다는 말이다.
정신자아에 있어서도 역시 그렇다. 정신자아는 새로운
인생에서 불가피하게 전생들에서 생겨나 자신과 유사한
것들로 주변 환경을 만든다. ─ 인간이 잠을 자는 동안에는
숙명이 그를 기다리고 있는 무대가 사라지기 때문에, 잠이
죽음을 위해 쓸모 있는 비유 형상이 된다. 인간이 잠을
자는 동안에도 사건들은 그 무대 위에서 계속 진행된다.

그 경과에 영향을 미치지 못할 뿐이다. 그럼에도 불구하고 하루가 다시 밝아 오면 오늘의 생활은 어제 했던 행위의 결과에 의존한다. 우리 개인성은 정말로 매일 아침마다 우리 행위의 세계 속에 새롭게 현신한다. 밤에 잠을 자는 동안 우리와 분리되었던 바로 그것들이 날이 밝으면 우리 주변에 자리 잡는다. 한 인간이 전생에 했던 행위와 관련해서도 역시 그렇다. 그 행위는 숙명으로서 인간에 연결되어 있다. 동굴로 이주해 들어감으로써 시력을 잃은 동물들과 캄캄한 동굴 속에서의 생활이 연결되어 있듯이. 이제는 그 동물들이 한때 스스로 찾아들어 간 그 환경에서만 살 수 있듯이, 인간 정신 역시 전생에 행위를 통해서 스스로 만들어 낸 그 환경에서만 **살 수 있다.** 어제 스스로 만들어 낸 그 상황을 오늘 아침에 발견한다는 것, 그것은 사건의 직접적인 경과가 마련해 준다. 내가 다시 현신하면 전생에 한 내 행위의 결과에 상응하는 환경을 발견한다는 것, 그것은 새로이 현신하는 내 정신이 주변 환경에 대해 띠는 유사성이 마련해 준다. 이것을 알아야 **영혼이** 어떻게 인간 존재에 편입되어 있는지, 이에 대한 표상을 형성할 수 있다. 인간 육체는 유전의 법칙을 따른다. 그에 반해 인간 정신은 항상 반복해서 다시 현신해야 한다. 인간 정신의 법칙은, 전생들에서 생겨난 열매들을 다음 생으로 가져간다는 데에 있다. 영혼은 현재에 살고 있다. 그런데 현재 이 생은 전생들과 무관한 별개의 것이 아니다. 다시금 현신하는 정신이 전생에서 자신의 숙명을 함께 가져오기 때문이다. 그리고 그 숙명이 인생을 규정한다. 영혼이 외부 세계에서 어떤 인상을 얻을 수 있는지, 어떤 욕구가 충족될 수 있을 것인지, 어떤 희로애락을 감당할 수 있을 것인지, 어떤 사람을 만나게 될지, 이 모든 것은 정신이 전생에서 어떤 행위를 했는지에 달려 있다. 한 영혼이 한 생에서 연결되어 있던 사람들을 이어지는 생에서 다시 만날 수밖에 없다. 그들 사이에 있었던 일이 어떤 결과를 낳았을 수밖에 없기 때문이다. 그 영혼뿐 아니라 그 영혼과 연결되어 있던 다른 영혼들도 동시에 함께 다시 태어나려고 애쓴다. 그래서 영혼의 삶은 인간 정신이 스스로 만들어 낸 숙명의 결과다. 세 가지가 한 인간이 출생과 죽음 사이에 거치는 인생 노정을 조건 짓는다. 그로 인해 출생과 죽음 **저 너머에** 있는 요소들에 삼중적으로 의존한다. 신체는 **유전의** 법칙을 따른다. 영혼은 스스로 만들어 낸 숙명을 따른다. 인간에 의해 만들어진 이 숙명을 옛사람들은 **카르마**라 불렀다. 정신은 **재현신의** 법칙에 따라 지상에 반복해서 태어난다. 이에 따라 정신, 영혼, 육체의 관계를 다음과 같이 표현할 수도 있다. 정신은 불멸한다. 태어남과 죽음은 물체 세계의 법칙에 따라 육체성 속에서 지배한다. 숙명을 따르는 영혼 생활은 지상에서 인생이 흘러가는 동안 그 양자 간의 관계를 매개한다. 인간 존재에 대해 이보다 더 진보한 인식은, 인간이 속하는 '세 가지 세계'에 대한 앎을 전제 조건으로 한다. 이 세 가지 세계에 대해서는 다음 장에서 다루기로 한다.

24.　　　삶의 현상을 당당히 마주 대하는 사고, 그리고 생생하게 살아 있는 고찰에서 나오는 사고내용을 그 마지막 부분까지 추적해 나아가기를 마다하지 않는 사고, 그런 사고만 단순한 논리를 통과해 지상에서 반복하는 인생과 숙명의 법칙에 대한 표상에 **이를 수 있다.** 열린 '정신적인 눈'을 지닌 형안자 앞에 펼쳐진 책처럼 전생들이 **체험으로서** 존재한다는 것이 진실이듯, 그 모든 것에 관한 **진리가** 고찰하는 **오성** 앞에 밝게 빛날 수 있다는 것 역시 진실이다.*

---

*　이 책의 마지막 부분에 덧붙여진 5. 몇 가지 주석과 보충에 쓰인 내용을 비교, 참조하라.

# 3. 세 가지 세계

# 영혼 세계

01.     앞 장에서 고찰해 보니 인간은 세 가지 세계에
속한다는 결과가 나왔다. 인간 신체를 구축하는 것은
물체적인 육체성의 세계에서 덜어 내진 힘과 질료다.
인간은 외적, 육체적 감각의 지각을 통해 그 세계에 대한
앎을 얻는다. **오로지 이** 감각만 신뢰하고, 이것의 지각
능력만 발달시키는 사람은 다른 두 세계, 즉 **영혼 세계와
정신세계**를 절대로 연구할 수 없다. − 어떤 사람이
사물이나 존재의 실재성을 확신할 수 있는지는 그것을
지각하는 기관, 즉 그것에 해당하는 감각이 있는지에
달려 있다. − 물론 앞에서 설명한 바와 같이 고차적 지각
기관을 정신적 **감각**이라 부르면 쉽사리 오해를 불러일으킬
수 있다. 왜냐하면 사람이 '**감각**'에 관해 말할 때 어쩔 수

없이 그것을 '물체적인 것'에 대한 사고내용과 연결시키기 때문이다. 바로 그래서 물체 세계를 '정신세계'에 대조해서 '감각 세계'라 부르기도 한다. 그런 오해를 피하기 위해, 이 설명에서 '고차적 감각'이라는 말은 단지 비교하는 의미에서, 즉 전의적轉義的으로 쓰인다는 점을 반드시 염두에 두어야 한다. 육체의 감각이 물체 세계에 있는 대상을 지각하는 것과 마찬가지로, 영혼의 감각은 영혼 세계에 있는 대상을, 정신적인 감각은 정신세계에 있는 대상을 지각한다. 여기에서 '감각'이라는 표현은 '지각 기관'이라는 의미에서만 사용된다. 빛을 감지하는 눈이 없다면 인간이 빛과 색채에 대해 전혀 알 수 없을 것이다. 소리를 감지하는 귀가 없다면 음향에 대해서도 전혀 알 수 없을 것이다. 이런 의미에서 독일 철학자 로체Rudolf Hermann Lotze가 한 말은 전적으로 정당하다. "빛을 감지하는 눈이 없고 소리를 감지하는 귀가 없다면, 온 세상이 캄캄하고 고요할 것이다. 통증을 느끼는 치신경이 없다면 치통 역시 생기지 않을 것이다. 그와 마찬가지로 세계 속에 어떤 빛도, 어떤 음향도 존재하지 않을 것이다."* 로체가 한 이 말을 올바른 조명 아래 이해하기 위해서라면 다음과 같은 예를

---

* 원발행자_『심리학의 근본 특징Grundzüge der Psychologie』(라이프치히, 1894) 19쪽 이하

한번 생각해 보기만 하면 된다. 인간에게 드러나는 세계는, 온몸이 일종의 촉각이나 그런 종류의 감각으로만 뒤덮인 하등 동물에게 드러나는 세계와 얼마나 다를 것인가? 눈과 귀를 지닌 존재에게 의미하는 바와 같은 빛, 색채, 음향이 그런 동물에게는 절대로 있을 수 없다. 엽총을 쏴서 일어나는 공기 진동 역시 그런 존재에는 피부에 직접 와닿지 않는 한 아무런 영향도 미칠 수 없다. 그 공기 진동이 영혼에 벽력같은 소리로 드러나야 한다면, 그것을 들을 귀가 반드시 있어야 한다. 에테르라 불리는 섬세한 질료 속에서 일어나는 특정 과정이 빛과 색채로 드러나기 위해서도 역시 눈이 필수적이다. 인간은 자신의 기관들 중 하나를 통해 사물과 존재의 **효과**를 받아들임으로써 그것들에 대해 어떤 것을 알게 된다. 실재 세계에 대해 인간이 지니는 그 관계는 괴테가 한 다음의 말에서 적확히 표현되었다. "… 우리가 어떤 사물의 본질을 표현하고자 애를 쓰지만, 그 노력은 사실 헛된 일이다. 우리는 **효과**를 인지한다. 이 효과를 완벽하게 서술하는 것이 아마도 그 사물의 본질을 포괄하지 않을까 … 한 인간의 성격을 묘사하고자 헛되이 노력한다. 그럴 필요가 없이 그 사람이 한 행위를, 그의 활동을 함께 총괄해 보라. 그러면 성격의 형상이 우리 앞에 등장할 것이다. 색채는 빛의 활동이다.

빛의 활동이며 고난이다. … 빛과 색채는 서로 극히 정확한
관계에 있다. 그러나 우리는 그 양자를 자연 전체에 속하는
것으로 생각할 수밖에 없다. 왜냐하면 이로써 눈이라는
감각에 특별하게 드러나고 싶어하는 그것은 다름 아니라
바로 자연이기 때문이다. 바로 그와 똑같이 자연은 인간의
다른 감각에도 자신의 비밀을 털어놓는다. … 그렇게 자연은
차례차례 아래쪽으로 내려가면서 **다른 감각에,** 이미 알려져
있는 감각에, **오인되고 있는 감각에, 아직 알려지지 않은
감각에** 이야기한다. 그렇게 자연은 무수한 현상을 통해서
스스로 혼잣말을 하고 우리에게도 이야기한다. **세심하게
관찰하는 사람에게 자연은 절대로 죽은 것도 말을 못하는
것도 아니다.**"* 괴테가 한 이 말을 사물의 **본질**을 인식할
가능성을 부정한 것이라 해석하면, 그것은 옳지 않다.
괴테는, 사람이 사물의 효과만 지각할 뿐 본질은 그 배후에
숨겨져 있다는 의미로 그런 말을 하지 않았다. 오히려 그런
'숨겨진 본질'에 대해서는 언급할 가치가 전혀 없다는 것을
말하고자 하는 것이다. 본질은 현상의 배후에 있지 않다.
오히려 그 현상을 통해서 본질이 눈앞에 등장한다. 단, 그

---

* 원발행자_『색채론에 관하여Zur Farbenlehre』 서문, 77쪽, 『괴테의 자연 과학
  논설Goethes Naturwissenschaftliche Schriften』 제3권 참조. 퀴르슈너『독일
  민족 문학Deutsche National-Literatur』(GA1, a~e, 도르나흐, 1975, 전 5권,
  1884-1897, 루돌프 슈타이너가 주석을 달고 발행)

본질이 매우 **풍부하기** 때문에 다른 감각에는 다른 모양으로 드러날 수 있다. 드러나는 **그대로가** 바로 그 본질에 속한다. 단, 감각이 제한되어 있기 때문에 존재의 본질 **전부가** 드러나지 않을 뿐이다. 괴테의 이 관조는 이 책에서 정신과학적으로 의도하는 것이기도 하다.

02.    물체 세계에서 일어나는 과정을 지각하는 기관으로서, 즉 감각으로서 눈과 귀가 신체에 발달되는 것과 마찬가지로, 인간은 자신 내면에 영혼 감각과 정신 감각을 발달시킬 수 있다. 그 기관을 통해서 인간에게 영혼 세계와 정신세계가 열린다. 눈과 귀가 없는 존재에게 물체 세계가 '캄캄하고 고요하게' 머물 듯이, 그런 고차적인 감각이 없는 사람에게 그 세계는 '캄캄하고 고요하게' 머문다. 그런데 고차적 감각에 대한 인간의 관계는 육체적 감각에 대한 관계와 조금 다르다. 후자는 완벽하게 형성되어 있도록 보통 자연이라는 자애로운 어머니가 배려한다. 인간이 관여하기 전에 형성된다는 의미다. 그에 반해 고차적 감각은 인간이 스스로 작업해야 발달된다. 자연이 신체를 만들어 주었기 때문에 인간은 그 신체를 통해서 주변 환경을 지각하고 이 세상에서 방향을 잡을 수 있다. 영혼 세계와 정신세계를 지각하고 싶다면 인간 스스로 자신의 영혼과

정신을 육성해야 한다. 자연이 발달시키지 않은 고차적 기관을 양성하는 것은 부자연스러운 일이 아니다. 왜냐하면 인간이 완수하는 모든 것이 **고차적 의미에서** 다시금 자연에 속하기 때문이다. 인간이 자연의 손에서 풀려나 자유롭게 된 그 발달 단계에 그냥 머물러 있어야 한다고 주장하고 싶은 사람이나 고차적 감각을 양성하는 것을 부자연스럽게 여길 것이다. 앞서 언급한 괴테의 표현을 빌리자면, 바로 그런 사람이 그 기관의 의미를 '오인하는' 것이다. 그 사람이 일관성이 있다면 그렇게 말하는 데에서 그치지 않고 더 나아가 모든 인간 교육에 반대해야 한다. 왜냐하면 교육 역시 자연의 작업을 확장해서 속행하는 것이기 때문이다. 그 사람은 선천적인 맹인이 수술을 받아 눈을 뜨는 것도 역시 반대해야 한다. 이 책 마지막 부분에서 설명하는 양식으로 자신 내면에서 고차적 감각을 일깨우는 사람과 선천적인 맹인이 수술을 받아서 눈을 뜨는 것은 비슷하기 때문이다. 고차적 감각이 열린 사람에게는 세상이 육체의 감각에는 현시되지 않는 새로운 특성과 과정과 사실을 지닌 것으로 드러난다. 고차적 기관을 통해서 실재에 아무것도 임의로 부가하지 않는다. 오히려 그 기관이 없다면 실재의 본질적인 부분은 그에게 드러나지 않고 **숨겨져 있으리라**는 것이 분명해진다. 영혼 세계와 정신세계는 물체 세계 외부나 옆에 있는 것이 아니다. 그 세계는 공간적으로 물체 세계에서 분리되어 있지 않다. 선천적인 맹인이 수술을 받은 후에 눈을 뜨면, 그 이전에는 캄캄했던 세계가 빛과 색채로 빛나듯이, 영적, 정신적으로 **깨어난 사람에게** 그 이전에는 물체적 형태로만 드러났던 사물들이 영적, 정신적 특성을 드러낸다. 뿐만 아니라 이 세상은 영적, 정신적으로 깨어나지 않은 사람에게는 전혀 알려지지 않은 과정과 존재들로 가득 차 있다.(나중에 이 책 마지막 부분에서 영혼 감각과 정신 감각을 양성하는 것에 대해 더 상세하게 설명할 것이다. 여기에서는 일단 고차 세계 자체만 설명한다. 고차 세계를 부정하는 사람은 자신한테 고차적 기관이 아직 발달되지 않았다고 고백하는 것이나 다름없다. 인류 발달은 어떤 단계에서도 완성되었다고 할 수 없으며, 앞으로 계속해서 진보해야 한다)

03.     사람들은 부지중에 '고차적 기관'을 육체의 기관과 유사한 것으로 상상하기 일쑤다. 그런데 고차적 기관은 영적, 정신적인 형상과 관여한다는 것을 분명히 해야 한다. 바로 그래서 고차 세계에서 지각하는 것을 안개처럼 엷게 희석된 질료 같은 어떤 것이라 기대해서는 안 된다. 그런 종류로 된 어떤 것을 **기대하는** 한, 이 책에서 '고차 세계들'

이라는 말이 실제로 의미하는 것에 대한 명확한 표상에
절대 이를 수 없다. 지각해야 할 것이 섬세하게 정제된
물질적인 어떤 것이어야 한다고 상상하지 않는다면, 그
'고차 세계들'에서 어떤 것을 알아보기가 ─ 비록 처음에는
기본적인 차원에 한정되어 있기는 해도 ─ 많은 사람에게
별로 어렵지 않을 것이다. 사람들이 그런 것을 전제하기
때문에, 실제로 중점이 되는 것을 전혀 인정하려 들지
않는다. 사람들은 그것을 실재가 아니라고 생각하거나,
그들을 만족시키는 어떤 것이라 인정하지 않으려고 한다.
물론 정신적인 발달에서 고차 단계에 도달한다는 것은 매우
어렵다. 그렇지만 정신적인 것과 영적인 것이 섬세하게
정제된 물체적인 어떤 것이라는 표상에 들어 있는 편견에서
벗어나겠다는 의지가 일단 있기만 하다면, 정신세계의
본질을 인식하기에 족한 상태에 ─그 또한 이미 대단한
것이다─ 도달하는 것이 별로 어렵지 않다.

04.     우리가 어떤 사람의 육체적 외양에 대한 표상만
지니면서 그 사람을 완벽하게 안다고 말할 수 없듯이,
우리를 둘러싸고 있는 세계에 대해 육체의 감각이 보여
주는 것만 알고 있다면 그 세계를 잘 안다고 말할 수 없다.
어떤 사람을 사진으로만 보고 그 사람에 대한 모든 것을

알아보았다고 할 수 없다. 사진 속의 그 사람과 가까이
교제해서 그의 영혼을 알게 된 후에야 그 사진이 의미를
얻어 생동감을 띠는 것과 마찬가지로, 물체 세계 역시
그 영적, 정신적 근거를 알아야만 진정으로 이해할 수
있다. 바로 그렇기 때문에 여기에서 우선 고차 세계들에
관해, 영혼과 정신의 세계들에 관해 이야기하고, 그
다음에 정신과학적 관점으로 물체 세계를 판단하는 것이
적절하다고 생각한다.

05.    현재의 문화기에서 고차 세계에 관해
이야기하기에는 특정 난관이 도사리고 있다. 왜냐하면
이 문화기가 다른 무엇보다도 물체 세계를 인식하고
지배한다는 면에서 대단한 경지에 있기 때문이다. 우리 언어
역시 그 특성과 의미를 일단은 물체 세계와의 연관성에서
얻는다. 그럼에도 불구하고 이미 알려진 것에 연결시키기
위해서 일반적인 언어를 사용하지 않을 수 없다. 물론
그렇게 함으로써 외적인 감각만 신뢰하는 사람들한테
오해를 불러일으킬 여지가 다분히 있다. 그래서 적잖은
것이 일단은 비유로 표현되고 암시될 수 있을 뿐이다.
그래도 그렇게 **하지 않을 수 없다.** 왜냐하면 그런 비유를
통해서 사람들에게 일단은 고차 세계를 참조시킬 수 있고,

이로써 그 비유가 사람들이 자발적으로 그 세계를 향하도록
장려하는 수단이 되기 때문이다.(인간이 고차 세계로
고양되는 것에 관해서는 나중에 정신적, 영적 지각 기관의
육성에 대한 장에서 설명할 예정이다. 여기에서는 우선
비유를 통해서 고차 세계들이 있다는 것을 **알아보아야 한다.**
그래야 인간이 스스로 그 세계에 대한 통찰을 얻겠다는
생각을 할 수 있다)


06.　　　우리의 위장, 심장, 폐, 두뇌 등을 구축하고 관장하는
질료와 힘들은 물체 세계에서 유래하듯이, 우리의 본능,
충동, 느낌, 욕망, 소망, 감각 등 영적인 특성은 영혼
세계에서 유래한다. 인간 신체가 물체 세계의 한 부분이듯,
인간 영혼은 영혼 세계의 일원이다. 영혼 세계와 물체
세계를 비교해 그 차이를 제시해야 한다면, 다음과 같이
말할 수 있다. "영혼 세계는 모든 사물과 존재들에 있어서
물체 세계에 비해 훨씬 더 섬세하고 유동적일 뿐 아니라 더
큰 조형성을 띤다." 그럼에도 불구하고 사람이 영혼 세계에
들어서면, 물체 세계와는 완전히 다른 새로운 세계를
만난다는 것을 분명히 알고 있어야 한다. 이 관계에서
조야하거나 섬세하다는 단어로 표현하기는 하지만, 그렇게
하면서도 실은 근본적으로 완전히 다른 것을 비유로 **암시할**

뿐이라는 것을 반드시 의식해야 한다. 이는 물체 세계의 사물에서 생겨난 언어로 이야기할 때 영혼 세계에 관한 모든 것에 해당하는 사항이다. 이 점을 고려하는 한에서, 영혼 세계의 존재와 형상들이 영혼 질료로 이루어져 있고, 영혼의 힘으로 지배된다고 말할 수 있다. 이는, 물체 세계의 존재가 물리적인 힘과 질료로 이루어져 있는 것과 같은 이치다.

07.    공간 안에서 이루어지는 확장과 움직임이 물체 세계 형상의 고유한 성격인 것과 마찬가지로, 충동적 욕구와 민감성은 영적인 사물과 존재들의 고유한 성격이다. 바로 그런 연유에서 영혼 세계는 욕망의 세계, 혹은 소망의 세계, 혹은 '갈망의' 세계라고 불린다. 이 표현은 인간의 영혼 세계에서 빌린 것이다. 그러므로 영혼 세계에서 인간 영혼 외부에 존재하는 대상들은 인간 영혼 내부에 있는 영혼력과는 다르다는 점을 고수해야 한다. 이는 외부 물체 세계의 물리적인 힘과 질료가 인간 육체를 구성하는 부분과 다르다는 것과 같은 이치다.(충동, 소망, 갈망은 영혼 세계의 질료적인 것을 위한 명칭이다. 그 질료적인 것에 '아스트랄' 이라는 명칭을 붙이기로 한다. 영혼 세계의 **힘들을** 더 고려한다면, '욕망 존재'에 관해 말할 수 있다. 그렇지만

영혼 세계에서는 '질료'와 '힘'의 차이를 물체 세계에서
하듯이 그렇게 엄격하게 구분할 수 없다는 점을 명심해야
한다. 충동을 '힘'이라 부를 수도 있고, '질료'라고 부를 수도
있다)

08.　　　영혼 세계를 처음으로 들여다볼 수 있게 된 사람은
물체 세계와 달라서 당황스러워하기 마련이다. 그런데 그런
현상은 육체에서 예전에는 활동하지 않았던 감각 기관이
열리는 경우에도 생길 수 있다. 선천적인 맹인이 수술을
받은 뒤 시력을 얻으면, 그 이전에는 촉각으로만 움직였던
세계에서 이제는 눈으로 보면서 움직이는 방법을 일단
새로 배워야 한다. 그 사람이 볼 수 있게 되어서 사물을
바라보기는 해도, 그것들이 처음에는 흡사 화면에 그려져
있는 것처럼 보인다. 사물에 있는 공간적 깊이, 사물들
사이의 거리 등은 차츰차츰 파악하게 된다. 물론 영혼 세계
안에는 물체 세계와 완전히 다른 법칙들이 작용한다. 그렇다
해도 수많은 영혼 형상이 다른 세계의 형상들과 연결되어
있다. 이를테면 인간 영혼은 인간 육체와 정신에 연결되어
있다. 이런 형상에서 관찰할 수 있는 과정은 신체 세계와
정신세계로부터 동시에 영향을 받는다. 영혼 세계를 관찰할
때 이 점을 유념해야 한다. 달리 말해 다른 세계에서 오는

영향을 영혼 세계의 법칙으로 간주하면 안 된다는 것이다. 이를테면 인간이 소망을 내보내면, 그 소망은 정신적 사고내용, 정신적 표상에 의해 떠받쳐지고 정신적인 법칙을 따른다. 세상의 어떤 과정에 인간 자신이 미치는 영향을 도외시하는 한에서 물체 세계의 법칙을 확립할 수 있듯이, 영혼 세계에서도 그와 유사한 것이 가능하다.

09.    물체적인 과정과 영적인 과정의 중요한 차이는, 후자의 경우 상호 작용이 전자에 비해 훨씬 더 **내적이라고** 특징지을 수 있는 것으로 표현된다. 이를테면 사물 두 가지가 물리적인 공간에서 '부딪치면' 그것에 일종의 법칙이 작용한다. 상아로 된 구球 하나가 정지된 상태에 있는 다른 구를 명중한다고 하자. 여기에서 후자가 움직이게 될 방향은 전자의 운동성과 탄성을 이용해 계산해 낼 수 있다. 영혼 공간에서 서로 만나는 두 형상의 상호 작용은 그들 내면의 특성에 의존한다. 양자가 유사한 특성을 지니고 있다면, 서로 관통되어서 하나로 결합된다. 양자의 본질이 상반되면, 서로 밀어낸다. 물리적 공간에서 인간은 특정 법칙에 따라 대상을 본다. 멀리 있는 대상은 원근법에 따라 조그맣게 보인다. 가로수들이 줄지어 서 있는 오솔길을 똑바로 바라보면, −원근법에 따라서− 나무와 나 사이에

거리가 점점 더 멀어질수록 나무들 사이의 간격은 점점
더 좁아진다. 그에 반해 영혼 공간에서는 바라보는 사람이
자신의 내적인 천성을 통해 지니는 거리에 따라 대상이
가깝고 멀게 드러난다. 영혼 세계에 들어서도 물체 세계의
법칙으로 어떻게 해보려고 하는 사람에게 이런 현상들은
당연히 온갖 미혹의 원천이 된다.

10.　　영혼 세계에서 방향을 잡고 활동하기 위해서
습득해야 하는 첫 번째는, 물체 세계에서 고체, 액체, 공기,
가스 등을 구분하는 것과 비슷하게 영혼 세계 형상이
가지는 다양한 양식을 구분하는 것이다. 그렇게 할 수
있으려면 다른 무엇보다 중요한 두 가지 원동력을 알고
있어야 한다. 그것을 **공감과 반감**이라 부를 수 있다. 이
원동력이 한 영혼 형상 속에서 어떻게 작용하는지, 바로
그에 따라 그 형상의 양식이 결정된다. 한 영혼 형상이 다른
것을 끌어당기는 힘, 다른 것과 하나로 융합하려는 힘, 다른
것과의 유사성을 정당화시키는 힘을 **공감**이라 명명해야
한다. 그에 반해 밀어내고, 거부하고, 배제하는 힘, 자신의
특성을 정당화하는 힘은 **반감**이다. 이 두 가지 원동력이
영혼 형상 속에 어느 정도로 존재하는지에, 그 형상이 영혼
세계에서 어떤 역할을 하는지가 달려 있다. 공감과 반감의

작용에 따라 일단 세 가지 양식의 영혼 형상을 구분해야
한다. 이 세 가지 양식은, 영혼 형상들 내면에 공감과 반감이
아주 특정한 상호 관계에 있기 때문에 구분된다. 그 세 가지
양식 모두에 두 원동력이 공존한다. 우선 첫 번째 양식에
속하는 형상을 보자. 이 양식에 속하는 것은 내면에 있는
공감의 힘으로 주변에 있는 다른 형상들을 끌어당긴다.
그런데 그 안에는 공감 외에 반감도 있어서 주변에 있는
다른 형상들을 밀쳐 낸다. 겉으로 보면 이 형상은 반감의
힘으로만 이루어져 있는 듯이 보이는데 실은 그렇지 않다.
그 내면에는 공감과 반감이 둘 다 공존한다. 다만 후자가
압도적이다. 반감이 공감보다 우세하다는 말이다. 이런
형상은 영혼 공간에서 **이기적인** 역할을 한다. 대부분의
것은 밀쳐 내고 아주 적은 것만 애지중지하며 끌어당긴다.
그래서 이 첫 번째 양식으로 된 형상은 변화가 없는 형태로
영혼 세계를 이리저리 돌아다니며, 내면에 있는 공감의
힘 때문에 **탐욕스러워** 보인다. 그런데 그 **탐욕**은 도저히
채워질 수 없는 듯하다. 왜냐하면 반감이 압도적이라
다가오는 모든 것을 밀쳐 내서 욕구를 충족시킬 기회를
얻지 못해서다. 그런 종류의 영혼 형상을 물체 세계에 있는
어떤 것과 비교하자면 고체에 해당한다고 말할 수 있다.
이 영혼 질료의 범주를 **탐욕의 불잉걸**이라 불러야 한다.

― 이 탐욕의 불잉걸에서 동물과 인간 영혼에 섞여 드는
것, 그것이 영혼의 저급한 **감각적 충동**이라 불리는 것, 즉
우세하게 이기적인 본능을 결정한다 ― 영혼 형상에서 두
번째 양식은 두 원동력이 균형을 이루고 있는 경우, 달리
말해 공감과 반감이 똑같은 강도로 작용하는 경우다. 이
영혼 형상은 다른 형상을 중립적으로 대한다. 다른 형상을
특별히 끌어당기지도 밀쳐 내지도 않고, 그것들과 유사한
것으로서 그것들에 영향을 미친다. 자신과 주변 간에
확고한 경계를 긋지 않는다. 주변에 다른 형상들이 자신에게
언제나 영향을 미치도록 둔다. 바로 그래서 이 형상은 물체
세계에 있는 것 중에서 액체와 비교할 수 있다. 이 형상이
다른 것을 끌어당기는 양식에는 탐욕이 없다. 여기에서
의미하는 작용은, 인간 영혼이 이를테면 색채를 감지하는
경우에 볼 수 있다. 붉은색을 감지한다 함은, 주변에서
일단은 **중립적인** 자극을 받아들이는 것이다. 그 자극에
더해 붉은색이 마음에 든다는 느낌이 생겨나면, 그제야
비로소 다른 영혼 작용이 고려된다. 이런 **중립적인 자극을**
야기하는 것은, 공감과 반감이 서로 균형을 유지하는 관계
속에 있는 영혼 형상이다. 여기에서 고려되는 영혼 질료는
완전히 유연하고 물이 흐르는 듯한 성격을 띠고 있다고
표현해야 한다. 첫 번째 영혼 형상과 달리 이 영혼 형상은

영혼 공간에서 그렇게 이기적으로 움직이지 않는다. 어디에 있든지 주변에서 인상을 받아들이고, 만나는 많은 것과 자신이 유사하다는 것을 드러낸다. **유연한 반응성**이 이 두 번째 영혼 형상에 적용될 수 있는 표현이다. 세 번째 양식으로 된 영혼 형상은 공감이 반감을 압도하는 경우다. 반감은 이기적으로 스스로를 정당화하는 식으로 작용한다. 그런데 이 이기적인 정당화가 주변의 대상에 대한 편애 뒤쪽으로 물러난다. 영혼 공간 속에 있는 그런 형상을 한번 상상해 보아야 한다. 그 형상은 주변에 대상들을 모조리 장악해서 흡수하는 중심점으로 드러난다. 이런 영혼 형상을 특히 **소망-질료**라 명명해야 한다. 이 형상의 인력引力이 작용하는 방식을 보면 이 명칭이 옳아 보인다. 이 형상은, 반감이 있기는 해도 공감에 비해 너무 미미해서 주변의 대상을 잡아당겨 자기 영역으로 들여오는 식으로 작용한다. 그로 인해 또한 공감이 이기적인 기본 색조를 띠게 된다. 이 소망-질료는 물체 세계의 기체나 가스 형태와 비교될 수 있다. 가스가 모든 방향으로 팽창하는 경향이 있듯이, 이 소망-질료 역시 모든 방향으로 확장하는 경향이 있다.

11.      영혼-질료의 더 높은 단계는 양 원동력 중에 한 가지가 완전히 물러난 상태다. 반감이 그렇게 물러나는 원동력이고,

공감만 그 단계에서 실제로 작용하는 것으로 드러난다. 이 영혼-질료가 처음에는 영혼 형상 속에 부분적으로 자리 잡을 수 있다. 그렇게 된 부분들은 상호 간에 끌어당기는 식으로 작용한다. 영혼 형상 내면에 있는 공감력은 보통 쾌快라 부르는 것으로 표현된다. 어떤 식이든 공감이 저하된 상태가 **불쾌**다. 냉기가 저하된 온기인 것처럼 불쾌는 저하된 쾌인 것이다. 쾌와 불쾌는 인간 내면에서 −좁은 의미에서− 느낌의 세계로서 존재하는 것이다. **느낌**은, 영적인 것이 자체 안에서 진동하는 것이다. 쾌, 불쾌의 느낌이 영적인 것 내면에서 움직이는 양식에 사람들이 **쾌적하다** 부르는 것이 의존한다.

12.　　　공감을 자신의 생활 영역 안에서 소진되도록 두지 않는 영혼 형상은 한 단계 더 높은 상태에 도달한다. 이 단계는, 네 번째 단계가 이미 그런 것처럼 영혼 형상의 공감력이 다가오는 반감을 극복할 필요가 전혀 없다는 데에서 세 가지 낮은 단계와 구분된다. 영혼-질료의 이 고차적인 양식을 통해서 비로소 영혼 형상의 다양성이 하나의 공통된 영혼 세계로 결합한다. 반감이 고려되는 한 영혼 형상은 자신의 독자적인 삶을 위해서, 다른 형상을 통해 자신을 강화시키고 풍요롭게 만들기 위해서 다른 어떤 것을 추구한다. 반감이 침묵하는 단계에 도달하면

비로소 다른 영혼 형상을 현시로서, 통지로서 받아들인다. 영혼 공간에서 영혼-질료의 이 고차적인 형태는 물리적 공간에서의 빛과 유사한 역할을 한다. 이 영혼-질료가 작용하는 방식을 보면, 영혼 형상 하나가 다른 형상의 현존과 존재를 흡수하는데, 자신을 위해서가 아니라 그 다른 형상을 위해서 그렇게 한다. 빛으로 비추도록 다른 존재에게 자신을 내맡긴다고 말할 수도 있다. 영혼 존재는 이 고차적인 세 범주에서 샘물을 퍼내듯 퍼냄으로써 비로소 진정한 영혼 생활을 하도록 일깨워진다. 암흑 속에서 어두컴컴하게 있던 삶이 외부를 향해 문을 열고, 영혼 공간을 빛으로 비추어 환하게 밝힌다. 저급한 범주의 질료만 있는 경우에는 반감으로 인해 고립되고 싶어하는 굼뜨고 둔한 내면 움직임이 힘과 활동성으로 바뀌어 그 내면을 벗어나 바깥으로 흘러넘친다. 두 번째 범주에 유연한 반응성은 형상들이 서로 만날 때만 작용한다. 두 형상이 일단 만나면, 하나가 다른 것으로 넘쳐흐른다. 거기에서는 형상들이 서로 **접촉하는 게** 필수적이다. 그에 반해 고차적인 범주에서는 다른 존재를 향해 자유롭게 사출하고 넘쳐흐른다.(이 범주에 있는 존재를 '사출'로 특징짓는 것은 정당하다. 그 정도로 발달된 공감 작용을 상징하는 형상으로서 빛의 작용에서 나온 표현을 사용할 수 있기 때문이다) 빛이 들지 않는 지하실에 식물을 두면 시들어 버리듯이, 고차적인 범주에서 영혼 형상에 활기를 주는 영혼–질료가 없다면, 그들 역시 위축된다. **영혼의 빛, 활동하는 영혼력**, 그리고 좁은 의미에서 사실상의 **영혼 생명**이 그 범주에 속하고, 그곳을 기점으로 삼아 영혼 존재들에게 전해진다.

13.　　그러므로 각기 세 단계로 이루어져 있는 낮은 범주와 높은 범주의 영혼 세계를 구분해야 한다. 이 양 세계는 네 번째를 통해서 매개되기 때문에 영혼 세계를 다음과 같이 분류할 수 있다.

　　　1. 탐욕스러운 불잉걸의 범주
　　　2. 유연한 반응성의 범주
　　　3. 소망의 범주
　　　4. 쾌와 불쾌의 범주
　　　5. 영혼 빛의 범주
　　　6. 활동하는 영혼력의 범주
　　　7. 영혼 생명의 범주

14.　　세 가지 낮은 범주를 통해 영혼 형상은 공감과 반감

간의 관계에 따라 그 특성을 얻는다. 네 번째 범주를 통해
영혼 형상 자체 내부에 공감이 움직인다. 그 다음에 세 가지
고차적인 범주를 통해서 공감이 점점 더 자유로워진다. 이
범주에서 영혼-질료는 영혼 공간에서 바람처럼 불며 다닌다.
빛을 발하며, 생명을 불어넣으며, 그렇지 않으면 스스로를
통해서 자신만의 현존 속에서 소실될 수밖에 없는 것을
일깨우며.

15.    비록 군소리로 들리겠지만 확실히 하기 위해서 한
가지를 강조해야 한다. 일곱 가지로 분류된 영혼 세계가
상호 간에 엄격하게 나뉘어져 있지 않다는 것이다. 물체
세계에서 고체, 액체, 기체가 상호 간에 관통하는 것과
똑같이, 영혼 세계에서도 탐욕의 불잉걸, 유연한 반응성,
소망의 힘들이 상호 관통한다. 물체 세계에서 온기가 육체를
관통하고, 빛이 육체를 비춘다. 영혼 세계의 쾌와 불쾌,
영혼의 빛도 그렇게 한다. 활동하는 영혼력과 사실상의
영혼 생명을 위해서도 그와 유사한 것이 일어난다.

# 죽은 후 영혼 세계를 거치는 영혼

01.　　　영혼은 인간 정신과 신체를 연결하는 고리다.
공감과 반감이라는 영혼력은 상반되는 관계를 통해 탐욕,
반응성, 소망, 쾌와 불쾌 등의 영적인 표현을 불러일으킨다.
그런데 그 힘은 영혼 형상들 사이에서만 작용하지 않고,
다른 세계의 본성에, 즉 물체 세계와 정신세계의 본성에
대해서도 드러난다. 영혼이 몸속에서 사는 동안에는 그
속에서 일어나는 모든 것에 관여한다. 신체에 물리적
과정이 정상으로 진행되면 영혼 속에 쾌감과 편안함이
생겨난다. 그 과정이 정상적으로 진행되지 않으면 불쾌감과
고통이 생겨난다. 영혼은 정신 활동에도 역시 나름대로
관여한다. 어떤 생각은 영혼을 기쁨으로 가득 채우고, 어떤
생각은 혐오감을 불러일으킨다. 올바른 판단에는 동조하고,

옳지 않으면 마음에 들어 하지 않는다. 그렇다. 한 인간의
발달 단계는, 그의 영혼이 이쪽을 향하는지, 아니면 저쪽을
향하는지 그 경향에 달려 있다. 영혼이 정신의 표현에
더 많이 공감하는 사람일수록 인간으로서 더 완벽하다.
그에 반해 육체의 실행을 통해서 자신의 성벽을 더 많이
충족시키는 사람일수록 더 불완전한 것이다.

02.　　　정신은 인간의 중심이며, 신체는 매개자다. 신체를
통해서 정신이 물체 세계를 고찰하고 인식하고, 그
세계에서 활동한다. 그런데 영혼은 정신과 신체, 이 양자
간의 매개자다. 공기 진동이 귀에 야기하는 물리적인
인상에서 영혼은 음향의 느낌을 떼어 낸다. 영혼은 그
음향에서 **쾌감**을 체험하고, 그 모든 것을 정신에 전달한다.
이로써 정신이 물체 세계를 **이해할** 수 있다. 정신 속에
생겨나는 사고내용을 이루어야 할 소망으로 전환시키는
것이 영혼이다. 그렇게 됨으로써 비로소 그 사고내용이
신체적 도구의 도움으로 **행위로** 바뀔 수 있다. 인간은
정신을 통해 활동 방향을 정할 때만 자신의 사명을 채울
수 있다. 영혼은 **스스로를 통해서** 육체적인 것뿐 아니라
정신적인 것에도 자신의 성향을 드러낼 수 있다. 영혼의
촉수가 아래로는 육체 속에 내려져 있고, 위로는 정신을

향해 뻗어 있다. 물체 세계로 침잠해 들어감으로써 고유한
영혼 존재가 물체적인 것의 성격으로 관통되고 채색된다.
그런데 정신은 영혼이 매개할 때만 물체 세계에서 작용할
수 있는 바, 정신 자체에는 그렇게만 물체 세계를 향하는
경향이 주어진다. 정신 형상은 영혼의 힘을 통해서 물체적인
것으로 당겨진다. 덜 발달된 사람을 한번 관찰해 보라. 그런
사람의 영혼 성향은 신체와 관계하는 문제를 처리하는
데에 매달려 있다. 물체 세계가 그 사람 감각에 만들어 주는
인상에서만 쾌락을 느낀다. 이로써 그의 정신생활 역시 물체
세계로 완전히 끌어내려진다. 그 사람의 사고내용은 물체
세계의 욕구를 충족시키는 데에만 이용된다. 정신적 자아는
한 현신에서 다른 현신으로 그 삶을 이어가면서 점점 더
많이 정신적인 것에서 방향을 얻어야 한다. 정신적 자아가
인식하는 것은 영원한 진리의 정신에 의해, 그 행위는
영원한 선함의 정신에 의해 규정되어야 한다.

03.　　물체 세계에 일어나는 사실로서 죽음을 고찰하는
경우 그것은 신체 기능이 변한다는 것을 의미한다. 신체는
그 조직을 통해 영혼과 정신 간에 매개자 역할을 하는데,
죽음과 더불어 그렇게 하기를 멈춘다. 좀 더 멀리 내다보면,
신체가 그 기능에 있어서 물체 세계와 그 법칙에 완전히

종속되어 있다고 드러난다. 그래서 죽음과 더불어 그 세계로 건너가 분해된다. 사람이 죽은 후 신체에 일어나는 이 물리적 과정만 육체의 감각으로 고찰할 수 있다. 영혼과 정신에 일어나는 것은 육체의 감각에 보이지 않는다. 사람이 살아 있는 동안에도 영혼과 정신은 물리적인 과정에서 외적인 표현을 획득하는 만큼만 육체의 감각으로 관찰될 수 있다. 죽은 후에는 **그런** 표현이 더 이상 가능하지 않다. 그렇기 때문에 육체의 감각을 통한 관찰과 이 관찰을 근거로 하는 과학은, 사람이 죽은 후 그의 영혼과 정신이 만나는 숙명은 **참작하지 않는다**. 영혼 세계와 정신세계 안에서 일어나는 과정을 관찰하고, 이 관찰에 근거하는 고차적 인식이 그 자리에 들어선다.

04.　　　정신은 신체를 떠난 뒤에도 계속해서 영혼과 연결되어 있다. 그리고 육체를 가지고 사는 인생에서는 신체가 정신을 물체 세계에 얽어매었는데, 그와 유사하게 이제는 영혼이 정신을 영혼 세계에 얽어맨다. 하지만 고유한 정신 존재는 영혼 세계에서 발견되지 않는다. 영혼 세계는 정신 활동의 터전인 물체 세계와 정신을 연결하는 역할을 할 뿐이다. 정신은 더 완벽한 형상으로 새롭게 현신하기 위해 정신세계에서 힘을 얻어 강해져야 한다. 그런데

영혼을 통해서 물체 세계에 연루되어 있었다. 물체 세계의
성격으로 채색되고 관통된 영혼 존재와 연결되어 있었기
때문에 정신 스스로 그쪽 성향을 띠게 된 것이다. 사람이
죽은 후에 영혼은 더 이상 신체에 연결되어 있지 않고
오직 정신과 연결되어 있으며, 영적인 환경 속에서만 산다.
그러므로 영혼 세계의 힘만 영혼에 작용할 수 있다. 영혼
세계에서 영혼의 그 삶에 일단 아직은 정신이 연결되어
있다. 정신이 물체 세계에 현신한 동안에 신체에 얽매여
있었듯이, 이제는 영혼의 삶에 얽매여 있다. 언제 신체가
죽는지는 **그것의** 법칙을 통해 결정된다. 일반적으로 다음과
같이 말해야 한다. "정신과 영혼이 신체를 버리고 떠나는
것이 아니다. 신체의 힘이 인간 조직이라는 의미에서 더
이상 작용할 수 없으면, 정신과 영혼이 신체를 풀어 준다."*
영혼과 정신 간의 관계 역시 그와 같다. 영혼의 힘이 인간
영혼 조직이라는 의미에서 더 이상 작용할 수 없으면,
영혼이 정신을 더 고차적인 세계로, 정신세계로 풀어내
준다. 영혼이 신체 안에서만 체험할 수 있는 것을 완전히

---

* 원발행자_19판(1922, 슈투트가르트)부터 26판(1948, 슈투트가르트)까지는 이
  부분이 다음과 같다. "… sondern sie werden von demselben entlassen … (…
  전자들이(여기에서 정신과 영혼) 후자(신체)에 의해 풀려난다…)" 1판부터 18
  판까지의 원문이 27판(1955, 슈투트가르트)에 다시 복구되었다. 저자 스스로
  이 부분을 1922년에 변경했는지는 확실치 않다. 그래서 이 주석을 통해 두 가지
  설명 모두 제시한다.

소멸시키면, 그래서 결과적으로 정신과 더불어 계속해서
남을 수 있는 것만 보존하게 되면, 바로 그 순간에 정신이
자유로워진다. 실은 신체 안에서 체험한 것이지만 열매로서
정신 속에 새겨질 수 있는 것만 영혼이 나머지로 보관해서
순수하게 정신적인 세계에서 정신과 연결한다. 고로 죽은
후 영혼의 숙명을 알아보기 위해서는 영혼이 분해되는
과정을 고찰해야 한다. 영혼의 과제는 정신에 물체적인
것에 대한 경향을 주는 것이었다. 영혼은 그 과제를 완수한
즉시 정신적인 것 쪽으로 방향을 바꾼다. 영혼 과제의 그
성격으로 인해 신체가 영혼에서 분리되는 즉시, 달리 말해서
영혼이 더 이상 **연결 고리** 역할을 할 수 없는 상태가 되는
그 순간에 정신적으로만 활동하게 된다. 신체 속에서 사는
동안에도 영혼이 신체의 영향을 받지 않고 신체에 이끌리는
성향이 없으면 역시 정신적으로 활동하게 된다. 신체성과
연결되어 있음으로 해서 얻는 채색이 없다면, 영혼은 신체를
벗어난 직후 오직 영혼 세계와 정신세계의 법칙만 따르면서
감각적인 것에 대한 경향을 더 이상 발달시키지 않을
것이다. 죽음을 맞이한 인간이 지상 세계에 대한 관심을
완전히 잃어버렸다면, 그렇게 떠나는 물체적 현존에 연결된
모든 욕망과 소망을 완전히 채웠다면, 그렇게 된다. 그렇지
않은 한 이 방향의 나머지가 영혼에 붙어 있다.

05.    여기에서 혼동에 빠지지 않기 위해 이 세상에 사람을
    얽어매는 두 가지의 차이를 세심하게 구분해야 한다.
    이어지는 현신에서 조정될 수 있는 것과 **하나의** 현신에, 즉
    매번의 현신에 해당하는 것이다. 전자는 숙명의 법칙, 즉
    카르마를 통해서 조정된다. 후자는 죽은 후 영혼에 의해서
    벗겨내질 수 있다.


06.    죽은 후 인간 정신을 위해 영혼이 육체적으로
    현존하려는 경향을 벗어 내는 기간이 이어진다. 그렇게
    한 다음 영혼 세계와 정신세계의 법칙만 따르면서 정신을
    자유롭게 만든다. 영혼이 육체적인 것에 더 많이 매여
    있을수록 그 기간이 더 길다는 것은 자연스러운 일이다. 그
    기간은 육체의 삶에 덜 매여 있던 사람인 경우에는 짧은
    반면에, 관심사가 완전히 육체의 삶에만 연결되어 있어서
    죽은 후에도 아직 많은 욕망과 소망이 영혼 안에 있는
    사람인 경우에는 길어진다.


07.    다음 예를 숙고해 보면, 죽은 직후에 영혼이 살아가는
    상태에 대한 표상을 가장 쉽게 얻을 수 있다. 미식가의
    식도락같이 아주 극단적인 예를 보기로 하자. 미식가는
    맛있는 음식을 먹고 즐긴다. 그 즐김 자체는 물론 전혀

육체적인 것이 아니고 영적인 어떤 것이다. 영혼 속에는
쾌감이 살고 있고, 그 쾌감을 느껴 보려는 욕구도 살고 있다.
그런데 그 욕구를 **충족시키기** 위해서는 그에 상응하는 육체
기관, 즉 혀의 미각이 필수적이다. 죽은 후에 영혼은 그런
욕구를 곧바로 잃어버리지 않는다. 그런데 문제는, 욕구를
충족시키는 수단인 육체 기관 역시 더 이상 존재하지
않는다는 데에 있다. 이제 흡사 아무리 둘러보아도 물 한
방울 없는 곳에 있는 듯이, ─ **사실상의** 이유는 다르지만
그래도 그와 비슷하게, 다만 훨씬 더 강렬하게 ─ 타는 듯한
갈증을 느낀다. 쾌감을 얻을 수 있는 육체 기관을 벗어났기
때문에 영혼이 그 쾌감을 타는 듯이 그리워하게 된다.
영혼이 갈망하는 모든 것에서, 특히 육체 기관이 있어야만
충족되는 모든 경우에 그렇다. 영혼이 오로지 육체를
통해서만 충족시킬 수 있는 것을 더 이상 갈구하지 않기를
배울 때까지 그 상황(타는 듯한 결핍)이 지속된다. 물론
어떤 '장소'와 관계하는 것은 아니지만, 그 상태에서 보내는
시기를 탐욕의 장소라 부를 수 있다.

08.      죽은 후에 영혼이 영혼 세계로 들어서면, 그곳의
법칙에 예속된다. 이는 그 법칙이 영혼에 작용한다는
의미다. 그리고 영혼 속에 남아 있는 물체 세계에 대한

경향을 근절하는 방식이 그 작용에 의존한다. 이제 그
자체의 영역으로 옮겨진 영혼 질료와 영혼력의 양식에 따라
그 작용이 다를 수밖에 없다. 각 양식이 영향력을 행사해서
정화시키고 맑아지게 한다. 여기에서 일어나는 과정을
통해서 영혼 속에 모든 반감이 공감에 의해 차츰차츰
극복되고, 공감 자체가 최고도의 경지까지 이끌어진다.
나머지 영혼 세계 전체에 대한 최고도의 공감을 통해서
영혼이 그 세계 속에 용해되고, 그것과 하나가 된다. 영혼이
지녔던 이기적 성향이 완전히 소멸되는 것이다. 영혼이
더 이상 육체적, 감각적 현존으로 기울어지는 존재로
생존하지 않고, 정신이 영혼을 통해 해방된다. 바로 그런
연유에서 영혼은 완벽한 공감의 영역에서 보편적인 영혼
세계와 하나가 될 때까지 앞서 설명한 영혼 세계의 범주를
통과하면서 스스로를 정화한다. 정신이 해방되는 마지막
순간까지 영혼 자체에 매여 있다는 것은, 삶으로 인해 그것이
영혼과 완전히 비슷해진다는 데에 기인한다. 그 유사성은
신체에 대한 유사성보다 훨씬 더 크다. 정신이 신체에
대해서는 영혼을 통해 간접적으로 연결되어 있는 반면에
영혼과는 직접적으로 연결되어 있기 때문이다. 영혼은 정신의
독자적인 삶이다. 바로 그래서 썩어서 없어지는 신체에는
정신이 매여 있지 않지만, 차츰차츰 해방되는 영혼에는

매여 있기 마련이다. 정신이 영혼과 직접 연결되어 있기 때문에, 영혼 자체가 보편적인 영혼 세계와 하나가 된 다음에 비로소 영혼에서 자유로워졌다고 느낄 수 있다.

09.　　인간이 죽은 직후에 머물게 되는 영혼 세계를 '탐욕의 장소'라 부를 수 있다. 그곳의 상태에 대한 의식을 가르침으로 받아들인 여러 종교가 그 '탐욕의 장소'를 '정화의 불'이나 '연옥' 등의 이름으로 알고 있다.

10.　　영혼 세계에서 가장 저급한 범주는 **탐욕의 불잉걸**이다. 사람이 죽은 후에 이 범주를 통과하는 동안 육체의 삶에서 가장 저급한 것과 관계하는 이기적이고 조야한 탐욕 모두가 영혼에서 말살된다. 그런 탐욕을 통해서 영혼이 그 범주의 힘에서 나온 효과를 경험할 수 있기 때문이다. 육체의 삶에서 생겨 아직도 영혼 속에 남아 있는, 충족되지 않은 탐욕이 공격점을 형성한다. 그런 영혼의 공감은, 자신의 이기적인 본성이 접근할 수 있는 것으로만 확장된다. 반감이 그런 영혼을 완전히 압도하고, 그 반감이 다른 모든 것으로 흘러 나간다. 이제 탐욕이 영혼 세계에서는 충족될 수 없는 육체적인 향락을 찾아간다. 바로 그 충족 불가능성으로 인해 욕망이 최고도로 고조된다.

그런데 그와 동시에 그 충족 불가능성이 욕망을 차츰차츰 소진시키게끔 되어 있다. 타는 듯한 욕망이 천천히 소진된다. 그 과정에서 영혼이, 그런 욕망에서 나올 수밖에 없는 고생을 막을 수 있는 유일한 수단은 바로 그 욕망을 소진하는데에 있다는 것을 경험한다. 육체를 가지고 사는 동안에는 반복적으로 욕망을 충족시킬 수 있다. 바로 그래서 타는 듯한 욕망으로 인한 고통이 일종의 환영으로 가려지고 마는 것이다. 죽은 후에는, 이른바 '연옥'에서는 그 고통이 적나라하게 드러난다. 그에 상응하는 결핍을 체험해야 한다. 그래서 맞닥뜨리는 상태를 영혼은 암흑 같다고 느낀다. 물론 육체를 가지고 사는 동안 가장 조야한 것에만 탐욕스럽게 집중했던 사람만 그런 상태에 빠진다. 천성적으로 적은 욕망을 지녔던 사람은 이 범주와 전혀 유사하지 않기 때문에 알아채지도 못하고 지나간다. 영혼이 육체의 삶을 통해서 욕망의 불잉걸과 더 유사하게 될수록, 더 오랫동안 그 불잉걸의 영향을 받게 된다는 점이 언급되어야 한다. 그 범주에서 더 많이 정화되어야 할 필요가 있기 때문이다. 감각 세계에서는 그와 비슷한 것을 **오로지 고생으로만** 느낄 수밖에 없을텐데, 영혼 세계에서 그 정화는 그와 같은 의미에서 고생이라 말할 수 없다. 왜냐하면 그런 정화를 통해서만 영혼 속에 존재하는 불완전함이 제거될 수 있는 바, 죽은 후에 영혼이 스스로 그 정화를 **열망하기** 때문이다.

11.　　영혼 세계에 일어나는 과정에서 두 번째 양식은, 공감과 반감이 균형을 이루고 있는 상태다. 죽은 후 한 인간의 영혼이 이 균형 상태에 있는 경우 얼마간 이 과정에서 영향을 받는다. 인생에서 사소한 일에 탐닉하기, 스쳐 지나가는 감각 인상에서 생기는 쾌락이 이 상태를 야기한다. 인간이 이런 영혼 경향을 통해서 규정되는 한 이 두 번째 상태에서 사는 것이다. 일상의 온갖 잡다한 것에서 영향을 받는다. 그런데 그런 사람의 공감이 어떤 것에도 특정 강도를 가지고 향하지 않기 때문에 그 영향이 빠르게 스쳐간다. 그는 이 덧없이 무상한 영역에 속하지 않는 모든 것이 공연히 싫다. 영혼이 죽은 후에 그 상태를 경험하는데, 거기에는 그것을 충족시키기 위해 필요한 감각적, 물체적 대상이 없다. 마침내 스스로 그런 경향을 말살하지 않을 수 없게 된다. 그 상태를 완전한 말살하기 이전에 영혼 속에 들끓는 결핍감은 이루 말할 수 없이 고통스럽다. 그런데 그 고통스러운 상태가 바로, 육체를 가지고 사는 동안 인간을 감싸고 있는 환영을 말살하기 위한 수련이다.

12.　　영혼 세계에서 고찰되는 세 번째는 지배적인 소망의

성격을 띠는 과정, 즉 공감이 우세한 과정이다. 영혼이 이
과정을 경험하는 것은, 죽은 후에 소망으로 된 분위기를
유지하는 모든 것을 통해서다. 이 소망들 역시 충족될
가능성이 없기 때문에 천천히 사그라져 소멸한다.

13.　　　앞 장에서 영혼 세계의 네 번째라고 말한 쾌와 불쾌의
범주가 영혼에게 특별한 시험을 부과한다. 영혼은 신체
안에서 사는 한, 그 안에서 일어나는 모든 것에 관여한다.
쾌와 불쾌의 진동이 바로 신체와 연결되어 있다. 신체가
영혼에 편안함과 쾌적한 느낌, 불편함과 불쾌한 느낌을
야기한다. 인간은 육체를 가지고 사는 동안 이 육체를
자신의 자아로 느낀다. 사람이 **자아감**이라 부르는 것은
바로 이 사실에 근거한다. 성향상 더 감각적인 사람일수록,
그 사람의 자신에 대한 느낌도 더 감각적인 성격을 띤다.
그런데 죽은 후에는 그 자신을 가리키는 대상인 신체가
더 이상 존재하지 않는다. 자신에 대한 느낌이 영혼 속에
아직 남아 있고, 바로 그래서 영혼이 **속이 파내져서 텅 빈
듯이** 느낀다. 흡사 스스로를 소실한 듯한 느낌이 영혼을
엄습한다. 영혼이, 진정한 인간은 육체 속에 들어 있지
않다는 사실을 알아볼 때까지 그 상태가 지속된다. 고로
네 번째 범주는 인간의 신체적 자아라는 환영을 파괴한다.

영혼이 더 이상 신체를 본질적인 어떤 것으로 느끼지 않도록 배우고, 신체에 대한 애착을 벗어나도록 정화되고 치유된다. 이로써 영혼은 물체 세계에 자신을 단단히 얽어맨 사슬을 극복한 것이고, 외부로 향하는 공감의 힘을 완벽하게 펼칠 수 있다. 말하자면 자신으로부터 해방되어서 보편한 영혼 세계로 완전히 몰입할 준비가 된 것이다.

14.　　　이 지점에서 언급하지 않고 지나가서는 안 되는 사항이 있다. 자살로 생을 마감한 사람이 이 범주를 굉장히 강도 높게 체험한다는 것이다. 자살이라는 인위적인 방식으로 육체를 떠났지만, 이 육체에 연결된 모든 느낌은 변함없이 남아 있다. 자연스럽게 죽은 경우에는 신체가 쇠약해짐에 따라 그것에 들러붙어 있는 느낌들 역시 부분적으로 소멸된다. 자살한 사람의 경우에는 급작스럽게 비워진 느낌이 야기하는 고통만 체험하지 않는다. 그 사람이 육체를 버리도록 만든, 충족되지 못한 욕망과 소망이 그 고통에 더해진다.

15.　　　영혼 세계에서 다섯 번째 단계는 **영혼 빛**의 범주다. 다른 존재들에 대한 공감이 이미 이 범주에서 높은 가치를 얻는다. 육체 속에서 사는 동안 저급한 욕구를 채우는 데에

몰두하지 않고, 주변 환경에서 기쁨과 즐거움을 느끼는
영혼이 이 범주와 유사하다. 자연 사랑이 물질적인 성격을
띤다면, 이 범주에서 정화 대상이 된다. 그런데 **그런** 종류의
자연 사랑은 자연에서의 고차적인 삶과 구분되어야 한다.
후자는 정신적 양식이며, 자연의 사물과 과정에서 드러나는
정신을 찾는다. 자연 감각에 있어 이 양식은, 정신 자체를
발달시키고 이 정신 안에서 영원히 머무는 것을 확립하는
것에 속한다. **이런** 자연 감각은 자연에서 감각을 근거로
해서 얻는 즐거움과 구분되어야 한다. 기쁨과 즐거움을
추구하는 자연 사랑도 단순히 육체적 현존에 근거를 두는
다른 경향과 마찬가지로 영혼이 정화될 필요가 있다.
수많은 사람이 육체적 안락에 쓸모 있는 복지 시설을, 다른
무엇보다도 감성적으로 쾌적하게 만드는 교육 체계를
일종의 이상으로 삼는다. 물론 사람들이 이기적 본능을
위해서만 그런 시설이나 기관들을 이용한다고 말할 수는
없다. 그래도 그렇게 하는 사람들의 영혼은 역시 감각
세계에 집중하는 것이다. 그들 영혼은 영혼 세계에서도 그런
것을 충족시킬 외적인 수단이 없는 다섯 번째 범주에서
지배하는 공감의 힘으로 치유되어야 한다. 그 범주에서
영혼은 그 공감이 다른 길을 택해야 한다는 것을 차츰차츰
알아본다. 영적인 주변 환경에 대한 공감을 통해 영혼이

영혼 공간으로 유출되는 중에 그 길을 발견한다. 종교
기관에서 주로 물질적인 안락을 더 높여 달라고 기도하는
영혼 역시 이 범주에서 정화된다. 속세의 어떤 것을 원했든,
하늘 나라의 낙원에 들기를 원했든, 그것은 무관하다. 그런
영혼이 '영혼의 나라'에서 그 낙원을 발견한다. 단 그런
낙원이 무의미하다는 것을 뼛속 깊이 알아보기 위해서일
뿐이다. 물론 이런 것은 다섯 번째 범주에서 일어나는 정화
중에 몇 가지일 뿐이고, 정화되어야 할 것은 끝없이 늘어날
수 있다.

16.     영혼 세계에서 여섯 번째는 **활동하는 영혼력**의
범주다. 영혼에서 활동에 목말라하는 부분이 이 범주를
통해서 정화된다. 이 활동욕은 비록 이기적인 성격을 띠지는
않지만 그 동인은 행위에서 생겨나는 감각적인 충족에 있다.
이런 활동욕을 발달시키는 기질의 사람은 겉보기에 대체로
이상주의자라는 인상을 주고, 희생 능력이 있는 인물로
보인다. 그렇지만 더 깊은 의미에서 그에게 결정적인 것은
감각적 쾌감을 고조시키는 것이다. 자기 마음에 들어서,
즐거워서 어떤 일을 한다는 의미에서 예술가적인 기질의
사람 대다수가, 그리고 학문 활동에 몰두하는 사람들이 이
부류에 속한다. 예술과 학문은 그런 종류의 즐거움을 위해서

존재한다는 믿음이 그런 사람을 물체 세계에 얽어맨다.

17.　　　사실상 **영혼 생명**의 범주인 일곱 번째 범주가 감각적,
물체적 세계를 향하는 나머지 경향에서 인간을 해방시킨다.
앞선 여섯 범주가 인간 영혼에서 각 범주와 유사한 것을
받아들였다. 이제 아직도 정신을 둘러싸고 있는 것은, 정신
행위가 완전히 감각 세계에 몰두해야 한다는 생각이다.
천재적인 재능을 소유하지만, 물체 세계에서 일어나는 과정
외에 다른 것에는 거의 관심이 없는 인물들이 있다. 그런
믿음을 물질주의적이라 부를 수 있다. 그 믿음이 파괴되어야
하고, 바로 그 파괴가 일곱 번째 범주에서 이루어진다.
물질주의적 신조를 위한 대상이 그 진정한 실재로서는
전혀 존재하지 않는다는 사실을 영혼이 그곳에서 알아본다.
얼음이 햇빛에 녹아 없어지듯, 영혼의 그 믿음이 그곳에서
덧없이 스러지고 만다. 영혼 존재가 이제 그 자체의 세계에
의해 완전히 흡수되고, 정신이 모든 족쇄에서 해방된다.
정신이 자신의 고유한 환경 속에서만 사는 그 범주로
훌쩍 뛰어오른다. 영혼이 지상에서의 과제를 완수했다. 그
과제에서 생겨나 정신을 위한 족쇄로서 남아 있던 것들이
죽은 후에 모두 없어졌다. 영혼이 지상에서 가져온 나머지를
모두 극복하고 스스로의 요소로 되돌아간 것이다.

18.      인간은 지상에서 물체적인 육체성과 연결되어 있는데, 영혼이 이 육체성과 직접적으로 관계하는 것에 들러붙어 있는 것을 더 많이 벗어날수록, 죽은 후 영혼 세계에서 하는 체험이, 그리고 그와 더불어 영혼 생활 상태가 영혼에 점점 덜 거슬리는 모양을 얻게 된다는 사실을 이 설명에서 본다. 영혼은 육체를 가지고 사는 동안 만들어 낸 전제 조건에 따라 각 범주에서 길거나 짧게 머문다. 영혼이 자신과 유사하다고 느끼는 범주에서 그 유사성이 모두 소멸될 때까지 머문다. 유사성이 없는 범주는 그곳에서 가능한 영향을 전혀 느끼지 못하고 그냥 지나간다. 이 지면에서는 영혼 세계의 근본 특징만 설명되어야 한다. 그리고 이 세계에서 영혼 생활이 보이는 특성은 일반적으로 묘사되어야 한다. 이는, 다음 장에 이어지는 정신들의 나라에 대한 설명에도 역시 해당하는 사항이다. 고차 세계의 특성을 더 폭넓게 다루려고 하면, 이 책이 지켜야 할 한계를 넘어서게 된다. 왜냐하면 고차 세계의 모든 것이 물체 세계와는 완전히 다른 관계에 있는 바, 공간 관계와 시간 흐름에 비교될 만한 것에 관해 굉장히 자세하게 묘사해야 독자를 이해시킬 수 있기 때문이다. 이에 대한 몇 가지 중요한 사항은 필자의 다른 책인『윤곽으로 본 신비학』에 실려 있다.

# 정신들의 나라

01.　　계속해서 여정을 이어가는 정신을 고찰하기 전에,
그것이 들어서는 범주 자체를 먼저 관찰해야 한다. 바로
'정신의 세계'다. 이 세계는 물체 세계와 판이하게 달라서
그에 관한 모든 이야기가 육체에 있는 감각만 신뢰하는
사람에게 공상처럼 들릴 수밖에 없다. '영혼 세계'를 고찰할
때 비유를 통해서 그 세계를 설명해야 한다고 말했는데,
이는 정신들의 나라에 훨씬 더 고도로 해당한다. 왜냐하면
주로 물체적인 실재를 위해서만 이용되는 우리 언어에는
'정신들의 나라'에 직접적으로 적용할 만한 표현이
불행하게도 거의 없기 때문이다. 바로 그런 연유에서 특히
정신세계에 관해 말할 많은 것을 단지 **암시로서** 이해하기를
당부한다. 여기에서 서술될 모든 것은 물체 세계와 조금도

유사하지 않은 바, 오로지 그런 방식으로만 설명될 수
있다. 필자는, 물체 세계에 맞추어진 언어적 표현 수단이
불완전하기 때문에 이 설명이 정신들의 나라에서 하는
경험에 거의 들어맞지 않는다는 점을 언제나 염두에 두고
있다.


02.　　　다른 무엇보다 이 세계는 인간의 사고내용을 이루는
　　　질료로 조직되어 있다는 점이 강조되어야 한다.(여기에서
　　　'질료'라는 단어는 당연히 비유적 의미에서 이용된다)
　　　그런데 인간 내면에 살아 있는 그대로의 사고내용을 보자면,
　　　그것은 그 진정한 실체의 윤곽 내지는 그림자 형상일
　　　뿐이다. 어떤 존재의 그림자가 벽에 생겼는데, 그 그림자가
　　　자신이 생기도록 한 그 존재 자체라 생각한다고 가정하자.
　　　인간 두뇌를 통해서 드러나는 사고내용도 '정신들의 나라'
　　　안에 있는, 그 사고내용에 상응하는 존재에 대해 바로 그와
　　　같은 관계에 있다. 인간이 육체의 눈으로 탁자나 의자를
　　　지각하는 것처럼, **정신적인** 감각이 깨어나면 그 사고
　　　존재를 실제로 지각하게 된다. 그는 사고 존재들이 있는
　　　환경 속에서 거닌다. 인간이 육체의 눈으로 사자를 지각할
　　　때, 육체를 지닌 사자를 향하는 **사고**는 사자에 해당하는
　　　사고내용을 일종의 윤곽으로, 일종의 그림자 형상으로

지각할 뿐이다. **정신적인** 눈은 '정신들의 나라' 안에서
사자에 해당하는 사고내용을 실제로 보는데, 이는 육체의
눈으로 육체적인 사자를 보는 것과 같은 이치다. '영혼의
나라'와 관련해서 이미 이용했던 비유를 여기에서 다시금
상기할 수 있다. 수술을 받아서 눈을 뜬 맹인에게 주변
환경이 갑자기 색채와 빛이라는 새로운 성격을 띠고
드러나듯이, **정신적인 눈**을 이용할 줄 알게 된 사람에게
주변 환경은 새로운 세계로, 즉 **생동하는** 사고내용의 세계
혹은 **정신 존재들의** 세계로 가득 차 있는 것으로 드러난다.
물체 세계와 영혼 세계에 있는 모든 사물과 존재의 정신적
**원초 형상**이 그 세계 안에 보인다. 화가가 그림을 그리기
전에 이미 그의 정신 속에 그것을 가지고 있다고 상상해
보라. 그러면 **원초 형상**이라는 표현으로 의미하는 것을
위한 비유가 생긴다. 물론 화가가 미리 그런 원초 형상을
머릿속에 지니지 않을 수도 있고, 그래서 그림을 그려가면서
차츰차츰 작품을 완성시킬 수도 있다. 하지만 이는 여기에서
초점이 아니다. 진짜 '정신의 세계' 안에는 모든 사물을 위한
원초 형상이 존재한다. 그리고 물체 세계에 있는 사물과
존재는 그 원초 형상의 **모사 형상**이다. 오로지 육체의
감각만 신뢰하는 사람이 그 원초 형상적 세계를 부정하면서
원초 형상이란 물체적 대상에서 비교하는 오성으로 획득한

추상성일 뿐이라 주장한다면, 역시 이해할 수 있는 일이다. 그 사람은 고차 세계 안에서 지각할 수 없기 때문에 그렇게 말하는 것이고, 사고 세계를 단지 그림자 같은 추상성으로 알고 있을 뿐이다. 그는, 정신적으로 관조하는 사람이 자기 개나 고양이만큼이나 친밀하게 정신 존재들을 알고 있다는 것을, 원초 형상의 세계가 감각적인 물체 세계보다 훨씬 더 강렬한 실재성을 띤다는 것을 모르고 있다.

03.    '정신들의 나라'를 처음으로 들여다보면 영혼 세계를 들여다볼 때보다 훨씬 더 혼란스러워진다. 원초 형상이 그 진정한 형태에서 보아 그것의 감각적인 모사 형상과 너무 다르기 때문이다. 그런데 원초 형상은 그것의 **그림자**, 즉 추상적 사고내용과도 전혀 비슷하지 않다. 정신세계에 모든 것은 물 흐르듯 끊임없이 움직이는 활동 중에 있고, 멈춤이 없는 창조 과정 중에 있다. 물체 세계에서처럼 한 장소에 머무르면서 조용히 쉰다는 것은 있을 수 없다. 원초 형상은 **창조하는 존재**이기 때문이다. 그것은 물체 세계와 영혼 세계에서 생성되는 모든 것을 위한 작업의 우두머리이다. 원초 형상의 모양은 극히 빠르게 변한다. 그리고 각 원초 형상 안에는 무수하게 특별한 형태로 드러나도록 하는 가능성이 들어 있다. 이는, 원초 형상이 그 자체에서

특이한 형태들을 무수히 솟아나도록 한다는 의미다. 한
가지 특이한 형태를 창조해 내자마자 곧바로 다음 형태를
만들어 낼 채비가 되어 있다. 그리고 원초 형상들 모두 많든
적든 서로 간에 유사한 관계를 지니고, 고립된 상태에서
작용하지 않는다. 창조를 하기 위해 언제나 다른 형상의
도움을 필요로 한다. 영혼 세계나 물체 세계에 이러저러한
존재들이 생겨날 수 있도록 하기 위해서 대부분의 경우에
수많은 원초 형상이 함께 협력한다.

04.　　'정신들의 나라'에서 '정신적 보기'를 통해서
지각하는 것 외에 또 다른 어떤 것이 있다. 그것은 '정신적
듣기'의 체험이라 해야 한다. '형안자'가 영혼의 나라에서
정신의 나라로 올라가는 즉시 지각하는 원초 형상들이
동시에 소리로 **울린다.** 이 '울림'은 순수하게 정신적인
과정이다. 그것은 물체 세계에서 들을 수 있는 음향을 전혀
참작하지 않은 상태에서 표상되어야 한다. 관찰자가 흡사
음향으로 된 대양 속에 있는 듯이 느낀다. 그 음향 속에서,
그 울림 속에서 정신세계 존재들이 드러난다. 그들의
협화음 속에서, 그들의 화성음 속에서, 그들의 리듬과 선율
속에서 그들 현존의 원초 법칙을, 그들 상호 간의 관계와
유사성을 주조해 낸다. 물체 세계에서 오성이 법칙과

관념으로서 지각하는 것이 '정신의 귀'에는 정신적-음악적인
것으로 드러난다. (바로 그래서 피타고라스가 정신세계의
그 지각을 '천체 음악'이라 불렀다. '정신의 귀'를 지닌
사람에게는 그 '천체 음악'이 단지 형상적 혹은 비유적인
어떤 것에 그치지 않고, 그에게 익히 알려진 **정신적** 실재다)
이 '정신적 음악'에 대한 개념을 얻고자 한다면, 어떻게 감각
세계에서 음악이 '질료로 된 귀'를 통해서 지각되는지 등
음악에 대해 우리가 가지고 있는 표상을 완전히 배제해야
한다. 여기에서는 다름 아니라 바로 '정신적 지각', 그러니까
'육체의 귀'에는 전혀 들리지 않는 것에 관한 문제다.
'정신들의 나라'에 대한 이어질 설명에서 이 '정신적 음악'은
편의상 제외하기로 한다. '형상'으로서, '빛나는 것'으로서
묘사되는 모든 것은 동시에 **울리는 것**이라는 사실만
표상해야 할 뿐이다. 색채 지각마다, 빛의 지각마다 그에
해당하는 정신적인 음향이 있고, 색채 조화마다 그에
상응하는 화성음과 선율이 있는 식이다. 더 나아가 음향이
더 지배적인 곳이라 하더라도 '정신의 눈'이 지각하기를
멈추지 않는다는 점을 마음속에 생생하게 그려야 한다.
음향의 울림이 빛나는 존재에 단지 부가될 뿐이다. 이어지는
설명에서 '원초 형상'에 관해 말해지는 부분이 있다면
항상 '원초 음향' 역시 부가해서 생각해야 한다. '정신적

미각' 등으로 표현될 수 있는 다른 지각들 역시 더해진다.
그렇지만 여기에서는 그런 과정을 다룰 필요가 없다.
왜냐하면 '정신들의 나라' 전체에서 골라낸 몇 가지 지각
양식을 통해서 그에 대한 표상을 일깨우는 데에 중점이
있기 때문이다.

05.     우선 필수적으로 원초 형상이 보이는 다양한 양식을
따로따로 구분해야 한다. '영혼 세계'처럼 '정신들의 나라'
에서도 방향을 잡기 위해 몇 가지 단계나 범주를 구분하는
것이다. 여기에서도 여러 범주가 차곡차곡 층으로 쌓여
있다고 상상하면 안 된다. 각 범주가 상호 간에 관철하고
관통한다. **첫 번째 범주**에는 물체 세계에 있는 존재
중 무생물의 원초 형상이 있다. 즉 광물의 원초 형상이
그곳에 있다는 말이다. 시야를 좀 넓혀 보면 식물의 원초
형상도 있다. 단 순수하게 물체적인 한에서, 즉 생명을
전혀 고려하지 않는 한에서 식물의 원초 형상이 이 범주에
존재한다. 그와 마찬가지로 동물과 인간의 육체 형태 역시
이 영역에 해당한다. 물론 이것들이 이 범주에 존재하는
모두는 아니다. 다만 수긍이 가는 예를 통해 묘사하기 위해
거론하는 것이다. 이 범주는 '정신들의 나라'의 기본 구조를
이룬다. 우리가 사는 물체적인 지구에서 육지와 비교할 수

있다. '정신들의 나라'에서 대륙인 셈이다. 물체적, 육체적
세계에 대한 그 나라의 관계는 비유로 설명될 수 있을
뿐이다. 다음과 같은 예를 통해서 그 범주에 대한 표상을
얻는다. 극히 다양한 종류의 물체들로 채워진 한정된
공간을 한번 상상해 보라. 그 다음에 그 물체들을 제거하고,
그 형태로 된 빈 공간만 그 자리에 남아 있다고 상상한다.
그런데 그 이전에 물체들 사이에 있었던 공간에는 그것들과
다양한 관계를 유지하는 온갖 종류의 형태들이 가득 차
있다고 상상해 보라. 원초 형상의 나라 중에서 가장 낮은
범주가 그와 유사하게 보인다. 물체 세계에서 형태를 지니는
사물과 존재가 그 범주 안에 '빈 공간'으로 존재한다. 그리고
그 사이 공간에 원초 형상(그리고 '정신적 음악')의 활동이
활발히 전개된다. 물체적 형태는, 그 빈 공간이 특정한
의미에서 물체적 질료로 채워진 것이다. 육체의 눈과 정신의
눈 양자로 공간을 관조하는 사람은 물체적 육체뿐 아니라
그 사이에서 창조하는 원초 형상들이 활발하게 활동하는
것도 역시 보게 된다. '정신들의 나라'에서 **두 번째** 범주는
생명의 원초 형상들을 포괄한다. 그런데 이 범주에서는
생명이 완벽한 합일을 이루고 있다. 생명이 유동적인
요소로서 정신세계를 관류하고, 그 세계의 혈액으로서 모든
것을 관통하며 고동쳐 흐른다. 이는 물체적인 지구에 있는

대양과 하천에 비교될 수 있다. 그런데 그 분포는 대양이나 하천이 아니라 동물 몸속에 흐르는 혈액의 흐름과 유사하다. 사고내용이라는 질료로 이루어진 유동적인 삶, 이것이 '정신들의 나라'의 두 번째 단계의 성격이다. 바로 이 요소에 물체 세계에서 살아 있는 존재로 등장하는 모든 것을 위한 창조하는 원동력이 들어 있다. 모든 생명은 하나의 합일체이며, 인간 내면에 있는 생명이 모든 다른 피조물의 생명과 유사하다는 것이 이 범주에서 드러난다.

06.      '정신들의 나라'에서 **세 번째** 범주는 모든 영적인 것의 원초 형상이라 성격화해야 한다. 이 범주에 들어서면 낮은 두 범주에 비해 훨씬 더 엷고 섬세한 요소 속에 존재하게 된다. '정신들의 나라'의 **대기권**이라고 비유적으로 표현할 수 있다. 다른 두 세계 영혼들 속에서 일어나는 모든 것과 짝을 이루는 상대물이 이곳에 있다. 모든 감각, 느낌, 본능, 열망 등이 여기에 정신적 양식으로 존재한다. 이 대기권에서 날씨와 유사한 과정들이 일어나는데, 그것은 다른 세계의 피조물이 느끼는 기쁨과 고통에 상응한다. 인간 영혼의 동경이 그곳에서는 가벼운 바람처럼 나타난다. 그에 반해 폭발적인 노여움은 질풍처럼 드러난다. 여기서 고려되는 것에 대한 표상을 형성할 수

있는 사람은, 주의를 기울이기만 한다면 모든 피조물의
탄식으로 깊이 파고들 수 있다. 이를테면 격렬한 천둥
번개를 몰고오는 사나운 폭풍우가 이 범주에서 일어난다고
말할 수 있다. 그런데 그 상황을 더 추적해 보면, 지구 상에서
벌어지는 전투의 격앙이 이 범주에서 그런 '정신의 폭풍우'
로 표현된다는 것을 발견한다.

07.  **네 번째** 범주에 있는 원초 형상들은 다른 세계들과
직접적으로 관계하지 않는다. 그것들은 특정한 의미에서
세 가지 낮은 범주의 원초 형상들을 통치하고, 그들이 서로
협력하도록 매개하는 존재들이다. 말하자면 그들은 낮은
단계에 있는 원초 형상들을 정리, 분류하는 일을 담당한다.
그러므로 낮은 단계에 비해 훨씬 더 포괄적인 활동이 바로
이 네 번째 범주에서 시작된다.

08.  **다섯 번째, 여섯 번째, 일곱 번째** 범주는 앞선 네
범주와 본질적으로 구분된다. 왜냐하면 이 고차적 범주의
존재들이 낮은 범주의 원초 형상에 활동을 위한 **원동력**을
제공하기 때문이다. 이 범주들에 원초 형상의 창조력
자체가 내재한다. 이 범주까지 올라갈 능력이 있는 사람은

우리 세계의 근거가 되는 '**의도들**'을* 알게 된다. 사고내용
존재로부터 온갖 다양한 형태를 받아들이기 위해서 바로
이곳에 원초 형상들이 살아 있는 씨앗처럼 준비되어 있다.
이 살아 있는 씨앗들이 낮은 범주로 옮겨지면, 그곳에서
싹터 올라 온갖 다양한 형상으로 드러난다. 물체 세계에서
인간 정신이 창조적으로 일할 수 있도록 하는 관념들은
고차적인 정신세계에 씨앗 상태로 놓여 있는 사고 존재들의
그림자, 그것들의 잔영에 불과하다. '정신들의 나라' 낮은
범주에서 이 고차적인 범주로 올라가는 '정신적 귀'를 지닌
관찰자는, 어떻게 울림과 음향이 '정신적 언어'로 바뀌는지
알아본다. 이제 존재들과 사물들이 그에게 음악을 통해서만
그들의 성격을 알려 주지 않고 '말씀'으로도 표현하는
바, 그가 '정신적 말씀'을 지각하기 시작한다. 존재들과
사물들이, 정신과학에서 명명할 수 있는 것과 같이 그들의
'**영원한 이름**'을 그에게 말해 준다.

09.      사고내용의 씨앗 존재들은 화합된 자연이라고
   표상해야 한다. 사고내용 세계에 있는 요소에서는 씨앗의

---

\*      이런 주제를 언어로 표현할 때 생기는 난관은 앞선 장에서 언급했다. 그것을
   상기하면, 여기에 이 '의도'와 같은 표현 역시 단지 '비유'로 썼다는 것을
   곧바로 이해할 수 있다. 구태의연한 '합목적적인 이론'을 다시 끄집어내려는
   생각은 전혀 없다.

껍데기만 덜어 내진다. 그리고 이 껍데기가 사실상의 **생명의 핵심**을 둘러싸고 있다. 이로써 우리가 '세 가지 세계'의 경계에 도달했다. 왜냐하면 이 **핵심**은 더 고차적인 세계에서 유래하기 때문이다. 앞선 한 장에서 인간을 그 구성체에 따라 설명했는데, 거기에서 인간을 위한 이 생명의 핵심을 제시했고, '생명정신'과 '정신인간'을 인간 구성체로서 명명했다. 다른 세계 존재들을 위해서도 역시 유사한 생명의 핵심이 있다. 그 존재들은 더 고차적인 세계에서 유래하고, 그들의 과제를 완수하기 위해서 설명된 세 범주로 내려온 것이다. 이제 두 현신 혹은 환생 간에 인간 정신이 어떻게 '정신들의 나라'를 순례하는지 추적해 보기로 한다. 그렇게 하면서 그 '나라들의' 상황과 특성이 다시 한번 분명하게 드러날 것이다.

# 죽은 후 정신들의 나라에서 순례하는 정신

01.　　　인간 정신은 현신과 현신 사이 여정에서 '영혼 세계'
를 거친 다음에 '정신들의 나라'에 들어선다. 새로운 신체
현존을 위해 충분히 성숙될 때까지 이 나라에 머물면서
준비한다. 인간이 하나의 현신을 통과하는 인생 순례길에서
이루어야 할 과제를 올바른 방식으로 해석할 줄 알아야만
'정신들의 나라'에서 체류하는 의미를 이해하게 된다.
인간은 육체 속에서 사는 동안 이 물체 세계에서 활동하고
작용한다. 더 정확히 말해 이 세계에서 **정신 존재로서**
활동하고 작용한다. 인간 정신이 숙고하고 형성하는 것,
그것을 물체적 형태에, 물체적 질료와 힘에 새겨 넣는다.
그러므로 인간은 정신세계에서 온 전령으로서 물체
세계에 정신을 동화시켜야 한다. 인간은 육체를 가지고

태어남으로써 물체 세계에서 활동할 수 있다. 육체를 도구로 받아들여야 한다는 의미다. 그렇게 해야 물체적인 것을 통해서 물체적인 것에 작용할 수 있고, 또한 물체적인 것이 인간에 영향을 미칠 수 있다. 하지만 인간의 그 물질적 육체를 관통하면서 작용하는 것, 그것은 **정신**이다. 물체 세계에서 작용하기 위한 방향과 **의도는** 정신에서 나온다. 그런데 육체 속에서 작용하는 한 정신은 진정한 형상 그대로 살지 못하고, **육체적 현존이라는 막**을 통해 비쳐 나올 수 있을 뿐이다. 인간의 사고 생활은 그 진실에서 보아 분명 정신세계에 속한다. 그런데 물체적 현존 속에서는 그 진정한 형상이 얇은 막으로 가려진 채 드러난다. 육체를 지닌 인간의 사고 생활은 진정한 정신 존재들의 잔영 혹은 그림자라고 말할 수도 있다. 이렇게 정신은 육체를 가지고 사는 동안 육체를 근거로 삼아서 지구 상에 물체 세계와 상호 작용한다. 인간 정신이 한 현신에서 다른 현신으로 건너가면서 존재하는 한, 그 과제 중에 하나는 바로 물체 세계에서 하는 그 활동에 내재한다. 그럼에도 불구하고 오로지 육체적 현존 안에서만 산다면 그 과제를 절대로 적절히 완수할 수 없을 것이다. 건축가가 공사 현장에서 건축 설계도를 제작하지 않듯이, 인간 정신 역시 지상에서 완수해야 할 과제의 의도와 목표를 절대로 지상에 현신해 있는 동안에 만들어 내지 않는다. 건물 설계도가 건축 사무실에서 완성되는 것과 유사하게 지상에서 하는 활동을 위한 의도와 목표 역시 '정신들의 나라'에서 이루어진다. 인간 정신은 현신과 현신 사이에 항상 다시금 그 나라에서 살아야 한다. 물체 세계에서 일을 하려면 그 나라에서 가지고 오는 것이 있어야 하기 때문이다. 건축가가 벽돌과 시멘트 반죽으로 일을 하지 않고 사무실에서 건축 기술과 다른 법칙에 따라 설계도를 제작하는 것처럼, 인간 활동을 설계하는 정신 혹은 더 고차적인 자아는 그 능력과 목표를 이 세상으로 가져오기 위해 '정신들의 나라'에서 그곳의 법칙에 따라 형성한다. 인간 정신은 반복해서 그 고유 영역에 체류해야 물체적-육체적 도구를 통해 정신을 지상 세계로 운반해 올 수 있다. 물체적 무대 위에서 인간이 물체 세계의 특성과 힘들을 배워 알아간다. 물체 세계가 그 안에서 일하려는 사람에게 어떤 것을 요구하는지, 이에 대한 경험을 인간은 활동하면서 축적한다. 물체 세계에서 자신의 사고내용과 관념을 구현하는 동안 질료에 있는 특성을 배운다. 사고내용과 관념 자체는, 인간이 질료에서 빨아들일 수 있는 것이 아니다. 이렇게 지상 세계는 인간이 활동하는 무대가 되고, 동시에 **배우는** 장이 된다. 이렇게 배운 것들이 '정신들의 나라'에 들어가면 정신의 생동하는 능력으로 개조된다. 이 주제를 좀 더 명확하게 하기 위해서 다시금 위에 언급한 건축가를 예로 삼을 수 있다. 건축가가 건물 설계도를 완성한다. 그 설계도에 따라 건물이 지어지고, 건축가는 그 과정에서 여러 가지 다양한 경험을 한다. 그 모든 경험을 통해서 건축가의 역량도 성장한다. 다른 건물을 위한 설계도를 제작할 때 그 모든 경험은 밑거름으로 작용한다. 그래서 새 설계도는 예전에 건물을 지으면서 배운 바로 그만큼 더 나은 것이 된다. 인간이 연속해서 현신하는 과정도 역시 그러하다. 현신과 현신 사이에 정신이 그 자체의 고유 영역에서 시간을 보낸다. 거기에서 정신생활이 요구하는 사항에 완전히 몰두할 수 있다. 물질로 된 육체에서 해방된 바 모든 방면으로 스스로를 양성할 수 있고, 바로 그 전에 거친 인생 노정에서 얻은 경험의 열매를 그 양성에 이용한다. 이렇기 때문에 정신의 눈길은 항상 지상에서 완수해야 할 과제를 위한 무대로 향하고 있다. 그리고 지구가 정신이 활동하는 터전인 한, 정신은 지구가 필수적으로 거치는 발달을 따라가고자 항상 함께 일한다. 각 현신에서 지구 상태에 적절하게 지구의 변화에 일조할 수 있는 자질을 양성한다. 그럼에도 불구하고 이는 반복되는 인간 현신에 대한 **일반적인** 그림일 뿐이다. 실재는 이 그림에 어느 정도까지만 들어맞을 뿐 절대로 완벽하게

일치하지 않는다. 한 인간이 연속해서 거치는 여러 현신을
보면, 나중 인생이 그 전 인생보다 훨씬 더 불완전한 상황에
있을 수도 있다. 이런 불규칙성은 이어지는 여러 인생들을
포괄하는 전체적으로 커다란 테두리 안에서 특정 정도로
조정된다.

02.　　인간이 '정신들의 나라'에서 여러 범주에 익숙해지는
과정에서 정신이 육성된다. 인간 삶이 적절한 차례에 따라
그 범주들과 융합한다. 이는 인간이 일시적으로 각 범주의
특성을 받아들인다는 의미다. 각 범주가 그곳의 존재로
인간 존재를 관철시킨다. 인간이 지상에 다시 태어나 일을
할 수 있도록 하기 위해 각 범주의 존재들이 인간 존재를
강화하는 것이다. '정신들의 나라' 첫 번째 범주에서 인간은
지상에 있는 사물의 정신적 원초 형상으로 둘러싸여 있다.
지상에서 사는 동안에 인간은 그 원초 현상의 그림자만
알아보고, 사고를 통해 파악한다. 지상에서는 단지
**생각되었던** 것이 이 범주에서는 **체험된다.** 인간이 사고내용
사이에서 거닌다. 그런데 그 사고내용들은 **실재 존재들**이다.
인간이 지상에서 사는 동안 감각으로 지각한 것이 이제는
그것의 사고 형태로 그에게 작용한다. 그런데 이 사고내용은
사물의 배후에 숨어 있는 그림자로 드러나지 않고, 사물을

생성시키는 생기에 찬 실재다. 인간이 사고내용의 작업실에 있는 것이다. 그 작업실에서 지상의 사물들이 형성되고 모양을 얻는다. 왜냐하면 '정신들의 나라'에 있는 모든 것은 삶으로 가득 찬 활동이고 움직임이기 때문이다. 이곳에서 사고 세계는 살아 있는 존재들의 세계로서 창조적으로 형성하면서 작업에 임하고 있다. 인간이 지구 상의 현존에서 체험하는 것이 어떻게 **형성되는지** 볼 수 있다. 육체 속에서 인간이 감각적 사물을 실재로서 체험하는 것과 마찬가지로 이제 정신으로서 정신의 형성력을 실재로서 체험한다. 그곳에 있는 사고내용 존재들 중에는 인간 자신의 물질적인 육체성의 사고내용 역시 있다. 그런데 이 물질적인 육체성은 어쩐지 낯설고 거리가 멀게 느껴진다. 오로지 정신 존재들만 자신에게 속하는 것으로서 감지한다. 그리고 벗어버린 신체를 기억과 달리 더 이상 물체적인 존재가 아니라 사고내용 존재로서 알아보면, 그렇게 관조하는 중에 이미 신체는 외부 세계에 속한다는 것이 분명하게 드러난다. 벗어버린 신체는 외부 세계에 속하는 어떤 것이라고, 외부 세계의 한 부분이라고 고찰하도록 배운다. 그 결과로 **자신의** 육체성을 자신 자아와 유사한 어떤 것으로 생각하지 않고, 외부 세계에서 더 이상 분리해 내지도 않는다. 자신의 신체적 현신을

포함한 전체 외부 세계 내부에서 단일성을 느낀다. 인간의
신체적 현신이 여기에서 나머지 세계와 하나로 융합한다.
이렇게 이 범주에서 물체−육체적 실재의 원초 형상을 인간
자신도 속했던 합일체로 바라본다. 바로 그런 연유에서
관찰을 함으로써 주변 세계와 자신이 하나로 합일되어
있다는 것을, 주변 세계와의 유사성을 차츰차츰 배우게
된다. 외부 세계에 대해 다음과 같이 말하기를 배운다. "너의
주변에 널려 있던 것들, 그것들은 너 자신이었다." 이는 고대
인도 베단타 지혜가 가르치는 기본 사상 중에 하나이기도
하다. 보통 사람들은 죽은 후에야 체험하는 것이 있다. 인간
자신이 세상에 있는 모든 것과 유사하다는 생각, 즉 '저것은
바로 너 자신이다.'라는 생각이 바로 그것이다. '현자'는
지상에서 사는 동안에 이미 그렇게 생각할 줄 알고, 그
생각에 익숙해진다. 인간이 지상에서 사는 동안 이 생각을
이상으로 삼아 사고 생활에 집중할 수 있다. '정신들의 나라'
에서는 이것이 직접적인 사실이고, 정신적 체험을 통해서
점점 더 분명해진다. −인간이 사실상의 자신 존재를
따르자면 자신은 정신들의 세계에 속한다는 것을 그곳에서
점점 더 의식하게 된다. 정신들 사이에 있는 정신으로, 원초
정신의 일원으로 자신을 지각하고, 자신 내면에서 원초
정신의 말씀을 느낀다. "나는 곧 원초 정신이다."(고대 인도

베단타의 지혜는 "나는 곧 브라만이다."라고 했다. 모든
존재가 유래하는 원초 존재에 자신이 일원으로서 속한다는
것을 의미한다) – 이제 알아본다. 지상의 삶에서는 그림자
같은 사고내용으로서 파악되는 것, 그리고 모든 지혜가
목표로 삼는 것, 그것이 '정신들의 나라'에서는 직접적으로
체험된다는 것을. 실로 그러하기를, 정신적 현존 안에서
사실이기 **때문에, 오직 그런 연유에서** 지상 인생 동안
**사고되는 것이다.**

03.     지상에서 사는 동안 인간은 상황과 사실들 한복판에
존재한다. 그런 반면에 정신적인 현존 동안에는 더 높은
망루에 서서, 그야말로 외부에서 그 상황과 사실들을
조망한다. '정신들의 나라' 중에서 가장 낮은 범주에서는
인간이 지상에서의 물체적, 육체적 실재와 직접 연결되어
있던 상황을 그런 방식으로 다시금 살게 된다. – 인간은
지구 상에 특정 가족 안에, 특정 민족 안에 태어나고, 특정
지역에서 성장하고 살아간다. 인간의 지상적 현존은 그
모든 상황에 의해 규정된다. 물체 세계에서 주어진 상황이
그러하기 때문에 이러저러한 사람을 만나고, 이러저러한
일을 한다. 그 모든 것이 지상에서의 생활 상태를 규정한다.
'정신들의 나라' 첫 번째 범주에 사는 동안 그 모든 것을

살아 있는 사고 존재로 만난다. 그 모든 것을 특정 양식으로
다시 한번 거치면서 체험한다. 그런데 활동하는 – 정신의
측면에서 그렇게 한다. 한 인간이 실천했던 가족 사랑,
친구들에게 보여 주었던 우정이 내면에서 생생하게 되고,
이 방향으로 능력이 더 커진다. 가족 사랑의 힘으로서,
우정의 힘으로서 작용하는 것이 인간 정신 속에서
강화된다. 이 관계에서 더 완벽한 인간이 되어서 다시
지상 현존으로 들어선다. – 지상 인생에서 특정한 의미의
일상적 상황이 '정신들의 나라' 가장 낮은 범주에서 열매로
익는다. 지상에서 사는 동안 일상적 상황에 관심을 가지고
몰두했던 것이 인간 내면에 들어 있다. 바로 그것이 현신과
현신 사이에 보내는 정신적인 삶에서 가장 오랫동안 이
범주와 유사하다고 느낀다. 물체 세계에서 함께 살았던
사람들을 정신세계에서 다시 만난다. 육체를 통해 영혼의
소유가 된 모든 것이 영혼에서 떨어져 나가듯이, 육체의
삶에서 영혼과 영혼을 연결했던 인연 역시 물체 세계에서만
그 의미와 효과가 있는 조건에서 풀려난다. 그래도 육체의
삶에서 영혼의 영혼인 모든 것은 죽음을 넘어서서 – 정신세계
안에서도– 지속된다. 물론 물체 세계의 상황을 표현하기
위한 언어로 정신세계에서 일어나는 상황을 정확하게
그대로 다시 제시할 수는 없다. 그래도 그 점을 참작한다면,

다음과 같이 말해도 완전히 옳다고 간주할 수 있다. "육체의 삶에서 함께 인연을 맺었던 영혼들이 부합하는 방식으로 계속해서 공생하기 위해 정신세계에서 다시 만난다." 그 다음 범주가 바로, 지구 상에서 사람들이 영위한 그 **공생이** '정신들의 나라'에서 유동적 요소로서, 사고내용 존재로서 흐르는 곳이다. 구체화된 육신을 가지고 세상을 관찰하는 한, 생명은 **생명체** 개개에 연결되어 있는 듯이 보인다. '정신들의 나라'에서는 그 연결이 풀려 있고, 모든 생명의 피가 그야말로 그 나라 전체를 관류한다. 실은 모든 것에 내재하는 합일이 그곳에서는 생생한 실재로 존재한다. 지상에서 살고 있는 인간에게는 그 합일 역시 잔영으로 드러날 뿐이다. 인간이 세계의 전체성을, 세계의 합일과 조화를 숭앙하는 모든 형태에 그 잔영이 표현된다. 인간이 영위하는 **종교** 생활이 그 잔영에서 유래한다. 무상한 것, 개체로 존재하는 것에서 현존의 포괄적 의미를 찾는 것이 얼마나 허망한 일인지 알아본다. 그 무상한 것을 조화된 합일의 '비유'로서, 영원한 것의 모사 형상으로서 고찰한다. 경외감을 가지고 그 합일을 우러러보고 숭앙한다. 그 합일에 종교적 제례 의식을 바친다. 그런데 '정신들의 나라'에서는 잔영이 아니라, 살아 있는 사고 존재들의 실재 형상이 드러난다. 이 범주에서 인간은 지상에서 숭배했던 그 조화와 진정으로 합일될 수 있다. 종교 생활에서 나온 열매들, 그리고 그와 관련하는 모든 것이 이 범주에서 나타난다. 이제 인간이 속했던 공동체로부터 개인의 숙명이 분리되어서는 안 된다는 사실을 정신적 경험을 통해서 알아보도록 배운다. 스스로를 전체에 속하는 일원으로서 인식하는 능력이 이 범주에서 양성된다. 지상에서 살아가는 동안 순수하고 고귀한 도덕을 추구하는 모든 것과 종교성이 정신적 중간 단계의 커다란 부분을 이루는 이 범주에서 힘을 키운다. 그리고 인간이 이 방향으로 고조된 능력을 가지고 다시 지상으로 현신하게 된다.

04.    첫 번째 범주에서 인간은 바로 그 전에 지상에서 보낸 인생에서 아주 가까운 인연으로 연결되어 있던 영혼들과 함께 머문다. 그런 반면에 두 번째 범주에서는 같은 사상이나 같은 종교 등, 넓은 의미에서 하나로 느꼈던 모든 영혼의 범위로 들어선다. 여기에서 한 가지가 강조되어야 한다. 이전 범주에서 했던 정신적 체험이 그 다음 범주에서도 계속해서 지속된다는 것이다. 그러므로 두 번째 범주나 그 다음 범주에 들어선다 해도, 가족이나 친구들과 맺은 인연은 끊어지지 **않는다**. '정신들의 나라'에 범주들은 '분과'처럼 따로따로 떨어져 있지 않다. 모든 범주가

상호 간에 관통되어 있다. 인간이 새 범주에 들어섰다고 체험하는데, 이 체험은 어떤 모양으로 된 곳에 외형상 '입장' 해서가 아니라, 예전에는 지각하지 못했던 것을 이제는 지각할 수 있는 내적인 능력을 얻었기 때문에 생긴다.

05.    '정신들의 나라' 세 번째 범주에는 영혼 세계의 원초 형상들이 존재한다. 영혼 세계에 사는 모든 것이 생생한 사고 존재로 이 범주에 들어 있다. 이곳에서 욕망, 소망, 느낌 등의 원초 형상들을 만난다. 그런데 이 정신들의 세계에서는 영혼에 어떤 이기성도 점착되어 있지 않다. 두 번째 범주에는 생명이 있는 모든 것이 합일되어 있듯이 이 세 번째에는 모든 욕망, 모든 소망, 모든 호불호가 하나로 합일되어 있다. 타인의 욕망과 소망이 내 욕망과 소망에서 구분되지 않는다. 모든 존재의 감각과 느낌이 공동인 세계다. 대기가 지구를 감싸듯, 이 공동의 세계가 모든 나머지를 포괄하고 에두른다. 이 범주는 그야말로 '정신들의 나라'의 대기층이다. 인간이 지상에서 사는 동안 공동체를 위한 봉사로, 이타적 헌신으로 이웃과 동시대인을 위해 실천한 것들이 열매를 맺는다. 왜냐하면 그런 헌신과 봉사를 통해서 '정신들의 나라' 세 번째 범주의 잔영을 살아낸 것이기 때문이다. 공동체에 커다란 업적을 남긴

위대한 자선가나 헌신적 천성의 소유자들은 예전 인생들을
거치는 동안 이 범주와 각별히 유사하게 될 성정을 닦았고,
그 다음에 이 범주에서 그렇게 할 능력을 얻은 것이다.

06.    '정신들의 나라'에서 이 세 범주는 그 아래에
존속하는 세계들에, 즉 물체 세계와 영혼 세계에 대해
특정한 관계에 있다는 것을 엿볼 수 있다. 이 두 세계에서
물체적 혹은 영적 존재로 구체화되는 원초 형상들, 즉
생생한 사고 존재들이 이 범주들에 들어 있기 때문이다.
네 번째 영역은 '순수한 정신들의 나라'다. 그런데 이 범주
역시 문자 그대로 완벽한 의미에서 그렇지는 않다. 낮은
세 범주와 이 네 번째 범주의 차이는 다음과 같다. 인간이
스스로 세상에 관여하기 이전에 그저 주어진 것으로서 물체
세계와 영혼 세계에서 발견하는 물체적 상황과 영적 상황의
원초 형상들을 이 세 가지 낮은 범주에서 만나게 된다. 일상
생활에서 벌어지는 상황은 인간이 물체 세계에서 주어진
것으로서 발견하는 사물과 존재에 연결되어 있다. 그리고
이 물체 세계에 무상無常한 사물들이 인간 눈길을 그것들의
영원한 근본 원인으로 돌린다. 인간이 자신의 이타적
감각을 바치는 동시대 피조물들 역시 인간 자신을 통해서
존재하지 않는다. 그런데 이와는 대조적으로 학문과 예술,

기술, 국가 등과 같은 창조물, 간단히 말해서 인간 정신이
독창적으로 작업해서 생겨나는 모든 것은 인간을 통해서
세상에 존재한다. 인간 활동이 아니라면, 다른 무엇보다도
그 물체적 모사가 이 세상에 전혀 존재할 수 없는 것이 있다.
그렇게 순수하게 인간에 의해 창조된 것의 원초 형상들이
'정신들의 나라' 네 번째 범주에 존재한다. ─ 인간이 학문적
업적에서, 예술적 창안創案과 작품에서, 기술 발명에서
지상에서 사는 동안 양성한 것이 이 네 번째 범주에서 그
열매를 맺는다. 예술가, 학자, 위대한 발명가 들이 '정신들의
나라'에 머무는 동안 특히 이 범주에서 원동력을 흡수해서
천재성을 강화시킨다. 새로이 이 세상에 태어나면 그
강화된 정도에 따라 문화 진보와 발달에 기여할 수 있기
위해서다. ─ '정신들의 나라'에서 이 네 번째 범주가 걸출한
인물에게만 어떤 의미가 있으리라 생각해서는 안 된다. 실은
**누구에게나** 의미가 있다. 인간이 지상에서 사는 동안 일상
생활을 벗어나서, 그러니까 일상적인 바람과 소망의 범위를
벗어나서 다루는 모든 것이 그 원천을 **이** 범주 안에 둔다.
죽음과 새로운 출생 사이에 이 네 번째 범주를 통과하지
않는다면, 그 다음 인생에서는 사적인 인생사라는 좁은
범위를 넘어서는 보편하고 인간적인 것에 대한 관심을 전혀
지니지 않게 된다. 이 범주 역시 **완벽한** 의미에서는 '순수한

정신들의 나라'라 명명될 수 없다고 앞에서 이미 언급했다.
이는, 인간이 지상을 떠난 당시 문화 발달 상태가 정신적
현존에 개입해 영향을 미치기 때문에 그렇다. 인간이 자신의
재능에 따라, 그리고 태어난 국가와 민족의 발달 상태 등에
따라 성취할 수 있었던 것에서 생긴 열매만 '정신들의
나라'에서 누릴 수 있다.

07.    '정신들의 나라'에 더 높은 범주들에서 인간 정신이
마침내 모든 지상적 굴레를 벗어난다. 문자 그대로 '순수한
정신들의 나라'로 올라가서, 정신이 지상에서 보낸 인생을
위해 스스로 세웠던 목표와 의도를 체험한다. 최상의 목표와
의도라 해도 세상에 일단 구체화되면, 다소간에 차이가
있기는 해도 그것은 원래 목표와 의도를 흐릿하게 모사한
형상에 그친다. 결정체 한 개, 나무 한 그루, 동물 한 마리,
인간의 활동 범위에서 구체화되는 것, 이 모든 것이 정신이
의도하는 것의 모사 형상을 제시할 뿐이다. 지상에 현신해서
사는 동안 인간은 완벽한 의도와 목표를 불완전하게 모사한
형상만 만난다. 그러므로 인간 역시 한 현신 안에서는
정신의 범주에서 의도된 것의 모사 형상이 될 수 있을
뿐이다. 한 인간이 정신으로서 '정신들의 나라'에서 실제로
무엇인지는, 현신과 현신 사이에 보내는 '정신들의 나라'

중 다섯 번째 범주에 올라가야만 비로소 전면에 등장한다. 그곳에서 그인 것, 바로 그것이 진정한 그 자신이다. 바로 그것이 여러 현신에서 외형상의 현존을 입는 자다. 이 다섯 번째 범주에서 진정한 인간 자아가 모든 방면으로 자유롭게 펼쳐진다. 그리고 이 자아가 하나의 존재로서 매 현신에서 항상 새롭게 나타나는 바로 그것이다. 이 자아가 '정신들의 나라'의 낮은 범주들에서 양성한 능력을 가지고 이 범주에 들어오고, 그렇게 함으로써 바로 예전 현신들에서 나온 열매를 다음 현신으로 가져간다. 바로 이 자아가 예전 현신들에서 나온 결과를 운반하는 자다.

08.    그러므로 자아가 '정신들의 나라' 다섯 번째 범주에서 사는 동안에는 의도와 목표의 영역 속에 존재하는 것이다. 건축가가 처음 건물을 설계할 때 체험한 결함에서 배우듯이, 그리고 새 건물을 설계할 때 이전의 결함에서 더 완벽하게 만들 수 있는 요소만 수용하듯이, 자아는 다섯 번째 범주에서 전생에서 나온 결과 중 낮은 세계의 불완전성과 연결되어 있는 것들을 벗어 낸다. '정신들의 나라'의 의도가 예전 인생들에서 나온 결과와 함께 영글어 가고, 자아는 이제 그 의도와 함께 산다. 이로써 자명해지는 사실은, 이 범주에서 퍼낼 수 있는 힘들이 자아가 지상에 현신한

동안 의도의 세계로 수용되기에 적합한 결과를 얼마나
많이 얻었는지에 달려 있다는 것이다. 지상에서 사는 동안
활발한 사고 생활이나 현명하고 능동적인 사랑을 통해
정신의 의도를 구체화하기 위해 노력한 자아는 이 범주에서
많은 가능성을 얻게 된다. 순전히 일상적 상황에만 몰두한
자아, 덧없는 무상함 속에서만 살았던 자아는 영원한
세계 질서의 의도 안에서 어떤 역할을 할 수 있는 씨앗을
전혀 뿌리지 않은 것이다. 일상생활의 관심사를 넘어서서
작용한 적은 것만 '정신들의 나라'의 고차적 범주들에서
열매로 영글 수 있다. 그런데 여기에서 무엇보다도 '현세의
명성'이나 그와 유사한 것들이 고찰 대상이 되리라고
생각해서는 안 된다. 그렇다. 소소한 일들 모두 영원히
발달하는 현존 과정에 나름대로 의미가 있다는 사실을
극히 보잘것없는 생활 분야에서도 의식하게 만드는 것,
이것이 관건이다. 이 범주에서 인간은 지상의 인생에서 할
수 있었던 것과 다르게 판단해야 한다는 생각에 익숙해져야
한다. 이를테면 어떤 사람이 한 생에서 이 다섯 번째 범주와
유사한 것을 별로 많이 습득하지 않았다고 하자. 그러면
그 부족함에 상응하는 **효과가** 다음 인생에서 드러나도록
하는 자극을 **숙명**(카르마) 속에 새겨 넣으려는 갈망이
이 범주에 있는 인간에게 생겨난다. 그 다음에 지상에서

살게 될 인생에서 이 인생 하나만 고려하면 고생스러운 운명으로 드러나는 것, ─사람들 대부분은 고통스럽다고 깊이 한탄하는 것─ 바로 그것을 '정신들의 나라' 다섯 번째 범주에서는 자신한테 전적으로 필요한 것이라고 본다. 이 범주에서 인간은 사실상의 자아 속에서 살기 때문에, 지상에 현신하는 동안 낮은 차원의 세계에서 그를 둘러싸고 있던 모든 것에서도 역시 해방된 상태에 있다. 이곳에서 인간은 여러 현신을 거치는 동안 언제나 그 자신이었고, 앞으로도 항상 그 자신일 바로 그 존재다. 여러 현신을 위해 존속하는 의도들이 있다. 인간은 이 의도들을 자신의 자아에 편입시키고, 또한 이 의도들의 지배 아래 산다. 인간이 자신의 과거를 돌아보면서, 그 과거에 체험한 모든 것이 미래에 실현해야 할 의도로 수용된다고 느낀다. 이전 현신들에 대한 일종의 기억, 그리고 미래에 이어질 현신들에 대한 예언적 선견이 섬광처럼 번득인다. 이 책 앞부분에서 '정신자아'라 명명한 것, 그것이 발달되어 있는 한 이 범주에서 그에 걸맞은 실재 속에 살고 있다는 것을 본다. 이 정신자아가 스스로를 육성하면서, 새로이 현신할 지상의 실재 안에서 정신적인 의도를 완수할 수 있도록 준비한다.

09.    이 '정신자아'가 '정신들의 나라' 여러 범주에서

머무는 동안 완전히 자유롭게 움직일 수 있을 정도로
발달하면, 점점 더 많이 이 나라를 진정한 고향으로
느낀다. 지상에서 인간이 물체적 실재 안에서 사는
데에 익숙해지듯이, 정신 안에서 사는 데에 익숙해진다.
이제부터는 정신세계의 관점이 기준으로 작용하고, 자아가
앞으로 지상에서 살 인생을 위해서 다소 간에 차이가 있다
해도 의식적으로나 무의식적으로 그 기준을 자신의 것으로
만든다. 자아가 자신을 신적인 세계 질서의 일원으로
느낀다. 지상에서의 인생의 법칙과 한계는 자아의 가장
내적인 본질을 건드리지 않는다. 자아가 완수하는 모든
것을 위한 힘은 정신세계에서 나온다. 그런데 정신세계는
합일체다. 그 세계 속에 사는 사람은 어떻게 영원한 것이
과거의 생성에 일했는지 알고 있다. 그리고 영원한 것을
근거로 삼아 미래를 위한 방향을 결정할 수 있다. 과거를
조망하는 눈길이 넓어지면서 완벽한 하나에 이른다. 이
단계에 이른 사람은 다음 생에서 실행해야 할 목표를
스스로 결정한다. 자신의 미래가 진리와 정신의 의미에서
진행되도록 '정신들의 나라'에서 영향을 미친다. 현신과
현신 사이에 인간은, 신적인 지혜를 남김없이 바라볼 수
있는 숭고한 고차 존재들 모두가 있는 바로 그곳에 있다.
그가 그들을 이해할 수 있는 단계에 올라섰기 때문이다.

'정신들의 나라' 여섯 번째 범주에서 인간은 자신의 모든 행위를 통해서 **세계의 진정한 본성에** 가장 적합한 것을 완수하는 경지에 도달한다. 그가 이제는 자신에게 쓸모 있는 것이 아니라, 세계 질서의 올바른 노정에 따라 일어나야 할 것을 찾을 수 있기 때문이다. '정신들의 나라' 일곱 번째 범주에서 '세 가지 세계'의 경계에 이른다. 이 범주에서 인간은 '생명의 핵심'을 마주 대한다. 이 생명의 핵심은 더 높은 세계에서 이 책에서 설명한 세 가지 세계로 옮겨진 다음 이곳에서 과제를 완수한다. 인간이 세 가지 세계의 경계에 있으면, 이로써 자신의 고유한 생명의 핵심 속에 있는 자신을 인식한다. 바로 이 상황 자체를 통해 세 가지 세계의 수수께끼가 풀릴 수밖에 없고, 이로써 이 세 가지 세계의 전체적인 삶을 조망한다. 여기에 설명되는 체험을 정신세계 안에서 할 수 있는 영혼 능력은, 육체를 가지고 사는 인간의 일상적 상황에서는 의식되지 않는다. 이 능력은 무의식의 깊은 저변에 머물고, 물체 세계의 의식이 생겨나도록 하는 신체기관에 일한다. 바로 여기에, 그 영혼 능력이 **물체** 세계에서는 지각될 수 없는 이유가 놓여 있다. 인간 육체의 눈 역시 **그 자체를** 보지 못한다. 왜냐하면 눈 속에는 다른 대상을 가시적으로 만드는 힘이 작용하기 때문이다. 출생과 죽음 사이에 흐르는 인생이 어느 정도로 예전에 살았던 현신들의 결과인지 판단해 보고 싶다면, 현재 인생 자체에 들어 있는, 인간이 일단 받아들여야 하는 그대로의 관점은 판단 가능성을 전혀 제공하지 않는다는 사실을 염두에 두어야 한다. 이 관점을 기준으로 삼으면 현생이 고통스럽고 불완전하게 보일 수 있다. 그런데 현생 **바깥에** 놓인 관점에 따르면, 현생은 그 모든 고통과 결함을 포함하는 **바로** 그 형태로만 전생들의 결과로서 생겨날 수밖에 없는 것이다. 이 책 마지막 장에서 인식의 길에 관해 설명할 것이다. 영혼이 그 길에 들어섬으로써 육체적 인생의 전제 조건에서 자유로워진다. 이로써 영혼은 죽음과 새로운 출생 간에 거치는 체험들을 **그림으로** 지각할 수 있다. 그런 지각이, 이 책에서 윤곽으로 그려 본 것과 같이 '정신들의 나라'에 있는 과정을 설명할 가능성을 준다. 육체 속에 있을 때 전반적인 영혼 상태는 순수한 정신 체험 속에 있을 때와는 완전히 다르다는 점을 절대 잊지 않고 항상 염두에 둔다면, 이 책에 설명된 것을 올바른 조명 아래 볼 수 있게 된다.

# 물체 세계
## 그리고 영혼 세계와
### 정신들의 나라에 대한 물체 세계의 관계

01.　　　정신들의 나라와 영혼 세계의 형상은 외적, 감각적
지각 대상이 될 수 없다. 감각적 지각 대상은 앞에서 설명한
두 세계에 세 번째 것으로 덧붙여야 한다. 인간은 육체를
가지고 존재하는 동안에도 세 가지 세계에서 동시에 살고
있다. 감각 세계 대상들을 지각하고, 그것들에 영향을
미친다. 영혼 세계 형상은 공감력과 반감력을 통해서
인간에 작용한다. 그리고 인간 영혼은 호불호, 소망과
욕구를 통해서 영혼 세계 안에 파도를 일으킨다. 하지만
대상의 정신적 본질은 인간의 사고내용 세계 속에 반사된다.
그리고 사고하는 정신 존재로서 인간은 정신들의 나라의

시민이며, 그 세계의 범주 안에 살고 있는 모든 존재들의 동지다. 바로 이 사실에서, 감각 세계는 인간을 둘러싸고 있는 주변 세계들 중 한 부분이라는 점을 수긍하게 된다. 그런데 바로 이 부분이 특정한 독자성을 띤 채 보편적인 주변 세계를 뚫고 우뚝 솟아올라 있다. 인간의 감각이 이 부분만 지각하고, 이 부분과 마찬가지로 주변 세계에 속하는 영적인 것과 정신적인 것은 무시하기 때문이다. 이는 물에 떠 있는 얼음 덩어리와 같은 이치다. 얼음은 물과 동일한 성분으로 되어 있지만 특정 성질로 인해 분리되어 물 위에 부유한다. 이와 유사하게 감각적 물체 역시 그것을 둘러싸고 있는 영혼 세계와 정신세계의 성분으로 되어 있지만, 감각적 지각을 가능하게 만드는 특정한 성질로 인해 그 두 세계에서 분리된 형태로 드러난다. 감각적 물체는 ─ 반半 형상적으로 표현하자면 ─ 농축된 정신 형상과 영혼 형상이다. 그리고 바로 이 농축이, 감각이 물체에 대한 인식을 얻을 수 있도록 작용한다. 그렇다. 얼음이 물의 존재 형태 중 하나인 것과 마찬가지로, 감각 세계의 물체 역시 영혼 존재와 정신 존재의 다른 존재 형태일 뿐이다. 이 사실을 파악하면, 물이 얼어 얼음이 되는 것과 유사하게 정신세계가 영혼 세계로, 그리고 영혼 세계가 감각 세계로 바뀔 수 있다는 사실도 역시 이해하게 된다.

02.     바로 이 관점에서, 왜 인간이 감각 세계의 물체에 대해 심사숙고할 수 있는지 그 이유가 나온다. 사유하는 사람이라면 누구나 반드시 할 수밖에 없는 한 가지 질문이 있기 때문이다. 그 질문은 바로 다음과 같다. "내가 돌멩이에 대해 심사숙고한 내용은 그 돌맹이 자체와 과연 어떤 관계에 있는가?" 이 질문은, 외부 자연을 특히 심도 있게 투시할 수 있는 사람의 정신적 눈앞에 아주 명료하게 등장한다. 그는, 인간의 사고 세계가 자연 구조와 조직에 부합한다고 느낀다. 이를테면 위대한 천문학자인 케플러 Johannes Kepler가 그 조화를 다음과 같이 훌륭하게 표현했다. "사람들에게 천문학을 배우라 하는 신의 부름은 세계 자체에 이미 쓰여 있는 진실이다. 그런데 단어와 문장으로가 아니라, 천체와 우주 상태의 연결 고리에 대해 인간의 개념과 감각이 할 수 있는 만큼 사실에 따라 배우라 하였다."[*] 감각 세계의 사물은 농축된 정신 존재 외에 다른 것이 아니라는 오직 이 이유 때문에 인간이 사고내용을 통해 그 정신 존재로 고양되고, 사고하면서 감각 세계의 사물을 이해할 수 있다. 감각 세계의 사물은 정신세계에서 유래하고, 정신 존재의 다른 **형태**일 뿐이다. 그리고 인간이 어떤 사물에 대해 사고내용을 만들어 낸다면, 이는, 인간

---

[*]     원발행자_케플러의 『신천문학Astronomia Nova』에서 주석, 제2권 제7장

내면이 그 사물의 감각 형태를 벗어나 그것의 정신적 원초 형상 쪽으로 향한다는 것을 의미한다. 사고를 통해 어떤 대상을 이해한다는 것은, 화학자가 액체 형태로 실험하기 위해서 먼저 고체에 열을 가해서 액체로 만드는 과정과 비교될 수 있다.

03.    정신들의 나라에 있는 다양한 범주에서(160쪽 이하, 〈정신들의 나라〉참조) 감각 세계의 정신적 원초 형상들이 그 모습을 드러낸다. 이 형상들이 다섯 번째, 여섯 번째, 일곱 번째 범주에서 아직 씨눈으로 존재하다가 아래 네 범주에서 정신적 형상으로 모양을 갖춘다. 인간 정신이 사고를 통해서 감각 세계의 사물을 이해하려고 하면, 그림자 같은 잔영으로 그 정신적 형상들을 지각한다. 어떻게 그 정신적인 형상들이 농축되어 감각 세계가 되었는지, 바로 이것이 주변 세계에 대한 정신적 이해를 추구하는 사람에게 질문으로 떠오른다. 인간이 감각으로 관조하는 주변 세계는 일단 분명하게 알아볼 수 있는 네 가지 단계로 나뉘어져 있다. 광물계, 식물계, 동물계, 그리고 인간계. 광물계는 감각을 통해 지각되고 사고를 통해 파악된다. 사람이 어떤 광물에 관해 생각하면, 이로써 이중적인 것과 관계하는 것이다. 바로 감각 대상과 사고내용이다. 이에 상응하여 감각 대상은

농축된 사고 존재라고 표상해야 한다. 이제 광물 하나가
다른 것에 외적으로 작용한다고 하자. 어떤 광물 하나가
다른 것에 충돌하면, 후자가 움직인다. 혹은 후자에서
열이 발생할 수도 있고, 빛이 날 수도 있다. 아니면 완전히
분쇄될 수도 있다. 이 외적인 작용 방식은 사고를 통해
표현되어야 한다. 어떻게 광물들이 법칙에 따라 외적으로
상호 작용하는지, 그에 대해 인간이 사고를 한다. 그렇게
함으로써 각 사고내용이 광물계 전체에 대한 사고 형상으로
확장된다. 바로 이 사고 형상이 감각 세계의 광물계 전체에
상응하는 원초 형상의 잔영이다. 이 원초 형상은 **하나의**
**전체로서** 정신세계 안에 존재한다. 식물계를 보면, 한
물체가 다른 물체에 가하는 외적인 작용에 더해 성장과 번식
현상이 등장한다. 식물은 점점 더 크게 자라고, 자신에게서
자신과 같은 존재를 생성시킨다. 식물에는 광물계에서
인간에게 다가오는 것뿐만 아니라 **생명**도 있다. 이 사실을
조금만 숙고해 보면 이에 관한 시야가 밝아진다. 식물은
**살아 있는 형상**을 만드는 힘을 자체적으로 지니고 있다.
그리고 자신과 같은 종류의 존재에서 그 형상을 생성시키는
힘도 역시 지니고 있다. 우리가 가스나 액체 등으로 만나는
광물적 질료는 형상이 없다. 그렇게 형상이 없는 양식과
식물계의 살아 있는 형상, 이 양자 중간에 결정結晶 형태가

있다. 그러므로 무형의 광물계에서 생생한 형상화 능력이 있는 식물계로 건너가는 변화 과정은 결정체에서 찾아야 한다. 이 외적, 감각적 형상화 과정 속에서 ―광물계와 식물계라는 두 영역 안에서― 정신들의 나라 중 상위 세 범주에 있는 정신적 씨눈이 그 '아래 범주들에서' 정신적 형태로 되는 동안 일어나는 순수한 정신 과정이 감각적으로 농축된 것을 볼 수 있다. 정신세계에 있는 원초 형상으로서 이 결정화 과정에 부합하는 것은, 형태가 없는 정신 씨눈에서 **형상화된** 모양으로 건너가는 이행 과정이다. 이 과정이 어느 정도 진행되어 농축되면 감각이 그 결과를 지각할 수 있으며, 그것이 감각 세계에서는 광물의 결정화 과정으로 드러난다. 그런데 식물의 삶에도 역시 형상화된 정신 씨눈이 있다. 다만 식물의 경우에는 형상화된 존재에 형상화하는 능력이 아직도 생생하게 남아 있다. 결정체의 경우에는 정신 씨눈이 형태를 만들어 내는 동안 형성하는 능력 자체를 소실한다. 정신 씨눈이 어떤 형태를 만드는 동안 소진된다는 말이다. 그런 반면에 식물은 형태를 지닐 뿐 아니라, 그에 더해 형상화하는 능력도 지니고 있다. 정신들의 나라 고차 범주들에 있는 정신 씨눈의 특성이 식물의 삶 속에 보존된 채 남아 있는 것이다. 고로 식물은 결정체처럼 형태이며 동시에 형상화하는 힘이다.

원초 존재가 식물 모양으로 입은 그 형태 외에도 고차 범주들에서 나온 정신 존재의 특성을 지니는 다른 형태가 역시 식물 모양에 작업하고 있다. 식물에서 감각적으로 지각할 수 있는 것은 완성된 모양으로 소진된 것일 뿐이다. 이는, 완성된 식물 모양에 생기를 부여하면서 형성하는 존재들은 식물계에서 감각적-비지각적 양식으로 존재한다는 의미다. 감각 기관으로서 눈이 오늘 백합을 자그마한 싹으로 본다. 일정 기간이 지난 후에 크게 자라서 꽃을 피운 백합을 본다. 작은 싹에서 만개하는 백합을 만들어 내는 그 형성력은 눈으로 볼 수 있는 것이 아니다. 바로 이 형성하는 힘의 존재들이 식물 세계에서 감각적-비가시적으로 움직이는 부분이다. 형태를 만드는 범주에서 작용하기 위해 정신 씨눈이 한 단계 아래로 내려온 것이다. 정신과학에서는 이것을 요소 영역이라고 한다. 아직 어떤 모양도 없는 원초 형태는 **첫 번째 요소 영역**이라 명명할 수 있다. 식물이 성장하게 만드는 작업 책임자로서 작용하는, 감각적으로 보이지 않는 힘의 존재들은 **두 번째 요소 영역**에 속한다. 동물계에는 성장과 번식 능력에 느낌과 본능이 더해진다. 이는 **영혼 세계**의 표현이다. 느낌과 본능을 지니는 존재가 영혼 세계에 속하며, 이 세계에서 인상을 받아들이고, 이 세계에 영향을 미친다. 동물적 존재 내면에서 생성되는 모든 느낌과 본능은 동물 영혼 저변에서 건져 올려진다.
형상은 느낌이나 본능과 달리 지속적으로 머문다. 경직된
결정체 형태에 대해 변화하는 식물 형상이 있듯이, 살아서
존속하는 형태에는 감정 생활이 그와 유사한 관계에
있다고 말할 수 있다. 식물은 형태를 만들어 내는 힘
속에서 특정한 의미에서 소진된다. 이는 식물이 살아 있는
한 언제나 새로운 형태를 통합한다는 의미다. 처음에는
뿌리를 내리고, 그 다음에는 잎을 만들고, 그 다음에는 꽃을
피우는 등, 살아 있는 동안 항상 새로운 모양을 만들어 낸다.
동물은 그 자체로 완성된 형태로 싸여 있고, 그 형태 안에서
변화하는 감정과 본능 생활을 발달시킨다. 그리고 이 생활은
영혼 세계 안에 그 현존을 둔다. 식물은 성장하고 번식하는
존재라면, 동물은 본능을 발달시키고 느끼는 존재다. 동물의
본능은 형태가 없고, 항상 새로운 양상으로 펼쳐진다.
느낌과 본능의 원초 형상적 과정이 궁극적으로는 정신들의
나라의 가장 고차적인 범주에 있다 해도, 그 활동은 영혼
세계에서 펼쳐진다. 이와 유사하게 동물계에서는 한
단계 더 깊이 영혼 세계로 내려온 다른 존재가, 감각적-
비가시적인 것으로서 성장과 번식을 주도하는 힘의 존재들에
더해진다. 형태가 없는 존재들이 느낌과 본능을 야기하는
작업 책임자로서 동물계에 존재한다. 그들은 영혼의 옷을

입고 있으며, 동물 형태를 책임지는 사실상의 도편수다. 그들이 속하는 영역을 정신과학에서 **세 번째 요소 영역**이라 칭할 수 있다. 인간은 식물과 동물의 경우에 말해진 그 능력 외에도 느낌을 표상과 사고내용으로 발달시키고, 사고하면서 본능을 조절할 줄 아는 능력을 갖추고 있다. 식물에서 형상으로, 동물에서 영혼의 힘으로 드러나는 사고내용이 인간에게서 사고내용 자체로, 고유한 형태 그대로 등장한다. 동물은 영혼이고, 인간은 정신이다. 정신 존재가 한 단계 더 깊이 하강한 것이다. 동물의 경우에는 정신 존재가 영혼을 지어내는 중이다. 그 정신 존재가 인간에서 마침내 감각적 질료 세계 자체 안으로 진입한다. 정신이 인간 육체 안에 현존 중이다. 다만 정신이 감각적인 옷을 입고 있기 때문에 정신 존재의 사고내용이 드러내는 그림자 같은 잔영으로 나타날 수 있을 뿐이다. 정신은 물체적인 두뇌 유기체라는 전제 조건을 통해서 인간 내면에 드러난다. 그 대신 인간의 내적인 본질이 되었다. 형태가 없는 정신 존재가 식물에서 형상을, 동물에서 영혼을 입는 것처럼 인간에서 입는 형태는 바로 사고내용이다. 이로써 인간은 사고하는 존재인 한 자신을 구축하는 요소 영역을 자신 외부에 두지 않는다. 인간의 요소 영역은 인간 육체 안에서 일한다. 인간이 형상이고 느끼는 존재인 한에서만 요소 존재들이 식물과 동물에 하는 바와 같은 방식으로 인간에 일한다. 하지만 사고 유기체는 완전히 인간 안에서 인간 육체 내면으로부터 작업되어 나온다. 비감각적 힘의 존재로서 식물과 동물에 작업하고 있는 것이 인간 정신 유기체에서, 즉 완벽한 두뇌로 형성된 신경 체계에서 감각적–가시적으로 우리 눈앞에 드러난다. 바로 그래서 동물은 자아감을, 인간은 자의식을 보여 준다. 동물에서 정신은 자신을 영혼으로 느낀다. 아직 자신을 정신으로 파악하지 못한다는 의미다. 비록 ―인간 육체라는 전제 조건으로 인해― 아직은 정신의 그림자 같은 잔영이고 사고내용일 뿐이라 해도 인간 내면에서 정신이 자신을 정신으로 인식한다. 이런 의미에서 삼중적 세계가 다음과 같은 방식으로 분류된다. 1. 형태가 없는 원초 형상적 존재들의 영역(첫 번째 요소 영역) 2. 형상을 만들어 내는 존재들의 영역(두 번째 요소 영역) 3. 영혼 존재들의 영역 (세 번째 요소 영역) 4. 창조된 형상들의 영역(결정체) 5. 형상을 감각으로 지각할 수 있는 영역. 그런데 형상을 만들어 내는 존재들이 그 영역에서 일한다.(식물계) 6. 형상을 감각으로 지각할 수 있는 영역. 그런데 그 외에도 형상을 만들어 내는 존재들과 영적으로 활동하는 존재들이 그 영역에서 일한다.(동물계) 7. 형상을 감각으로 지각할

수 있는 영역. 그에 더해 형상을 만들어 내는 존재들과
영적으로 활동하는 존재들이 그 영역에 일하며, 정신 자체가
사고내용 형태로 감각 세계 안에서 형상화된다.(인간계)

04.    이로써 신체 속에서 사는 인간의 기본적인 구성
요소가 어떻게 정신세계와 연결되어 있는지가 나온다.
육체, 에테르체, 감지하는 영혼체와 오성영혼은 감각
세계 안에서 농축된, 정신들의 나라의 원초 형상이라
간주해야 한다. 육체는 인간의 원초 형상이 감각적 현상에
이르기까지 농축되면 생겨난다. 이런 연유에서 인간 육체도
감각적으로 명백하게 보이기까지 농축된, 첫 번째 요소
영역의 존재라 부를 수 있다. 에테르체는 이런 방식으로
생겨난 형상을 움직이게 하는 존재를 통해서 생겨난다. 이
존재들의 활동은 감각 영역에 이르기까지 영향을 미치지만,
그들 자체는 인간의 감각에 드러나지 않는다. 이 존재들의
특성을 완벽하게 설명하고자 한다면, 다음과 같이 말해야
한다. "그런 존재들의 원천은 일단 정신들의 나라 중에서도
가장 높은 범주에 있지만, 두 번째 범주에서 생명의 원초
형상으로 바뀐다." 이 존재들은 감각 세계에서 생명의 원초
형상으로서 작용한다. 감지하는 영혼체를 구축하는 존재들
역시 그와 유사하다. 그들의 원천은 정신들의 나라의 가장

높은 범주에 두고 있지만, 세 번째 범주에서 영혼 세계의
원초 형상으로 바뀌고, 그런 것으로서 감각 세계에서
작용한다. 그런데 오성영혼은, 사고하는 인간의 원초 형상이
정신들의 나라 네 번째 범주에서 사고내용으로 형상화되고,
그렇게 형상화된 그대로 직접 사고하는 인간 존재로서
감각 세계에서 작용함으로써 형성된다. 이렇게 인간은
감각 세계 안에 서 있다. 이렇게 정신이 인간 육체에, 인간
에테르체에, 그리고 감지하는 인간 영혼체에 일을 한다는
의미다. 그리고 이렇게 정신은 오성영혼으로 발현한다.
— 이렇게 보면 원초 형상들은, 특정 양식에서 외적으로
인간을 마주 대하는 존재들 형태로 인간의 세 가지 하위
구성체에 함께 일한다. 그에 반해 오성영혼에는 인간이
스스로 (의식적으로) 자신에 작업하는 자가 된다. — 인간
육체에 일을 하는 존재들은 광물계를 형성하는 바로 그
존재들이다. 인간 에테르체에는 식물계에서 작용하는 바로
그 존재들이 일한다. 감지하는 인간 영혼체에는, 동물계에서
감각적으로-비지각적인 양식으로 살고 있으면서 영향력을
행사하는 존재들이 일한다.

05.     이와 같이 다양한 세계가 함께 작용한다. 인간이 살고
있는 세계는 그 협동을 표현하는 것이다.

∞

06.　　　이런 방식으로 감각 세계를 파악하고 나면, 언급한
네 가지 자연계에 그 현존을 두는 것들과는 다른 양식으로
된 존재들을 이해하는 가능성도 열린다. 그런 존재들 중
한 예가 바로 민족정신(국민정신)이라 불리는 것이다.
민족정신은 감각적 양식으로 직접 발현하지 않는다. 이
정신은 한 민족에서 공통적으로 관찰되는 감각, 느낌, 경향
등으로 펼쳐질 뿐 감각 세계에 현신하지 않는 존재다.
인간이 자신의 신체를 감각에 드러나도록 형상화하듯이,
민족정신은 그 몸을 영혼 세계의 질료로 형상화한다.
민족정신의 영혼체는 마치 구름과 같고, 한 민족의
구성원들이 그 속에서 산다. 이 구름 같은 영혼체가 한
민족에 속하는 사람의 영혼 자체에서 유래하지 않는데도
그 효과는 그들 영혼 속에 나타난다. 민족정신에 대해 이런
식으로 생각하지 않는 사람에게 그것은 본질과 생명이
부재하는, 환영 같은 사고 형상으로, 텅 빈 추상성으로
머문다. 시대정신이라 불리는 것과 관련해서도 역시
이와 유사한 것을 말해야 한다. 그렇다. 이로써 정신적
시야가 넓어져서 인간 주변에 살지만 감각으로 지각할 수
없는 다른 존재들, 더 높거나 낮은 차원에 있는 존재들의

다양성을 조망하게 된다. 정신적 관조 능력이 있는 사람은
그런 존재들을 지각하고 묘사할 수 있다. 정신세계를
지각하는 자가 불의 정령(Salamander), 공기의 정령(Sylph),
물의 정령(Undine), 땅의 정령(Gnome)으로서 묘사하는
것들이 바로 낮은 차원에 있는 그런 존재들에 속한다. 물론
이 묘사를 그 근거가 되는 실재의 **모사 형상**으로 간주하면
안 된다는 것은 더 이상 언급할 필요가 없다. 만약에
그렇다면, 이 묘사를 통해 말해진 세계는 전혀 정신적이지
않고 조야하게-감각적인 세계일 것이다. 정신적 실재는
비유라는 방식으로만 전달될 수 있고, 정신세계를 지각하는
사람이 하는 묘사는 그 실재를 그저 그림처럼 보여 줄
뿐이다. 감각적 관찰만 옳은 것이라고 생각하는 사람이
그런 존재들을 황망한 환상이나 미신의 산물로 치부한다면,
그 역시 전적으로 이해할 수 있는 일이다. 민족정신과 같은
실재는 육체를 지니지 않기 때문에 감각적인 눈에는 당연히
보이지 않는다. 그런 존재들을 실재라 간주하는 것은
미신이 아니다. 미신은, 그런 존재들이 감각적 양식으로
드러나리라 믿을 때 생긴다. 그런 형태로 된 존재들은 세계
구축에 협력한다. 그리고 인간이 육체의 감각 기관에는
닫혀 있는 고차 세계의 영역으로 들어서면 즉시 그런
존재들을 조우하게 된다. 미신적으로 되는 것은, 정신세계를

지각하는 사람이 묘사한 것에서 정신적 실재의 그림을 볼
때가 아니라 그 그림이 감각적으로 존재한다고 믿을 때다.
그런데 감각적 그림은 무조건 거부해야 한다고 생각하기
때문에 정신을 거부하는 사람 역시 미신적이다. ─ 감각
세계로 내려오지는 않지만 그들 껍데기가 정신들의 나라의
형성물로만 조직된 존재들 역시 묘사되어야 하기 때문이다.
그런 존재들을 위한 정신적인 눈과 귀가 열리면, 인간이 그
존재들을 지각할 수 있고, 그들의 동지가 된다.─ 그렇게
정신적인 눈과 귀가 열리면, 그렇지 않은 경우에는 전혀
이해하지 못하고 그저 뚫어지게 바라보기만 하는 많은 것을
이해하게 된다. 주변이 환해져서 감각 세계에서 효과로
드러나는 것들의 원인을 알아보게 된다. 정신적인 눈이
없으면 완전히 부정하거나, 그에 대해 다음과 같이 말하면서
만족하는 수밖에 없는 것들을 파악하게 된다. "학교에서
배운 지식으로는 꿈도 꿀 수 없는 많은 것이 저 하늘과 이
지상에 존재한다." 섬세하게 ─물론 정신적으로─ 감지하는
사람이 자기 주변에서 감각 세계 외에 다른 세계가 있다고
어렴풋이 짐작하면서 그것을 흐릿하게 지각할 수 있게
되었는 데도, 눈에 보이는 사물들 사이에 있는 맹인처럼
그 속에서 더듬거릴 수밖에 없다면, 당연히 불안한 마음일
것이다. 현존하는 그 고차 영역에 대한 분명한 인식만, 그

영역에서 일어나는 것을 이해하면서 파고드는 것만 인간을 정말로 확고하게 만들고, 인간의 진정한 숙명으로 이끌어 간다. 감각에는 숨겨져 있는 것을 들여다봄으로써 인간이 자신 존재를 확장한다. 그러면 그 확장 **이전의** 인생은 '세계에 대한 꿈꾸기'와 같은 것이었다고 느낀다.

# 사고내용 형태와 인간의 오라aura

01.      세 가지 세계 중 한 세계에 있는 형상은, 인간이
그것을 지각할 능력이나 기관을 지닐 때만 인간을 위해
실재성을 띤다고 이미 언급했다. 건강하게 발달된 눈이
있어야 공간에서 일어나는 특정 과정을 빛의 현상으로서
지각한다. 실재인 것에서 어느 만큼 한 존재에 드리나는지,
그것은 그 존재의 수용성에 달려 있다. 그러므로 '내가
지각할 수 있는 것만 실재'라고 말해서는 절대로 안 된다.
지각할 기관이 인간에게 없을 뿐, 많은 것이 실재일 수 있다.
영혼 세계와 정신들의 나라는 감각 세계와 똑같이 실재다.
심지어는 감각 세계에 비해 훨씬 더 고차적인 의미에서
실재다. 감각 기관으로서 눈이 느낌과 표상을 실제로
볼 수 없다 해도, 그것들은 실재다. 인간은 외적인 감각

기관을 통해 물체 세계를 지각으로서 자신 앞에 두고 있다.
그와 마찬가지로 느낌, 본능, 충동, 사고내용 등도 인간의
정신적인 기관을 위해서 지각으로 된다. 이를테면 공간적
과정이 육체의 눈을 통해 색채 현상으로 보일 수 있는 것과
똑같이 앞에 말한 영적, 정신적 현상들은 내적인 감각을
통해 감각 세계의 색채 현상에 비교될 만한 지각으로 될
수 있다. 그런데 이것이 무엇을 의미하는지는, 다음 장에서
설명할 인식의 길에 들어서서 내적인 감각을 발달시킨
사람만 완벽하게 이해할 수 있다. 주변에 있는 영혼 세계의
영혼 현상과 정신 영역의 정신 현상이 그 사람에게는
초감각적으로 볼 수 있는 것으로 바뀐다. 그가 다른
존재에서 어떤 느낌을 체험하면, 그에게는 그 느낌이 빛의
현상처럼 그 느낌을 주는 존재에서 발산하는 것이다. 그가
주의를 기울이는 사고내용이 정신 공간을 범람한다. 어떤
사람이 다른 사람에 대해 생각하는 경우 이 사고내용은
내적인 감각을 발달시킨 사람에게 지각할 수 없는 어떤
것이 아니라 지각할 수 있는 과정이다. 사고내용 자체는
사고하는 사람의 영혼 안에**만** 들어 있다. 그런데 그 내용이
정신세계 안에 효과를 불러일으킨다. **바로 이것이** 정신의
눈에 지각할 수 있는 과정이 된다. 사고내용은 사실상의
실재로서 한 인간 존재에서 흘러나와 다른 인간 존재로 넘쳐

흐른다. 어떻게 사고내용이 타인에게 작용하는지, 그 양식이 정신세계 안에서 지각 가능한 과정으로서 체험된다. 그렇게 정신적 감각이 열린 사람한테 육체적으로 지각 가능한 인간은 전체 인간의 한 부분에 해당한다. 육체적 인간은 영적, 정신적 발산의 중심점이 된다. 이와 관련해 '형안자' 앞에 드러나는 풍요롭고 다채로운 세계는 단지 암시될 수 있을 뿐이다. 이를테면 보통은 듣는 사람의 사고하는 이해 속에 존재하는 사고내용이 형안자 앞에는 정신적으로 지각할 수 있는 색채 현상으로 등장한다. 그 색채는 사고내용의 성격에 부합한다. 인간의 육체적 본능에서 솟아나는 사고내용은 순수한 인식이나 고귀한 아름다움에, 혹은 영원한 선함에 바치는 사고내용과는 다른 색조를 띤다. 육체적 삶에서 솟아나는 사고내용은 붉은 색조로 영혼 세계를 통과한다.* 사고하는 인간을 더 고차적인 인식으로 고양시키는 사고내용은 선명하고 아름다운 노란 색조를 띤다. 헌신적인 사랑에서 나오는 사고내용은 장엄한 담홍색으로 빛난다. 그리고 사고내용이 어떠한지에 따라 역시 그것의 크거나 작은 규정성이 초감각적 현상 형태로

---

* 바로 이 주제에 대한 설명이 아주 심한 오해를 불러일으키는데, 이는 자연스러운 일이다. 그런 연유에서 이 개정판의 마지막 부분에 다시 한번 짧막한 주석으로 이 주제를 다시 한번 거론했다.(5. 몇가지 주석과 보충 13번 참조)

표현된다. 사상가의 정확한 사고내용은 특정 윤곽을 지닌 형태를 보인다. 그에 반해 혼란스러운 생각은 두루뭉술한 구름 같은 모양으로 등장한다.

02.     이런 양식으로 인간의 영혼 존재와 정신 존재가 인간의 **전체** 존재에서 초감각적 부분으로 드러난다.

03.     **인간 오라**는 활동 중인 인간 육체를 (알과 비슷한 형태의) 구름처럼 둘러싸고 있으면서 빛을 내는, '정신적 눈'으로 지각할 수 있는 색채 효과다. 그 크기는 사람마다 다르다. 그래도 **전체** 인간은 육체에 비해 -평균적으로- 키는 두 배, 넓이는 네 배가 더 크다고 상상할 수 있다.

04.     오라 속에는 극히 다양한 색조가 범람한다. 이 넘쳐흐르는 색조는 인간의 내면 생활을 있는 그대로 보여 주는 그림이다. 내면 생활이 바뀔 때마다 색조도 부분적으로 변한다. 그럼에도 불구하고 이를테면 재능이나 습관, 성격 등 지속되는 특성은 지속적인 기본 색조로 표현된다.

05.     다음 장에서 '인식의 길'이 설명되는데, 그 길에서 하는 체험과 거리가 먼 사람은 여기에서 '오라'로 설명되는

것의 본질을 오해할 수 있다. 그는 오라의 '색채'라고 하는 것이 눈앞에 있는 물리적인 색처럼 영혼 앞에 있을 것이라 상상할 수 있다. 만일 그렇다면, 그런 종류의 '영혼 색채'는 다른 아무것도 아니고 환각일 뿐이다. 정신과학은 '환각적인' 인상과 눈곱만큼도 관계가 없다. 그리고 이 설명에서 **그런 것**을 의미하지 않는다는 것은 거론할 필요조차 없다. 언제나 다음 사항을 염두에 둔다면 올바른 표상에 이른다. "**영혼은** 한 가지 **물리적 색채에서** 감각적 인상뿐 아니라 **영적인 체험도** 역시 한다." 영혼이 —눈으로— 노란 면을 지각할 때 영적인 체험은 파란 면을 지각할 때와 완전히 다르다. 이 영적인 체험을 '노란색 속에서의 삶' 혹은 '파란색 속에서의 삶'이라 부른다. 이제 인식의 길에 들어선 영혼이 다른 존재의 활기찬 영혼 체험을 마주 대하면 바로 그와 같은 '노란색 속에서의 체험'을 한다. 헌신으로 가득 찬 영혼 정서를 마주 대하면 '파란색 속에서의 체험'을 한다. 본질적인 것은, '형안자'가 물체 세계에서 '파란색'을 보듯이 다른 영혼의 표상에서 '파란색'을 본다는 데에 있지 않다. 육체를 지닌 인간이 이를테면 커튼을 '파란색' 이라고 하듯이, 형안자가 다른 영혼의 표상을 '파란색' 이라 부를 자격을 얻는 체험을 한다는 것이 본질적이다. 그리고 더 나아가 '형안자'가 그 체험과 더불어 신체에서

자유로운 체험을 하는 중이라 의식하고, 그래서 그 지각이
인간 신체를 통해서는 매개되지 **않는** 세계에서 영혼 생활이
가지는 가치와 의의에 대해 말할 가능성을 얻는다는 것이
**본질적이다.** 오라에 대해 서술하는 이 의미가 전적으로
고려되어야 하겠지만, 그래도 '오라' 속에 있는 '파란색',
'노란색', '녹색' 등 색채를 말하는 것이 '형안자'에게는 아주
자연스러운 일이다.

06.　　사람마다 성격, 정서, 성향 등이 다양한 만큼 오라도
극히 다양하다. 뿐만 아니라 정신적 발달 정도에 따라서도
다르다. 짐승 같은 본능 속에 푹 빠져 사는 사람은 많이
생각하면서 사는 사람과는 완전히 다른 오라를 지닌다.
신앙심이 깊은 성품을 지닌 사람의 오라는 일상생활의
사소한 일로 바쁜 사람의 오라와 근본적으로 구분된다.
그에 더해 시시각각 바뀌는 기분, 경향, 기쁨, 고통 등이 모두
오라 속에 표현된다.

07.　　이 색조가 의미하는 것을 이해하려면 다양한 영혼
체험에 따른 오라들을 서로 비교해 보아야 한다. 먼저
강렬한 격정으로 가득 찬 영혼 체험을 보기로 하자. 이 영혼
체험은 두 가지 다른 양식으로 구분된다. 그중 하나는, 주로

짐승과 다를 바 없는 천성 때문에 영혼이 그런 격정으로 몰아대어진 경우다. 그리고 다른 것은, 이른바 심사숙고하는 과정을 거쳐서 정제된 형태를 띠는 영혼 체험이다. 첫 번째 양식을 보면 오라의 특정 부분에 주로 갈색과 불그죽죽한 황색조의 흐름이 온갖 뉘앙스로 넘실거린다. 정제된 격정을 동반하는 영혼 체험의 경우에는 바로 그 부분에 밝은 적황색과 녹색이 등장한다. 지능이 더 높아질수록 녹색조가 나타나는 빈도가 더 높아진다는 것을 알아볼 수 있다. 극히 영리하지만 동물적 본능을 충족시키는 데에 열중하는 사람들의 경우 그들 오라 속에 녹색이 많이 보인다. 그런데 그 녹색에 강하거나 약한 갈색 아니면 적갈색 기미가 항상 끼어 있다. 영리하지 않은 사람들은 적갈색이나 심지어는 짙은 핏빛 같은 붉은 색조의 흐름이 오라의 대부분에 넘쳐 흐른다.

08.     평온하고, 신중하고, 숙고하는 영혼 정서의 오라는 격정적인 상태에 있는 오라와 본질적으로 다르다. 갈색조와 불그스레한 색조가 물러나고 다양한 뉘앙스의 녹색이 전면에 등장한다. 아주 집중해서 사고하면 오라의 근본 색조가 쾌적한 느낌을 주는 녹색이 된다. 특히 모든 상황에 적절히 대처할 줄 아는 성품을 지닌 사람의 오라가 바로

그렇게 보인다.

09.      헌신감으로 가득 찬 영혼 정서인 경우 파란 색조가
나타난다. 인간이 한 가지 일에 더욱더 헌신할수록 파란색
뉘앙스가 더욱더 뚜렷하게 된다. 이 관계에서도 역시 완전히
다른 두 부류를 만날 수 있다. 사고력을 펼쳐 내는 데에
익숙하지 않은 소극적인 영혼으로, 특정한 의미에서 '착한
마음씨' 외에는 아무것도 세계 사건의 흐름에 던져 넣을
수 없는 천성의 소유자들이 있다. 그들 오라는 아름다운
파란색으로 은은히 빛난다. 깊은 헌신감과 신앙심을 지닌
사람들의 오라가 그렇게 보인다. 동정심이 많은 영혼들,
그리고 기꺼이 선을 행하고 자비를 베풀며 사는 영혼들
역시 그와 유사한 오라를 지닌다. 게다가 그런 사람들이
영리하기까지 하다면, 녹색과 파란색 흐름이 번갈아
나타나거나 파란색 자체가 푸른 뉘앙스를 띠기도 한다.
소극적인 영혼에 반해 능동적인 영혼이 보이는 독특한
점은, 오라에 파란색이 선명한 색조로 중심부터 외곽까지
배어 있다는 것이다. 풍부한 사고내용을 지니는, 독창적인
천성인 경우 그 선명한 색조가 내면에 있는 한 점에서
사방으로 발산한다. 사람들한테 '현자'로 칭송받는 인물인
경우에, 그리고 특히 창조적인 생각으로 가득 찬 사람인

경우에 최고도로 그렇다. 정신적 활동성을 암시하는 모든 것이 좀더 중심에서 바깥으로 퍼져 나가는 사출 형태를 띤다. 그에 반해 짐승과 다를 바 없는 삶에서 유래하는 모든 것은 불규칙적인 구름 모양으로 오라를 뭉실뭉실 뒤덮는다.

10.　　영혼 활동에서 솟아나는 표상이 동물적 본능을 충족시키는 데에 이용되는지, 아니면 이상적이고 객관적인 이익을 추구하는 데에 이용되는지, 그에 따라 오라 형상이 다른 색조를 보인다. 독창적인 사람이라 해도 육욕을 충족시키는 데에 골몰하는 사람은 짙은 남색을 머금은 붉은 색조를 보인다. 그에 반해 공공의 객관적인 이익을 위해 이타적으로 생각하는 사람은 선명한 붉은색을 머금은 파란 색조로 드러난다. 고귀한 헌신과 희생 능력을 겸비한 정신 속에서의 삶은 담홍색이나 선명한 보랏빛에서 알아볼 수 있다.

11.　　기본적인 영혼 상태만 아니라 잠시 동안 일어나는 격정이나 기분, 다른 내적인 체험 역시 오라 속에 색채의 파랑波浪을 불러일으킨다. 격분해서 버럭 성을 내면 빨간색이 홍수처럼 넘쳐 난다. 명예가 훼손되어 분한 심정을 꾹 참고 있다가 한꺼번에 터뜨리면 암녹색

구름으로 드러나는 것을 볼 수 있다. 그런데 이 색채 현상은 불규칙적인 구름 모양으로만 드러나지 않고, 특정하게 제한된 규칙적인 형태를 띠기도 한다. 급작스럽게 공포에 사로잡힌 사람을 관찰해 보면, 파란 기미를 띤 붉은 색조로 어슴푸레하게 빛나는 파란색 줄무늬가 오라를 위부터 아래까지 물결처럼 뒤덮고 있다. 기대로 가득 차 특정한 어떤 일을 기다리는 사람인 경우 오라에서 발그스름하게 파란 줄무늬가 반경 모양으로 안쪽에서 바깥으로 끊임없이 관통해 나가는 것을 볼 수 있다.

12.    정확한 정신적 지각 능력이 있다면, 인간이 외부에서 받아들이는 모든 느낌을 알아볼 수 있다. 외부에서 어떤 인상이 올 때마다 강하게 반응하는 사람의 오라 속에는 파란 기미를 띤 불그스레한 작은 점들과 얼룩들이 끊임없이 활활 타오른다. 외부에서 오는 인상을 별로 강하게 감지하지 않는 사람인 경우 그 얼룩이 주황 색조나 아름다운 노랑 색조를 띤다. 이른바 '산만한' 사람인 경우 오라가 녹색으로까지 바뀌는 파란색 얼룩들이 조금씩 변화하는 형태를 보인다.

13.    '정신적 관조'가 고도로 발달되면, 인간을 둘러싸고 넘쳐 흐르면서 빛을 내는 '오라'를 세 가지 색채 현상으로

구분할 수 있다. 그 첫 번째는 다소 간에 차이가 있기는
한데 좀 불투명하고 둔탁한 성격으로 된 색채다. 그렇지만
육체의 눈에 보이는 색채에 비해 휘발성을 띠며 투명하다.
다만 초감각적 세계 자체 내부에서는 그런 색채로 채워진
공간이 비교적 불투명하게 된다. 그 세계 공간을 안개같이
자욱하게 채우는 것이다. 두 번째는 그 자체로 완전한
빛이다. 이 색채는 공간을 환하게 만든다. 공간이 이
색채 자체를 통해서 빛의 공간이 된다. 색채 현상에서 세
번째 양식은 이 양자와 완전히 다르다. 세 번째 색채는
반짝이면서 은은하게 빛을 발하는 사출적인 성격이
있다. 이 색채로 채워진 공간은 환하게 밝을 뿐 아니라,
구석구석에서 은은한 빛이 발한다. 이 색채에는 활동하는
어떤 것, 자체적으로 움직이는 어떤 것이 들어 있다. 다른 두
가지 색채에는 윤기가 없이 고요히 머무는 어떤 것이 들어
있다. 그에 반해 이 세 번째 색채는 자체적으로 끊임없이
스스로를 생성시킨다. 다른 두 종류 색채를 통해서는 공간이
고요히 머무는 섬세한 액체로 채워진 듯하다. 세 번째
색채를 통해서는 공간이 절대로 한곳에 조용히 머물지 않는
유동성으로, 언제나 점화하는 삶으로 가득 차 있는 듯하다.

14.　　　이 세 종류의 색채는 인간 오라 속에 차례대로

차곡차곡 쌓여 있지 않다. 상호 간에 공간적으로 완전히
분리된 상태에 있지 않다는 말이다. 세 종류가 온갖 다양한
방식으로 서로 관통한다. 오라의 한 부분에 세 가지 종류
모두가 함께 어우러져 움직이는 것을 볼 수 있다. 이는 물체
세계에서 사람이 이를테면 종鍾을 보면서 동시에 종소리도
들을 수 있는 것과 유사하다. 이렇게 세 종류의 오라가
함께 어우러지고 서로 관통하기 때문에 극히 복합적인
현상이 된다. 그런데 세 가지 오라 중에서 일단 한 가지에
주의를 기울인 다음에 다른 것에 주의를 기울이는 식으로
번갈아 가면서 관찰하면 일이 좀 수월해진다. 그렇게 하면,
감각 세계에서 이를테면 −완전히 몰입해서 음악 한 곡을
듣기 위해 − 눈을 감는 경우와 비슷한 어떤 것을 초감각적
세계에서 하는 것이다. '형안자'는 세 가지 종류의 색채
현상에 특정한 의미에서 각기 다른 기관을 지닌다. 그리고
방해받지 않은 상태에서 관찰하기 위해 그 기관들 중에
하나는 다가오는 인상에 열어 놓고 다른 것은 닫을 수
있다. 어떤 '형안자'의 경우 처음에는 첫 번째 색채 현상을
위한 기관만 발달될 수도 있다. 그럼 그 사람은 그 기관에
상응하는 오라만 볼 수 있다. 나머지 두 종류의 색채는
그에게 비가시적으로 머문다. 그와 마찬가지로 어떤 사람은
처음의 두 종류에 대한 지각 능력만 얻고, 세 번째는 볼 수

없는 경우도 있다. '형안자 소양'이 고차 단계에 이르면 세 가지 오라를 모두 관찰할 수 있을 뿐 아니라, 연구 목적으로 주의력을 한 오라에서 다른 오라로 자유자재로 돌릴 수 있다.

15. 삼중적 오라는, 인간 존재가 초감각적-가시적으로 드러나는 것이다. 세 가지 인간 구성체, 즉 신체, 영혼, 정신이 오라 속에서 표현된다.

16. 첫 번째 오라는, 신체가 인간 영혼에 행사하는 영향을 반사하는 형상이다. 두 번째 오라는, 감각을 직접적으로 자극하는 것을 극복해서 고양되기는 했지만 아직은 신성을 위한 일에 전념하지 않는 영혼 생활을 성격화한다. 세 번째 오라는, 영원한 정신이 무상한 인간에 대해 얻은 지배력을 반영한다. 오라에 관해 ― 지금 이 지면에서 하듯이 ― 설명하는 경우, 이런 주제는 관찰도 어렵지만 묘사는 훨씬 더 어렵다는 점이 강조되어야 한다. 바로 이런 연유에서 그 누구도 이 설명에서 **고무되는 것** 이상으로 다른 것을 **더 보려해서는** 안 된다.

17. '형안자'에게 영혼 생활의 특색이 오라의 상태로

드러난다. 육체적 충동과 욕망에, 일시적인 외부 자극에 완전히 몰두한 상태에서 사는 영혼이 그에게 다가오면, 요란하게 울긋불긋한 색조로 되어 있는 첫 번째 오라를 본다. 그에 반해 두 번째 오라는 빈약하기 짝이 없고 색채 형성도 보잘것없다. 세 번째 오라는 거의 보이지 않는다. 여기저기에 색으로 된 자그마한 불꽃들이 반짝거릴 뿐이다. 한 인간의 영혼 정서가 아무리 조야하다 해도 그 내면에는 영원한 신성이 기본 성향으로서 들어 있다는 것을 그런 자그마한 불꽃이 가리킨다. 다만 그 신성이 설명된 육체적 자극의 영향으로 인해 뒷전으로 밀려나 있을 뿐이다. 인간이 충동적인 성격을 더 많이 벗어 낼수록, 오라에서 첫 번째 부분이 뒷전으로 물러나고 두 번째 부분이 점점 더 커진다. 인간 육체는 색채로 된 몸속에 살고 있는데, 오라의 두 번째 부분이 이 색채 몸에서 나오는 빛나는 힘으로 더 완벽하게 채워진다. 그리고 인간이 점점 더 많이 '영원한 신성의 하인'이라는 자세를 가지고 살면, 경이로운 세 번째 오라가 드러나 그가 어느 정도로 정신세계 시민인지 그 증거를 보여 준다. 신적인 자아가 인간 오라의 이 세 번째 부분을 통해서 지상 세계로 비쳐 들기 때문이다. 인간에게서 이 오라가 드러나는 한, 그것은 활활 타오르는 화염이다. 이 화염을 통해서 신들이 이 세상을 밝게 비춘다. 오라의 이

부분을 통해서 한 사람이 어느 정도로 자신을 위해서가
아니라 영원한 진리를 위해서, 고귀한 아름다움과 선함을
위해서 사는지, 달리 말해 위대한 세계 작용의 제단에
자신을 희생양으로 바치기 위해 어느 정도로 자신의 작은
자아를 극복했는지 드러난다.

18.    인간이 여러 현신을 거치는 동안 자신을 다스리고
양성한 궤적이 오라 속에 표현된다.

19.    오라의 세 부분 모두에 색채가 극히 다양한 뉘앙스로
들어 있다. 그 뉘앙스의 성격은 인간이 발달하는 정도에
맞추어서 변화한다. 오라의 첫 번째 부분에서는 덜 발달된
본능 생활을 붉은색부터 파란색에 이르기까지 온갖
뉘앙스로 볼 수 있다. 이는 탁하고 선명치 않은 성격을
보이는 뉘앙스다. 저돌적으로 다가오는 붉은 뉘앙스는
육체적인 갈망과 육욕, 미각을 즐기는 식도락적 성벽을
암시한다. 녹색 뉘앙스는 모든 향락적인 것에 탐욕스럽게
몰두하기는 해도 둔감하고 무관심한 경향이 있는 바 그것을
충족시키기 위한 노고는 마다하는 저급한 천성의 사람에게
주로 보인다. 욕망이 기존 능력으로는 도저히 도달할 수
없는 목표를 격렬하게 갈구하는 곳에 갈색 기미를 띠는

녹색과 황색조의 녹색으로 된 오라가 나타난다. 그런데
현대에 특정 생활 양식이 바로 그런 오라를 육성한다.

20.    순전히 저급한 성향에 뿌리박은 사적인 자존감, 즉
이기주의 중에서도 가장 낮은 단계를 보여 주는 자존감은
불투명한 노란색부터 갈색까지의 색조로 보인다. 물론
동물적 본능 생활이 쾌적한 성격을 띨 수도 있다. 순수하게
자연스러운 희생 능력이 있고, 그런 것이 이미 동물계에
고도로 존재한다. 바로 자연스러운 모성애가 동물적 본능이
가장 아름다운 형태로 완성된 것이다. 이렇게 자연스러운
이타적 본능은 첫 번째 오라에서 선명한 붉은색부터
담홍색까지 뉘앙스로 드러난다. 어떤 감각적인 자극 앞에서
겁을 먹고 벌벌 떨거나 화들짝 놀라면 오라에 갈색 기미를
띤 파란색이나 회색조가 있는 파란색으로 드러난다.

21.    두 번째 오라 역시 아주 다양한 색채 단계를 보인다.
강하게 발달된 자의식, 자존심, 공명심은 갈색과 주황
색조로 된 형상으로 표현된다. 호기심 역시 적황색 반점으로
드러난다. 밝은 노랑은 명확한 사고와 지능을 반영한다.
녹색은 인생과 세계에 대한 이해를 표현한다. 쉽사리
이해하고 배우는 어린아이를 보면 오라의 이 부분에 녹색이

많이 들어 있다. 좋은 기억력은 두 번째 오라에서 '녹색조가 있는 노랑'을 통해 누설된다. 담홍색은 자비심이 많고 사랑에 찬 존재를 암시한다. 파란색은 신앙심이 깊다는 표시다. 종교적으로 아주 깊은 신앙심에 더욱더 가까워질수록, 파란색이 점점 더 보라색으로 건너간다. 고차적인 의미에서 이상주의와 인생에 대한 진지한 자세는 쪽빛을 띤 파란색으로 보인다.

22.    세 번째 오라에서 기본 색채는 노란색, 파란색, 녹색이다. 여기에서 선명한 **노란색**은, 사고가 신적인 세계 질서 전체에서 개체를 파악하는, 고차적이고 포괄적인 관념들로 가득 차 있으면 나타난다. 감각 표상의 완벽한 정수가 직관적인 사고에 더해지는 경우 노란색이 은은한 금빛을 띤다. **녹색**은 모든 존재에 대한 사랑을 표현한다. **파란색**은 모든 존재를 위한 이타적 희생 능력을 표시한다. 이 희생 능력이 세상에 헌신하려는 강한 의지로 고조되면 파란색이 선명한 보라색으로 바뀌면서 밝아진다. 고도로 발달된 영혼 본성에도 불구하고 자존감과 공명심이 개인적 이기주의의 찌꺼기로 아직 남아 있다면, 노란색 뉘앙스 외에도 주황색 쪽으로 기우는 뉘앙스가 등장한다. 그럼에도 불구하고 오라에서 **이** 부분에 보이는 색채는 감각 세계에서

보통 볼 수 있는 뉘앙스와 상당히 다르다는 점을 주지해야 한다. 여기에서 '형안자'는 보통의 세상에 있는 그 무엇과도 비교할 수 없는 아름다움과 숭고함을 조우한다.

'**오라를 본다**' 함은 물체 세계에서 지각한 것을 확장시키고 풍요롭게 만든다는 것을 의미한다. 이 사실에 주된 가치를 두지 않는 사람은 '오라'에 대한 이 설명을 올바르게 평가할 수 없다. 이 확장은 영혼 생활 중에서도 감각 세계 바깥에 정신적 실재를 두는 형태를 인식하는 것이 목표다. 이 지면에서 설명한 모든 것은, 환각처럼 지각한 오라를 근거로 삼아 어떤 사람의 생각이나 성격을 해석하는 것과 **아무 관계가 없다.** 이 설명이 의도하는 바는 **인식을** 정신세계 쪽으로 확장하는 데에 있을 뿐, 오라를 근거로 삼아 인간 영혼을 해석하려는 의심스러운 기술과는 어떤 관계도 맺고자 하지 않는다.

# 4. 인식의 길

01.    **누구나** 이 책에서 의미하는 정신과학적 인식을
스스로 습득할 수 있다. 이 책에 주어진 것과 같은 설명은
고차 세계의 사고 형상을 제공한다. 이 사고 형상은 특정한
관계에서 자신의 관조를 향한 **첫걸음**이 된다. 왜냐하면
인간은 사고하는 존재이기 때문이다. 인간은 사고에서
출발할 때만 인식을 향한 자신의 길을 발견할 수 있다. 한
인간의 오성에 고차 세계 형상을 하나 보여 준다고 하자.
그러면 비록 이 형상이 그 사람 관조를 통해서는 잠정적으로
전혀 이해할 수 없는 고차적 사실에 대한 이야기에 그친다
해도, 그를 위해 아무 열매도 맺지 않은 채 그냥 사라지지는
않는다. 그에게 주어진 사고내용이 그의 사고 세계 안에서
계속해서 작용하는 힘을 자체적으로 생성시키기 때문이다.
이 힘이 그 사람 내면에서 활동해 깊이 잠든 상태에 있는
자질을 일깨울 것이다. 그런 사고내용 형상에 몰두하는
것이 부질없는 일이라 생각하는 사람은 오류에 빠져 있는
것이다. 왜냐하면 그런 사람은 사고내용에서 본질이 없는
추상성만 보기 때문이다. 사고내용 저변에는 생동하는
힘이 놓여 있다. 인식을 소유하는 자에게 사고내용은 정신

속에서 관조되는 것을 직접적으로 표현하는 것으로서
존재한다. 이 표현을 전달하면, 전달받은 사람 내면에서
인식의 열매를 자체적으로 생성시키는 **씨앗**으로 작용한다.
고차적인 인식을 얻으려 하면서 사고내용을 작업하는
것은 등한시하고 인간 내면에 다른 힘을 도움 삼으려 하는
사람은, 인간이 감각 세계 안에서 소유하는 최상의 능력이
바로 사고라는 사실을 간과하는 것이다. 어떤 사람이
"어떻게 내가 스스로 정신과학의 고차적인 인식에 이를
수 있는가?" 하는 질문을 한다면, 다음과 같이 대답해야
한다. "우선 다른 사람이 너에게 전달하는 것을 통해서 그런
인식에 관해 배우라." 그런데 그 사람이 "내가 스스로 보고
싶다. 다른 사람이 본 것에 대해서는 전혀 알고 싶지 않다."
하고 대꾸한다면 다음과 같이 말해야 한다. "다른 사람이
전해주는 것을 받아들이고 배워서 자기 것으로 만드는
바로 그 과정이 자신의 인식을 향한 첫 단계다." 그러면
맹목적으로 믿으라고 강요될 것이라 우려할 수 있다.
그런데 전달하는 경우에는 믿거나 믿지 않는 것의 문제가
아니라, 주의 깊게 들은 내용을 편견 없이 수용하는 것에
관한 문제다. 진정한 정신 연구가는 절대 사람들이 그에게
맹목적인 믿음을 바칠 것이라는 기대로 말하지 않는다.
그는 단 한 가지 의도만 지닌다. "내가 정신적인 현존

영역에서 이러한 것을 체험했다. 그리고 바로 그 체험에
관해 이야기한다." 그럼에도 불구하고 그는, 어떤 사람이
그의 체험을 수용하고 그 이야기를 생각으로 관철하는 경우
그것이 그 사람에게 정신적 발달을 위한 생동적인 힘이
된다는 것 역시 잘 알고 있다.

02.      여기에서 고찰하는 것은, 영혼 세계와 정신세계에
대한 모든 앎이 어떻게 인간 영혼 깊은 저변에 조용히 자리
잡고 있는지 숙고하는 사람만 올바르게 관조할 수 있다.
'인식의 길'을 통해 영혼 저변에서 그 앎을 건져 올릴 수
있다. 그런데 '이해해서 인정하기'는 자신이 아니라 타인이
영혼 저변에서 건져올린 것인 경우에도 가능하다. 심지어
인식의 길에 들어설 생각을 전혀 해 본 적이 없는 사람도
그렇게 할 수 있다. 이렇게 정신적으로 올바르게 인정하면,
편견으로 흐려지지 않은 정서 속에서 이해력이 일깨워진다.
무의식적으로 알고 있던 것이 다른 사람에 의해 발견된
정신적 사실을 만난다. 이 만남은, 맹목적 믿음이 아니라
건강한 인간 오성이 올바르게 작용한다는 것을 말한다.
진정한 정신 연구에서 나온 어떤 것을 만나면 사람들은
건강한 오성으로 인정할 수 있는 것보다 신비적 '탐닉'에 더
나은 어떤 것이 있다고 믿는다. 그런데 정신세계에서 자아를

인식하기 위한 훨씬 더 나은 출발점은 의심스러운 신비적 탐닉이나 그와 유사한 것에 있지 않고 건강한 오성으로 파악하는데 놓여 있다.

03.　　마다하지 않고 진지하게 사고내용을 작업하는 것이 고차적인 인식 능력을 양성하고자 하는 사람에게 얼마나 필수적인지는 아무리 강조해도 충분치 않다. 하필이면 '형안자'가 되고 싶어하는 많은 사람이 이 진지하고 금욕적인 사고 작업을 경시하기 때문에 그 중요성을 더욱더 긴급히 강조하는 것이다. 그들은 '사고'는 아무 소용이 없고 '느낌'이나 '감각', 혹은 이와 유사한 것이 중요하다고 말한다. 그런 생각이 만연하기 때문에, 먼저 사고 생활에 정통하지 않고는 **그 누구도** 고차적인 의미에서(달리 말해서 진정으로) '형안자'가 될 수 없다는 사실을 강조하지 않을 수 없다. 특정한 내적 나태는 많은 사람에게서 미묘한 역할을 한다. 그들은 '추상적인 사고', '쓸모 없는 사변' 등은 경시해야 한다는 투로 자기기만을 하기 때문에 그 나태를 의식하지 못한다. 그런데 무의미하고 추상적인 사고내용을 줄줄이 엮어 내는 것과 사고 자체를 혼동한다면, 그것은 사고에 대해 잘못 알고 있는 것이다. 그런 '추상적 사고' 는 초감각적 인식을 쉽게 절멸시키는 반면에, 생동하는

사고는 초감각적 인식을 위한 바탕이 될 수 있다. 물론
사고내용을 작업하지 않고도 고차적인 형안 능력을 획득할
수 있다면 훨씬 더 편리하기는 할 것이다. 사람들 대다수도
그렇기를 바란다. 그런데 형안 능력에는 내적인 단호함,
영적인 안정성이 필수이며, 오로지 사고를 통해서만 이
조건에 이를 수 있다. 그렇지 않으면 혼란스러운 영혼
놀이만, 본질없이 가물거리는 그림만 생겨난다. 사실 이런
것이 적잖은 사람에게 흥미를 돋우기는 해도 진정한 고차
세계로 파고드는 것과는 무관하다. 더 나아가 실제로 고차
세계에 들어선 인간 내면에 일어나는 순수하게 정신적인
체험이 어떤 것인지 고려한다면, 이 주제에 한 가지
다른 면이 있다는 것도 파악하게 된다. '형안자'가 되기
위한 전제 조건에 영혼 생활의 절대적인 **건강**이 속한다.
그리고 이 건강을 잘 가꾸고 지키기 위해서라면 진정한
사고 외에 다른 길은 전혀 없다. 그렇다. 고차적인 발달을
위한 수련이 사고를 바탕으로 해서 이루어지지 않는다면,
영혼 생활의 건강은 심각하게 훼손될 수 있다. 건강하고
올바르게 사고하는 사람이 형안자적 자질을 지니고 있다면
이 자질이 없는 경우에 비해 더 건강하고, 인생을 위해 더
쓸모 있게 된다. 이것이 진실인 만큼, 사고를 위한 노고를
꺼리면서 발달해 보겠다는 모든 바람과 이 영역에 떠도는

온갖 몽상이 인생에 대한 잘못된 의향과 환상을 조장한다는 것 역시 진실이다. 이 지면에 설명된 내용을 관찰하면서 더 고차적인 인식을 향해 나아가려는 사람은 두려워할 것이 전혀 없다. 그럼에도 불구하고 이 역시 방금 언급된 전제 조건 아래에서만 이루어져야 한다. 이 전제 조건은 인간 영혼, 그리고 인간 정신과 관계할 뿐이다. 그러므로 이 조건이 신체의 건강에 어떤 유해한 영향을 미칠 것이라 말한다면, 그것은 허무맹랑한 소리다.

04.     그런데 근거가 없는 불신도 역시 유해하다. 그런 불신은 가르침을 받아들이는 사람에게서 반발하는 힘으로 작용하고, 생산적인 사고내용을 수용하지 못하도록 방해하기 때문이다. 고차적인 감각을 여는 데에 맹목적 믿음은 전혀 필요하지 않다. 하지만 정신과학적 사고내용을 받아들이는 것은 필수적인 전제 조건이다. 정신 연구가는 다음과 같은 기대를 가지고 제자를 대한다. "내가 하는 말을 그저 **믿어서는 안 된다**. 그것을 **사고하라**. 그것을 너 자신의 사고내용 세계의 내용으로 만들라. 그러면 내 사고내용이 너의 내면에서 작용할 것이고, 결국 너 스스로 그 진실을 알아보게 된다." 바로 이것이 정신 연구가가 지니고 있는 의향이다. 그는 고무한다. 그리고 어떤 것이 진실이라고

알아보는 힘은 수용하는 사람 내면에서 솟아난다. 바로
이런 의미에서 정신과학적 관조를 구해야 한다. 정신과학적
관조에 사고를 집중시키는 데에 있어 난관을 극복하는
사람은 그 관조를 통해 길거나 짧은 시간 안에 자신의
관조에 도달할 것이라고 확신해도 된다.

05.　　　고차적 사실에 대한 자신의 관조에 도달하려는
사람이 내면에 양성해야 하는 첫 번째 자질 중에 한 가지가
이미 말한 내용에 암시되었다. 그것은 다름 아니라 인생이나
외부 세계가 보여 주는 것에 **가차 없고 편견 없이 몰두하는**
것이다. 아예 처음부터 인생에서 지금까지 배운 편견을
가지고 세상에 있는 사실을 대하는 사람은 바로 그 편견으로
인해 사실이 그에게 행사할 수 있는 잔잔하고 전반적인
작용을 알아보지 못한다. 배우고자 하는 사람은 매 순간
자신을 완전히 빈 그릇으로 만들 수 있어야 한다. 그래야
낯선 세계가 그 그릇으로 흘러든다. 우리에게서 나오는 모든
편견과 비판이 침묵하는 바로 그 순간만 인식의 시간이다.
이를테면 어떤 사람을 만난다고 하자. 그때 우리가 그
사람보다 더 현명한지 아닌지는 별로 중요하지 않다. 아무
것도 모르는 아이도 최고도의 현자에게 보여 줄 어떤 것을
지니고 있다. 그리고 그 현자가 자신이 생각하는 대로만

아이를 대한다면, 그 생각이 아무리 지혜롭다 한들 아이가 보여 주는 것을 색안경 끼고 보는 격이다.* 낯선 세계의 현시에 완전히 몰두하는 데에는 완벽한 내적인 무욕이 속한다. 이제 인간이 어느 만큼 사심 없이 몰두할 수 있는지 자체 검사를 해 보면, 자신에 대해 놀라운 사실을 발견하게 된다. 인간이 고차적 인식의 길에 들어서기를 바란다면, 매 순간 모든 편견과 함께 자신을 삭제할 수 있도록 수련해야 한다. 자신을 완전히 삭제하는 한에서만 다른 것이 내면으로 흘러든다. 고도의 경지에 도달한 완벽하게 무욕적인 몰두만 인간 주변 어디에나 널려 있는 고차적, 정신적 사실을 받아들일 능력을 준다. 이 능력은 인간이 목표를 의식하면서 내적으로 양성할 수 있다. 이를테면 아는 사람을 만났을 때 가능한 한 자신의 판단을 억제하도록 노력한다. 내 앞에 있는 사람이 매력적인지 혹은 혐오스러운지, 바보 같은지 혹은 영리한지 등 보통 습관적으로 갖다 대는 판단의 잣대를 내면에서 완전히 삭제한다. 그리고 그 사람을 순수하게 있는 그대로, 그 자체 그대로 이해해 보려고 노력한다. 최상의 수련은 극히 싫어하는 사람을 그런 태도로

---

\* '가차없는 몰두'를 요구하는 경우, 자신의 의견을 제거하거나 맹목적으로 믿는 문제가 아니라는 점이 바로 이 부분에서 분명해진다. 어린아이를 대하는 경우에 그런 것은 역시 아무 의미가 없지 않겠는가.

대하는 것이다. 온 힘을 다해 그 싫은 느낌을 억누르고 그
사람이 하는 모든 것을 편견 없이 자신에 작용하도록 둔다.
혹은 어떤 판단을 내려야 하는 환경에서 일단 그 판단을
보류한 다음에, 그 환경에서 받은 인상에 자신을 편견 없이
내맡긴다.* – 사물이나 사건에 관해 말하기보다는, 그것들이
**자신에게** 말하도록 둔다. 그리고 그것을 자신의 사고내용
세계로까지 확장시킨다. 이러저러한 생각을 만들어 내는 것을
**내면에서** 억제하고, 외부에 있는 것이 사고내용을 야기하도록
둔다. – 인내심을 가지고 아주 경건하고 진지하게 그런
수련을 해야지만 고차적 인식 목표에 이를 수 있다. 그런
수련을 과소평가하는 사람은 그 가치를 모르는 것이다. 그런
것을 경험한 사람은, 평정심과 몰두가 힘을 만들어 내는
진정한 기관이라는 것을 알고 있다. 증기 기관으로 흘러드는
열기가 기관차를 움직이는 힘으로 바뀌듯이, 무욕적, 정신적
몰두를 수련하면, 바로 그 수련이 인간 내면에서 정신세계를
관조하는 힘으로 바뀐다.

06.       인간은 그 수련을 통해 주변에 있는 모든 것을

---

* 이렇게 편견없이 자신을 내맡긴다 함은 '맹목적 믿음'과 아무 상관이 없다. 어떤
  것을 맹목적으로 믿어야 하는 문제가 아니라, 활기에 찬 인상이 들어서야 할
  자리에 '맹목적 판단'을 들어 앉히지 않는다는 것이 중점이다.

수용하는 능력을 얻는다. 그런데 이 수용 능력에 올바르게 평가할 줄 아는 능력도 더해져야 한다. 주변 세계를 미끼 삼아 자신을 과대평가하는 경향이 있는 한, 그것은 엉뚱한 곳에서 고차적 인식으로 가는 입구를 찾는 격이다. 세상에 있는 어떤 대상이나 사건을 마주 대할 때 그것이 **자신에게** 주는 희로애락에 몰두하는 사람은 자기 과대평가에 사로잡혀 있는 것이다. 왜냐하면 **자신의** 기쁨과 **자신의** 고통에 몰두하는 한, 자신에 관해서만 어떤 것을 조금 체험할 뿐이지 대상에 관해서는 전혀 체험하지 못하기 때문이다. 내가 어떤 사람에게서 호감을 느낀다면, 결국 그에 대한 **내** 관계만 느끼는 것이다. 게다가 내 호감이나 공감 같은 느낌에만 의존해서 어떤 판단을 내리거나 어떤 태도를 취한다면, 나 개인이 지니는 특이성만 전면에 대두시키는 것이다. 이는 내 특이성을 세계에 강요한다는 의미다. 있는 그대로의 나 자신을 세계 안에 끼워 넣으려 하기만 하지, 세계를 편견 없이 받아들이려 하지 않는 것이다. 세계가 그 자체 안에서 작용하는 힘에 따라 펼쳐지도록 버려두지 않는다는 말이다. 다른 각도에서 보자면 다음과 같다. "내 특이성에 상응하는 것만 용인한다. 다른 모든 것에는 반발력을 행사한다." 인간이 감각 세계에 사로잡혀 있는 한 모든 비감각적 영향을 유별나게 거부한다.

배우려는 사람은 대상과 인간을 그 자체적 특성에 따라
대하는 자질을, 그 자체적 의미와 가치에 따라 있는 그대로
인정하는 자질을 양성해야 한다. 공감과 반감, 호불호가
완전히 새로운 역할을 맡아야 한다. 그렇다고 해서 공감이나
반감 같은 느낌을 뿌리째 뽑아버리고, 그에 대해 무뎌져야
한다는 말은 절대 아니다. 그와 정반대다. 솟아나는 공감과
반감에 따라 즉각적으로 판단하고 행동하지 않는 능력을
더 많이 발달시키면 시킬수록, 내면에 훨씬 더 섬세한
감지력이 양성된다. 인간 내면에 있는 이 양식을 길들이면,
공감과 반감이 더 고차적인 성격을 띤다고 경험하게 된다.
첫눈에는 아주 혐오스러운 대상에도 실은 숨겨진 특성이
있다. 그 대상을 대하면서 이기적인 느낌을 따르지 않는
태도를 취하면 그 특성이 드러난다. 이 방향으로 수련을
거친 사람은 자신으로 인해 둔감하게 될 유혹을 극복할 수
있기 때문에, 그런 수련을 거치지 않은 사람에 비해 모든
방면에서 훨씬 더 섬세하게 감지한다. 아무 생각 없이
닥치는 대로 하는 성벽 때문에 무뎌지고, 그로 인해 주변
대상을 올바르게 조명하지 못하는 것이다. 바로 그렇게 하는
것이, 주변 세계에 우리를 순순히 내맡기면서 세상을 있는
그대로 느끼는 대신에 자신의 성벽을 따르면서 주변 세계에
자신을 받아들이라 강요하는 것이다.

07.　　　인간이 모든 기쁨과 고통에, 모든 공감과 반감에 더
이상 이기적으로 응하지 않고, 더 이상 이기적인 태도를
취하지 않아야 외부 세계에서 오는 **변덕스러운** 인상에도
더 이상 좌지우지되지 않는다. 인간이 한 대상에서 기쁨을
느끼면, 이 기쁨은 즉시 그를 그 대상에 의존하게 만든다.
사람이 대상에 빠져들어 자신을 잃어버리는 것이다.
변덕스러운 인상에 따라 기쁨과 고통 속에서 자신을
잃어버리는 사람은 정신적 인식의 길에 들어설 수 없다.
기쁨이든 고통이든 **의연하게** 받아들일 줄 알아야 한다.
그러면 더 이상 그런 것들 속에서 자신을 잃어버리지 않고,
비로소 그것들을 이해하기 시작한다. 내가 기쁨에 빠져
있으면, 바로 그 순간에 그 기쁨이 내 현존을 갉아먹는다.
그런데 나는 그 기쁨을 이용해야 할 뿐이다. 이는 나한테
기쁨을 주는 대상을 바로 그 기쁨을 통해서 이해해야
한다는 말이다. 어떤 대상물이 나를 기쁘게 하는지, **그것이**
나한테 중요해지면 안 된다. 나는 기쁨을 경험해도 된다.
그리고 바로 그 기쁨을 통해서 대상의 **본질**을 이해해야
한다. 기쁨은, 나한테 그런 기쁨을 주기에 적절한 특성이
대상 속에 들어 있다는 것을 알려 주는 역할을 해야 할
뿐이다. 나는 바로 그 특성을 알아보고 배워야 하는 것이다.
그저 기쁨에 머물러 있기만 한다면, 그 기쁨의 포로가 되고

마는 셈이다. 결국 나는 그 기쁨 속에서 소진되고 만다.
기쁨은 대상에 있는 특성을 체험하기 위한 기회일 뿐이라고
생각한다면, 나는 그 체험을 통해서 내 내면을 더 풍요롭게
만든다. 정신 연구가에게 공감과 반감, 기쁨과 고통 등은
대상에 대해 배우는 **기회가** 되어야 할 뿐이다. 그렇다고
해서 정신 연구가가 기쁨과 고통 등에 둔감해지지는 않는다.
오히려 그런 것들을 넘어서서 고양되고, 이로써 그런 것들이
그에게 대상의 본질을 보여 준다. 이 방향으로 진보한
사람은 기쁨과 고통이 얼마나 위대한 스승인지 알아본다.
그는 모든 존재에 동감하고, 이로써 각 존재 내면에서
나오는 현시를 직접 받는다. 정신 연구가는 "이것이
얼마나 고통스러운 일인가?", 혹은 "얼마나 기쁜 일인가!"
하는 식으로는 절대 표현하지 않는다. 그는 항상 다음과
같이 말한다. "고통은 어떻게 말하는가? 기쁨은 어떻게
말하는가?" 외부 세계의 희로애락이 자신에 작용하도록
둔다. 그렇게 함으로써 대상을 대하는 완전히 새로운
양식이 인간 내면에서 발달한다. 예전에는 외부에서 오는
인상이 행복하거나 불행하게 만든다는 이유로 그에 대응해
이러저러한 행위를 했다. 이제는 기쁨과 고통, 공감과 반감
등을 기관이 되도록 하고, 이 기관을 통해 대상 자체가
그 본질에 따라 어떠한 것인지 말하도록 한다. 기쁨과

고통이 단순한 느낌의 상태를 벗어나 **그의 내면에서** 외부 세계를 지각하는 감각 기관으로 바뀐다. 눈은 어떤 것을 보기만 하지 직접 일을 하지는 않는다. 일은 손이 하도록 한다. 이와 마찬가지로 정신 연구가가 기쁨과 고통을 인식 수단으로 이용하는 한, 그것들은 그의 내면에 아무것도 야기하지 않고 인상만 받아들인다. 그리고 기쁨과 고통을 통해서 경험하는 것, 그것이 행위를 야기한다. 인간이 이런 식으로 기쁨과 고통을 통로 격의 기관이 되도록 수련하면, 그것들이 영혼 세계를 열어 주는 실제상의 기관을 인간 영혼 속에 구축한다. 눈은 감각적 인상을 받아들이는 통로 격의 기관으로 작용하기 때문에 육체에 쓸모가 있다. 이와 유사하게 기쁨과 고통이 자체적인 어떤 것으로 더 이상 자리 잡지 않으면 **영혼의 눈**으로 발달되고, 내 영혼에 다른 사람 영혼을 보여 주기 시작한다.

08.     앞에서 열거한 특성을 통해서 인식하는 자는, 주변 세계에 본질적으로 존재하는 것이 그 자신의 특이성에서 기인하는 방해 요소가 없이 자신에 영향을 미치게 하는 위치에 이른다. 그런데 이와 동시에 그는 정신세계에 올바른 방식으로 통합되어야 한다. 인식하는 자는 사고하는 존재로서 정신세계 시민이다. 그가 올바른 방식으로 그

세계 시민이 될 수 있는 것은, 정신 인식을 하는 동안 자신의
사고내용이 진리의 영원한 법칙과 정신들의 나라 법칙에
상응하는 과정을 거치도록 할 수 있을 때일 뿐이다. 그렇게
할 때만 정신들의 나라가 그에게 영향을 미칠 수 있고,
그에게 그 나라에 있는 사실들을 드러낼 수 있기 때문이다.
인간이 자신의 나/Ich를 통해 이끌어지는 사고내용에만
빠져 있으면 결코 진리에 이를 수 없다. 그렇게 하면
사고내용이 신체적 자연성 내부에 현존하게 되고, 그로
인해 결과적으로 그것이 강요되는 경로를 택하기 때문이다.
신체적 두뇌를 통해 전제되는 정신 활동에 몰두하는 사람의
사고내용 세계는 무질서하고 혼란스럽다. 한 가지 생각이
시작되었다가 곧바로 중단되고 다른 생각이 그 자리에
들어선다. 사람들이 하는 대화를 주의 깊게 엿듣거나, 편견
없이 자신을 관찰해 보면, 도깨비불처럼 가물거리는 사고
덩어리에 대한 표상을 얻을 수 있다. 인간이 감각 세계
인생을 위한 과제에만 몰두하는 한, 혼란스러운 사고 과정이
실제 상황을 통해서 항상 다시금 교정된다. 내가 아무리
혼란한 생각을 한다 해도, 일상생활이 사실에 상응하는
법칙에 따라 행동하도록 강요한다. 어떤 도시에 대한 내
생각 속 그림은 굉장히 무질서한 모양일 수 있다. 그런데
내가 그 도시에서 실제로 돌아다니고 싶다면, 그곳에 이미

있는 상황에 적응해야 한다. 어떤 기술자가 온갖 기발한 아이디어를 가지고 작업실에 들어선다 한들, 결국은 그곳에 있는 기계의 법칙에 따라 적절한 조처를 취해야 한다. 감각 세계에서는 사실 정황이 사고를 끊임없이 교정하는 역할을 한다. 어떤 물리 현상이나 어떤 식물 형태에 대해 내가 틀린 것을 생각해 내는 경우 실재가 다가와서 내 사고를 교정한다. 그런데 고차적 현존 영역에 대한 내 관계는 그와 완전히 다르다. 그 영역은, 내가 엄격하게 조절된 사고를 가지고 들어설 때만 그 모습을 드러낸다. 그곳에서는 내 사고가 나한테 올바르고 확고한 원동력을 주어야 한다. 그렇지 않으면 적절한 길을 발견할 수 없다. 왜냐하면 그 세계 안에서 펼쳐지는 정신적 법칙들은 물체적-감각적 양식으로 응축되지 않았고, 그래서 앞에 설명한 그 강제성이 행사되지 않기 때문이다. 내가 정신적 법칙을 따를 수 있는 경우는, 사고하는 존재의 법칙으로서 나 자신의 법칙과 그 법칙이 유사할 때일 뿐이다. 그곳에서는 나 자신이 확실하게 믿을 수 있는 안내인이 되어야 한다. 그러므로 인식하는 자는 자신의 사고를 엄격하게 조절할 수 있어야 한다. 그는 일상적으로 사고하는 습관을 차츰차츰 버려야 한다. 그의 사고내용은 그 전반적인 진행 경로에 있어서 정신세계의 내적인 성격을 띠어야 한다. 인식하는 자는 이 방향으로 관찰할 수 있어야 하고, 자신 의지에 따라 일할 수 있어야 한다. 인식하는 자인 경우 한 가지 생각이 다른 생각으로 되는대로 이어져서는 절대로 안 된다. 그의 사고내용은 사고내용 세계에 있는 내용에 엄밀하게 상응해야 한다. 한 가지 표상에서 다른 표상으로 건너가는 과정은 엄격한 사고 법칙에 상응해야 한다. 인간은 사유하는 존재로서 특정한 의미에서 항상 그 사고 법칙의 모사 형상을 보여 주어야 한다. 사고 법칙에서 유래하지 않는 모든 것을 자신의 표상 과정에서 금기시해야 한다. 굉장히 좋아하는 생각이 떠올라서 자체적으로 조정된 과정을 방해한다면, 그 생각을 반드시 물리쳐야 한다. 개인적인 느낌이 생겨나 사고내용에 내재하지 않는 특정 방향으로 가도록 강요하면, 그 역시 억제해야 한다. 플라톤Platon은 자신의 학당에서 배우고자 하는 사람들에게 수학數學 과정을 먼저 거치도록 했다. 수학은 감각 현상으로 드러나는 일상의 과정을 기준으로 삼지 않고, 엄격한 자체적 법칙을 따르기 때문에 인식을 구하는 자에게 실로 훌륭한 준비 과정이 된다. 수학에서 진도를 나가려면 모든 사적인 자의恣意, 모든 방해 요소를 철저히 제거해야 한다. 인식을 구하는 자는 사고의 모든 독자적 자의를 자의적으로 극복함으로써 자신의 과제를 위해 준비한다. 그는 순수하게 사고내용이 요구하는 사항만

따르도록 배운다. 그리고 정신 인식에 유용하게 쓰여야
할 모든 사고에서 그렇게 대처하도록 배워야 한다. **사고
생활** 자체가 순수한 수학적 판단과 추론을 모사하는 것이
되어야 한다. 인식을 구하는 자는 어디를 가든, 어디에 있든
그런 양식으로 사고할 수 있기를 추구해야 한다. 그러면
정신세계의 법칙성이 그의 내면으로 흘러든다. 반면에 그의
사고가 일상적이고 혼란스러운 성격을 띠면, 그 법칙성은
아무 흔적도 남기지 않고 스쳐 지나가고, 또한 그를 통과해
지나간다. 잘 조절된 사고는 확실한 지점에서 출발해서
완전히 숨겨져 있는 진실로 인도한다. 그런데 이런 암시를
일방적으로 이해해서는 안 된다. 비록 수학이 사고를
훌륭하게 조련하는 역할을 하기는 해도, 수학을 연습하지
않은 사람도 건강하고 활기에 찬, 순수한 사고에 이를 수
있다.

09.　　인식을 구하는 자는 사고를 위해 추구하는 것을
행위를 위해서도 역시 추구해야 한다. 그의 행위는 개인적
성격에서 나오는 방해 요소가 없이 고귀한 아름다움과
영원한 진리의 법칙들을 따를 수 있어야 한다. 이 법칙들이
그에게 방향을 줄 수 있어야 한다. 올바른 것이라 인식한
어떤 일을 시작했다면, 그 일에서 자신의 사적인 느낌이

충족되지 않는다는 **이유만으로** 이미 들어선 길을
떠나서는 안 된다. 그런 반면에 그렇게 들어선 길이 영원한
아름다움과 진리의 법칙에 완벽하게 일치하지 않는다는
사실을 알아본다면, 비록 기쁨과 보람을 느낀다 해도
계속해서 그 길을 가서는 안 된다. 일상생활에서 사람들은
개인적으로 충족시키는 것, **자기한테** 이득이 되는 것을
기준으로 삼아 어떤 행위를 할 것인지 결정한다. 그렇게
함으로써 개인적 방향을 세계 현상의 과정에 강요하고
떠맡기는 것이다. 이들은 정신세계의 법칙 속에 확정되어
있는 진리를 구현하지 않는다. 이들은 자의성이 요구하는
것만 실현한다. 인간은 오로지 정신세계 법칙을 따를 때만
비로소 정신세계의 의미에서 작용한다. 단순한 개인적
성향을 바탕으로 하는 것에서는 정신 인식을 위한 근거를
구축하는 힘이 전혀 생겨나지 않는다. 인식을 구하는
자는 "무엇이 내게 이득이 될 것인가? 무슨 일로 내가
성공할 수 있을까?" 하는 질문만 해서는 안 된다. "내가
무엇을 선한 일이라고 알아보았는가?" 하는 질문도 할 수
있어야 한다. 행위의 결과를 개인을 위해서는 포기하기,
모든 자의성을 포기하기, 바로 이것이 인식을 구하는 자가
스스로 예정할 수 있어야 하는 엄중한 법칙이다. 그렇게
하면 그는 정신세계의 길에서 거닐게 되고, 그의 존재

전체가 그 세계 법칙으로 관통된다. 이로써 감각 세계가 얽어매는 모든 강제성에서 해방되고, 그의 정신인간이 감각적 껍데기를 벗어나 고양된다. 이렇게 정신적인 것을 향해 나아가고, 이렇게 스스로를 정신화한다. 다음과 같은 질문은 무의미하다. "내가 진리가 아닌 것을 진리라 오판할 수도 있지 않겠는가? 그렇다면 순수하게 진리의 법칙만 따르려는 그 모든 의도가 도대체 무슨 소용이 있는가?" 요지는 추구와 노력, 의향 자체에 있다. 미혹에 빠진 사람이라 해도 진리를 추구한다는 그 의향 속에는 한 가지 힘이 들어 있다. 바로 이 힘이 잘못된 길을 벗어나도록 한다. 어떤 사람이 미혹의 길에 들어서면, 바로 이 힘이 그를 장악해서 올바른 길로 데려간다. 잘못된 길에 빠질 수 있다는 우려 자체가 이미 걸림돌이 되는 불신이다. 그렇게 생각하는 사람은 진리의 힘을 전혀 신뢰하지 않는다는 것을 보여 줄 뿐이다. 이기적인 입장에서 목표를 설정하는 것을 그리워하지 않고 정신에 의한 방향 설정에 스스로를 완전히 맡기기, 바로 이것이 중점이기 때문이다. 이기적인 인간 의지는 진리에 명령할 수 없다. **진리 자체가** 인간 내면에서 통치자가 되어야 하고, 인간 존재 전체를 관통해야 하고, 인간을 정신들의 나라에 있는 영원한 법칙을 모사하는 존재로 만들어야 한다. 그 영원한 법칙이 삶으로 넘쳐

흐르도록 인간은 그 법칙으로 자신을 가득 채워야 한다. 인식을 구하는 자는 자신 사고뿐 아니라 의지도 엄격히 다스릴 수 있어야 한다. 그렇게 함으로써 미와 진리의 세계를 위해 —주제넘지 않은— 아주 겸손한 전령이 되고, 그렇게 전령이 됨으로써 정신세계의 참여자로 올라간다. 이로써 또한 발달의 한 단계에서 다른 단계로 고양된다. 그저 관조만 해서는 정신적 삶에 이를 수 없기 때문이다. 그 삶에는 체험함으로써 이를 수 있다.

10.    인식을 구하는 자가 여기에 설명된 법칙을 관찰하면, 정신세계와 관련해 그가 하는 영적 체험이 완전히 새로운 모양으로 드러난다. 단순히 **그 체험 속에서** 살기만 하지 않는다. 그 체험들이 그 자신의 인생에만 의미가 있는 것으로 머물지 않게 된다. 그것들이 고차 세계의 영적 지각으로 양성된다. 육체에 있는 눈과 귀가 그 자체를 위한 삶을 영위하지 않고 이타적으로 외부 인상을 통과시키는 것과 똑같이, 그의 영혼 속에서 호불호, 기쁨, 고통 등과 같은 느낌이 자라나 영혼 기관이 된다. 이로써 정신세계에서 연구하는 데에 필수적인 **평정심과 확신감이** 인식을 구하는 사람의 영혼 성향 속에 생겨난다. 이제 그는 아무리 기뻐도 펄쩍 뛰어오르면서 환호성을 지르지 않는다. 그 기쁨은

세계의 특성 중 예전에는 알아차리지 못한 한 가지를 알려 주는 예고자가 된다. 기쁨에 동요되지 않는 대신에 그 기쁨을 주는 존재의 특징이 내적인 평정심을 통해서 그에게 드러난다. 고통도 그를 비탄으로 가득 채우지만 않고, 그 고통을 야기하는 존재에 어떤 성격이 있는지 말해 줄 수 있다. 눈이 자신을 위해서는 아무것도 갈망하지 않고 인간이 가야 하는 길을 보여 주듯이, 기쁨과 고통이 영혼을 확실한 길로 인도하게 된다. 이것이 바로, 인식하는 자가 도달해야 하는 영혼의 균형 상태다. 기쁨과 고통이 인식하는 자의 내면 생활에 일으키는 파도 속에서 더 적게 소진될수록, 그것들이 초감각적 세계를 위한 눈을 더 많이 형성하게 된다. 인간이 기쁨과 고통 속에서 사는 한 그것들을 통해서 **인식하지** 않는다. 기쁨과 고통을 **통해서** 사는 방법을 배우면, 그것들에서 자신의 자의식을 꺼내서 구해내면, 그것들이 지각 기관으로 바뀐다. 그러면 그가 그것들을 통해서 보고, 그것들을 통해서 인식한다. 인식하는 자가 기쁨과 고통이 무엇인지도 모르기 때문에 무미건조하고 냉정한 사람이 되리라 믿는다면, 그것은 오판이다. 기쁨과 고통이 내면에 존재한다. 그런데 그가 정신세계 안에서 연구하면, 그것들 형상이 변화한다. 그것들이 '눈과 귀'로 바뀌는 것이다.

11.　　우리가 세상에서 개인적으로만 사는 한, 세상의 사물 역시 우리 개인성과 연결된 것만 보여 준다. 그런데 그렇게 드러나는 것은 사물에 있는 덧없는 부분이다. 우리가 우리한테 있는 덧없는 부분에서 물러나 자의식과 더불어, 우리 '나/Ich'와 더불어 우리의 영원한 부분 속에서 살면, 그 덧없는 부분이 매개자가 된다. 이 덧없는 부분을 통해서 드러나는 것, 그것이 사물의 불멸성, 사물의 영원성이다. 사물에 내재하는 영원성에 대한 **자신의** 영원성의 관계가 인식하는 자에게서 성립될 수 있어야 한다. 인식하는 자는 설명된 다른 수련을 시작하기 전에 이미, 뿐만 아니라 설명된 수련을 하는 동안에도 자신의 감각을 그 불멸하는 것에 집중해야 한다. 내가 돌멩이 하나를, 나무 한 그루를, 동물 한 마리를, 한 인간을 관찰하면, 그 모든 존재 속에서 영원한 것이 말하고 있다는 사실을 항상 유념할 수 있어야 한다. "언젠가는 사라질 돌멩이 속에, 언젠가는 이 세상을 떠날 인간 내면에 과연 무엇이 영구한 것으로서 살고 있는가?" 이 질문을 할 수 있어야 한다. "무엇이 덧없는 감각 현상과 함께 사라지지 않고 계속해서 남아 있을 것인가?" 정신이 그렇게 영원한 것에만 주의를 기울인다면, 일상생활에 있는 특성을 알아볼 감각이 말살되어 그것을 집중해서 고찰하지 않을 것이라고,

인간이 직접적인 실재에서 멀어질 것이라고 믿어서는
안 된다. 그와 정반대다. 육체의 **눈으로만** 보지 않고 그
**눈을 통해서** 정신이 집중하면 나뭇잎 하나, 작은 풀벌레
한 마리조차 우리에게 무수한 비밀을 풀어놓을 것이다.
모든 반짝거림이, 모든 색조가, 어조 하나하나가 감각을
위해 활력에 넘치고 지각이 가능한 것으로 된다. 아무것도
소실되지 않는다. 오히려 새로운 삶이 무한히 더해진다.
육체의 눈으로 가장 보잘것없는 것을 관찰할 줄 모르는
사람은 핏기 없이 창백한 사고내용이나 얻을 수 있지,
정신적 관조는 얻지 못한다. 이 방향에서 습득하는 **의향에**
달려 있다. 우리가 얼마나 멀리 나아가는지, 그것은 우리의
능력에 달려 있다. 우리는 올바른 것을 해야 할 뿐이고,
나머지 모두는 발달에 맡겨야 한다. 영원한 것 쪽으로
우리의 감각을 향한다면, 이로써 일단은 충분하다. 우리가
그렇게 하면, 그러면 **바로 그렇게 함으로써** 우리 내면에서
영원한 것을 인식하기 시작한다. 우리는 주어질 때까지
기다려야 할 뿐이다. 그리고 적당한 시기가 오면 참을성
있게 기다리면서 ─노력하는─ 사람 누구에게나 주어진다.
여기에서 설명하는 수련을 하는 사람은 얼마나 엄청난
변화가 자신에게 일어나는지 머지않아 알아본다. 그는
영원한 것에 대해, 즉 영원성에 대해 사물이 지니는 관계를

인식하는 바로 그만큼 이 관계에서 어떤 사물이 중요한지 그렇지 않은지를 알아보고 배운다. 세상에 대한 가치 평가가 예전과 달라진다. 그의 느낌이 주변 세계 전체에 대해 다른 관계를 얻는다. 덧없는 것이 예전처럼 그저 자신만을 위해서는 더 이상 매료하지 않는다. 더 나아가 그것은 영원한 것의 한 부분이고 비유가 된다. 그는 모든 존재 속에 살고 있는 영원한 것을 사랑하기를 배운다. 예전에 덧없는 것에 익숙했던 것과 똑같이 이제는 영원한 것에 익숙하다. 그렇다고 해서 인생이 낯설어지지는 않는다. 오히려 모든 존재를 그 진정한 의미에 따라 소중히 여기도록 배운다. 일상생활에서 만나는 무가치한 것조차 아무 흔적 없이 스쳐 지나가지 않는다. 정신적인 것을 구하면서 인간은 그런 것들에 더 이상 매몰되지 않고 그 나름의 한정된 가치를 인식하게 된다. 올바른 조명 아래 그것을 주시할 수 있다는 의미다. 저 하늘에 떠 있는 구름 속에서 거닐고 싶어하기만 하고 일상생활을 망각하는 사람은 인식을 구하기에 적합하지 않다. 진정으로 인식하는 자는 드높은 정상에 서서 모든 것을 명료하게 조망하고, 어떤 존재든 제자리에 위치시키는 올바른 감각이 있다.

12.　　　이렇게 인간의 의지를 금세 이곳으로, 금세 저곳으로

돌리는 외부 감각 세계의 예측할 수 없는 영향을 더 이상
따르지 않는 가능성이 인식하는 자에게 열린다. 그는 인식을
통해 사물에 들어 있는 영원한 본질을 관조한다. 그의 내면
세계가 변화한 바 사물의 영원한 본질을 지각하는 능력을
지닌다. 또한 다음과 같은 생각이 인식하는 자에게 특별히
중요해진다. 그가 자신을 근거로 삼아 어떤 일을 하면, 이는
사물의 영원한 본질을 근거로 삼아 하는 것이라 의식한다.
왜냐하면 사물이 **그의** 내면에서 그 본질을 발설하기
때문이다. 그러므로 그의 내면에 살고 있는 영원성을
근거로 삼아 행위에 방향을 부여하면, 이 역시 영원한
세계 질서의 의미에서 행하는 것이다. 이로써 인식하는
자는 더 이상 사물에 의해서 좌지우지되지 않을 수 있다.
그는 사물 자체에 심어진 법칙에 따라서, 이제는 역시 그
자신의 존재 법칙이 된 법칙에 따라서 사물을 다룰 줄 안다.
인간 내면에서 솟아나는 이 행위만 인간이 추구해야 하는
이상이 될 수 있다. 이 목표는 아주 먼 미래에나 도달할
수 있을 것이다. 그래도 인식하는 자는 그 길을 명료하게
주시하겠다는 의지가 있어야 한다. 이것이 바로 **자유를
향한 그의 의지**다. 왜냐하면 자유는 인간 자신에게서
솟아나는 행위이기 때문이다. 그리고 영원한 것에서 행위의
동인을 퍼올리는 자만 자신을 근거로 해서 행위할 수 있다.

그렇게 할 수 없는 존재는 사물에 뿌리박은 동인이 아니라 다른 동인에 따라 행위한다. 그런 존재는 세계 질서에 거스른다. 그러면 결국 세계 질서가 그를 압도하게 된다. 이것이 의미하는 바는, 그의 의지에 예정되어 있는 것이 결국 일어나지 못한다는 것이다. 그런 존재는 자유로워질 수 없다. 개별 존재의 자의성은 그 행위의 결과로 인해 스스로를 파멸시키고 만다.

∞

13.　　이런 방식으로 내면 생활에 영향을 미칠 수 있는 사람은 정신 인식에서 단계적으로 진보한다. 수련에서 나오는 열매는, 초감각적 세계를 들여다볼 수 있는 특정 통찰력이 그의 정신적 지각에 열린다는 것이다. 그는 이 세계에 대한 진실이 어떤 의미가 있는지 배우고, 경험을 통해서 그 세계에서 직접 확인한다. 이 단계에 올라서면, 오직 이 길을 통해서만 체험될 수 있는 어떤 것이 그에게 다가온다. 그가 '인류의 위대한 정신적 인도자들을' 통해서 한 가지 양식으로 이른바 통과 의식(입문)을 받는데, 그 양식에 담긴 의미를 이제서야 비로소 분명히 알아본다. 마침내 '지혜의 제자'가 된 것이다. 이런 통과 의식에서

인간의 외적인 상황으로서 존속하는 것을 더 적게 볼수록, 그에 대해 형성한 표상은 더 옳다. 인식하는 자에게 이제부터 무슨 일이 일어나는지, 이에 대해서는 이 지면에서 단지 암시만 할 수 있을 뿐이다. 그는 새로운 고향을 얻는다. 이로써 초감각적 세계에서 의식적인 정착민이 된다. 정신적 통찰의 샘물이 이제부터는 더 높은 곳에서 그에게 흘러든다. 이제부터는 인식의 빛이 외부에서 그에게 다가오지 않고, 그가 빛이 흘러나는 중심에 위치된다. 세계가 제시하는 수수께끼가 그의 내면에서 새로운 빛을 얻는다. 이제부터 그는 정신을 통해 형상화된 사물과 이야기하지 않고, 형상을 창조하는 정신 자체와 이야기를 나눈다. 그러면 한 개인의 인생은 정신적인 인식을 하는 그 순간에 영원한 것에 대한 의식적인 비유가 되기 위해서 존재할 뿐이다. 정신에 대한 의심이 예전에는 그의 내면에 일어날 수도 있었다. 그런데 그 의심이 이제는 모두 사라졌다. 왜냐하면 의심은, 그 안에서 지배하는 정신을 호도하는 사물에 기만당하는 사람한테만 일어날 수 있기 때문이다. '지혜의 제자'는 정신 자체와 대화할 능력이 있는 바, 예전에 그가 정신일 것이라 상상했던 거짓스러운 형상도 모두 사라진다. 사람들이 정신이라고 상상하는 그 거짓스러운 형상은 미신이다. 입문을 받은 자는 정신의 진정한 형상이 어떠한지 알기 때문에 그 미신을 극복한다. 개인의 편견, 의심의 편견, 미신의 편견에서 해방된 자유, 이것이 인식의 길에서 문하생으로 올라간 사람이 가지는 특징이다. 모든 것을 포괄하는 정신생활과 개인이 하나가 된다고 해서, 이 개인이 완전히 소멸되어 '전지전능한 정신' 속에 흡수될 것이라고 생각해서는 안 된다. 개인의 발달 과정이 진정한 것이라면 그런 '사라짐'은 일어나지 않는다. 개인은 정신과 맺은 그 관계 속에 개인으로 보존된 채 그대로 남는다. 개인이 극복되는 게 아니고, 더 고귀한 형상화가 이루어진다. 개별적 정신과 보편적 정신이 일치하는 것에 대한 비유가 있어야 한다면, 많은 원이 하나의 커다란 원 속에 빠져들어 없어지는 그림을 선택할 수는 없다. 많은 원이 나름대로 특이한 색조를 띠고 있는 그림을 선택해야 한다. 다양한 색으로 된 그 원들이 서로 겹치지만, 전체 속에서도 원들 **각각의** 색조가 그대로 남아 있다. 각각의 원은 풍부한 자체적 힘을 절대로 잃지 않는다.

14.　　　이 지면에서는 인식의 '길'에 관해 이보다 더 많이 설명해서는 안 된다. 이 책을 확장한 것에 해당하는 『윤곽으로 본 신비학』에서 사정이 허락하는 만큼 그에 관한 것을 더 제시했다.

15.　　　여기에서 정신적 인식의 길에 관해 이야기한 것들은 **오해될** 여지가 너무 크다. **그로 인해** 인식의 길에 들어서면 인생에서 만나는 직접적인 즐거움과 강단 있는 체험을 기피하는 영혼 정서가 권장될 것이라고 생각할 수 있다. 이런 생각을 하는 사람에게는, 정신의 실재성을 직접 체험할 수 있도록 영혼을 준비하는 영혼 정서는 일반적인 요구 사항처럼 일상생활 전체로 확장될 수 없다는 사실을 강조해야 한다. 정신적 현존을 연구하는 사람은 세상에 낯선 사람이 되지 않으면서도, 그 연구를 위해 필요한 만큼 영혼이 감각 세계의 실재에서 물러나도록 일상생활을 관리할 수 있다. 그런데 다른 면에서 반드시 알아보아야 하는 것이 있다. 정신세계의 인식은 그런 길에 들어섰을 때만 생겨나는 어떤 것은 아니라는 것이다. 편견 없이 건강한 인간 오성으로 정신과학적 진실을 파악함으로써 얻을 수 있으며, 또한 그 인식이 윤리 생활의 더 고차적인 위치로, 감각 세계의 현존에 관한 진리에 상응하는 인식으로, 인생에 대한 확신으로, 내면의 영혼 건강으로 인간을 인도한다.

# 5. 몇 가지 주석과 보충

01.　　　　**48쪽(〈신체, 영혼, 정신〉 4문단)_** 얼마 전까지만 해도 '생명력'에 대해 말하는 것은 비과학적인 사람의 특징으로 알려져 있었다. 최근 들어 과학 분야 여기저기에서 '생명력'이라는 관념을 꺼리지 않고 옛 시대에 했던 식으로 받아들이는 분위기가 다시 생겨나는 중이다. 그럼에도 불구하고 현재 과학이 발달하는 과정을 투시하는 사람은, 이 발달을 감안해 '생명력'에 관해서는 전혀 알아보려 하지 않는 사람이 논리적 일관성이 있다고 본다. '생명력'은 오늘날 '자연력'이라 불리는 것에 전혀 속하지 않는다. 그리고 현대 과학의 사고 습관과 표상 양식을 벗어나 더 고차적인 것으로 건너가려 하지 않는 사람은 '생명력'에 관해 말할 자격이 없다. '정신과학'적 사고 양식과 전제 조건이 일단 있어야 비로소 이 주제에 모순되지 않으면서 접근할 수 있다. 순수하게 자연 과학적인 지반에서 자신의 견해를 다지는 사상가조차, 생명 현상을 해명하기 위해서 무생물에서 작용하는 힘만 정당화시키려 했던 19세기 후반기의 신조를 이제는 벗어난 상태다. 저명한 자연 과학자 오스카르 헤르트비히Oskar Hertwig의 저서 『유기체의

발달 과정, 다윈의 자연 선택의 원리를 부정하다. Das
Werden der Organismen. Eine Widerlegung von Darwins
Zufallstheorie』는 과학 분야에서 그야말로 등대 같은
업적이다. 헤르트비히는 이 책에서 단순한 물리 화학적
법칙의 연관성이 생명체를 형상화시킬 수 있다는 가정을
부정한다. ─이른바 신생기론新生氣論이 옛 시대에
'생명력'의 추종자들이 했던 것처럼 생명체에 특정 힘이
작용한다는 생각을 인정하는 것은 물론 의미심장한
일이다.─ 그럼에도 불구하고 생명 속에서 비유기체적 힘을
넘어서서 작용하는 것은 초감각적인 것을 **관조**하는 데까지
올라가는 지각으로만 도달될 수 있다는 사실을 인정할 수
없는 사람은, 이 영역에서 그림자 같은 추상적 개념을 결코
극복할 수 없다. 여기서 중점은, 무생물에 집중하는 자연
과학적 인식을 그대로 생명 영역으로 연장시키는 데에 있지
않고, 다른 양식으로 된 인식을 쟁취하는 데에 있다.


02.      **49쪽(〈신체, 영혼, 정신〉5문단)_** 여기에서 하등
  동물의 '촉각'에 관해 말하기는 해도, 필자가 이 단어로
  의도하는 것은 '감각'에 대한 통상적인 설명에서 이
  표현으로 특징짓는 것은 아니다. 정신과학적 관점에서는
  이 표현의 정당성에 대해 심지어 많은 이의를 제기할 수도

있다. 여기에서 '촉각'이라는 단어는 듣기나 보기 등에 근거하는 **특별한** 인지와 대조적으로 외부 인상의 **일반적 인지**를 의미한다.

03.　　46쪽 ~ 82쪽 〈신체, 영혼, 정신〉_ 이 설명에서 제시한 인간 존재의 구성체가 합일적인 영혼 생활 내부에 부분들을 순전히 임의로 구분한 것으로 보일 수 있다. 이에 대해서는 한 가지 사실을 강조해야 한다. 합일적인 영혼 생활 내부에서의 그 구분은, 빛이 프리즘을 통과하면 일곱 가지 무지개 색으로 드러날 때와 유사한 의미가 있다는 것이다. 물리학자가 빛의 현상을 해명하기 위해 프리즘에 빛을 통과시키고 그 결과로 드러나는 일곱 색조의 뉘앙스를 연구할 때 실행하는 것, 바로 그것을 정신 연구가는 그에 상응하는 방식으로 영혼 존재에 실행한다. 일곱 가지 영혼 구성체는 추상화하는 오성에 의한 단순한 구분이 아니다. 빛에 대한 일곱 가지 색채가 그렇듯 영혼의 일곱 구성체 역시 추상적인 것이 아니다. 이 양자의 경우 그 분류는 사실에 내재하는 성질에 근거한다. 단, 빛의 일곱 가지 구성체는 외형상의 실험 기구를 통해 눈에 보이며, 영혼의 일곱 구성체는 영혼 존재를 규명하는 정신적 고찰을 통해서 드러난다. 이 일곱 구성체를 모른다면 진정한 영혼 존재를

파악할 수 없다. 왜냐하면 영혼은 육체, 생명체, 영혼체라는 세 가지 구성체를 통해서 무상한 이 세상에 속하고, 다른 네 가지 구성체를 통해서는 영원한 세계에 뿌리내리고 있기 때문이다. '합일적인 영혼' 속에 무상한 세계와 영원한 세계가 구별 없이 연결되어 있다. 이 분류를 투시하지 못하면, 영혼이 전체 세계에 대해 어떤 관계에 있는지 알아볼 수 없다. 또 다른 비유도 들 수 있다. 화학자가 물을 수소와 산소로 분리한다. 이 두 가지 질료가 '합일되어 있는 물'에서는 그것들을 따로따로 관찰할 수 없다. 그래도 두 요소는 그 자체의 본질을 가지고 물에 들어 있다. 산소와 수소 모두 다른 질료와 연결되어 있다. 이와 유사하게 죽음과 더불어 세 가지 '낮은 차원의 영혼 구성체'는 무상한 세계 존재와 연결된다. 네 가지 높은 차원의 영혼 구성체는 영원한 세계에 적응한다. 영혼 구성체가 이렇게 분류된다는 것을 알아보려 하지 않는 사람은 물을 수소와 산소로 분리하는 것에 관해서도 역시 전혀 알아보려 하지 않는 화학자와 비교할 수 있다.

04.　　57쪽(〈신체, 영혼, 정신〉 11문단)_ 정신과학적 설명은 아주 정밀하게 고찰되어야 한다. 그것은 관념을 정확하게 형성할 때만 가치가 있기 때문이다. 이를테면

"동물의 경우 그런 것들은(느낌, 본능, 충동, 욕구 등)
직접적인 체험을 벗어나는 독자적인 **사고내용**으로
관철되어 있지 않다."는 문장에서 '직접적인 체험을
벗어나는 독자적인'이라는 말에 유의하지 않는 사람은, 이
문장으로 동물의 느낌이나 본능 속에는 사고내용이 전혀
들어 있지 않다고 주장하는 것이라 잘못 생각할 수 있다.
그런데 다름 아니라 바로 진정한 정신과학이야말로 동물의
(뿐만 아니라 모든 존재의) 모든 내적 체험은 사고내용으로
관철되어 있다는 인식을 지반으로 삼고 있다. 단 동물의
사고내용은 동물 속에 살고 있는 '나/Ich'의 독자적인 것이
아니라, 한 동물적 집단-나/Ich의 것이다. 이 집단-나/Ich는
외부에서 동물을 장악하고 지배하는 존재라고 간주할 수
있다. 집단-나/Ich는 인간 나/Ich처럼 물체 세계에 존재하지
않고, 121쪽 이하〈영혼 세계〉에 설명된 영혼 세계로부터
동물에 작용한다.(이에 관한 더 상세한 내용은『윤곽으로 본
신비학』에 실려 있다) 인간의 경우 중점은 사고내용이 **그의
내면에서** 독자적인 현존을 얻는다는 것이다. 이는 인간이
사고내용을 느낌으로 간접적으로 체험하지 않고, 직접적인
사고내용으로서 역시 영적으로 체험한다는 것이다.

05.　　　**64쪽(〈신체, 영혼, 정신〉 17문단)_** 아주 어린

아이들이 "한스는 용감해."라든지 "마리가 그 장난감을 가지고 싶어해."라고 말하는 경우 아이가 얼마나 일찍 '나/Ich'라는 단어를 사용하는지는 중점이 아니다. 그보다는 아이가 언제 그 단어에 적절한 표상을 연결하는지 눈여겨보아야 한다. 평상시에 어른들이 '나/Ich'라고 말하는 것을 듣기 때문에 아이들이 '나/Ich'에 대한 표상이 없는 나이에도 그 단어를 사용하기는 한다. 그래도 **보통은** 나이가 좀 들어야 그 단어를 사용한다. 이는 발달에 있어 나/Ich-표상이 어렴풋한 나/Ich-느낌을 차츰차츰 벗어나 전개된다는 중요한 사실 정황을 암시한다.

06.　　70~73쪽(〈신체, 영혼, 정신〉 19~22문단)_
'직관'의 실재적 본질은 필자의 다른 저서인 『고차 세계의 인식으로 가는 길』과 『윤곽으로 본 신비학』에 설명되어 있다. 주제를 부정확하게 고찰하는 사람은 직관이라는 단어 사용이 이 두 저서와 이 책 71쪽(19문단) 간에 모순이 된다고 느낄 수 있다. 물체 세계에 외형상 현존은 인간 감각에 그 접근을 알린다. 정신세계에서 나와 초감각적 인식을 위해 직관을 통해 완벽한 실재로 드러나는 것은 그 **가장 낮은 단계의** 현시로서 정신자아에 그 접근을 알린다. 이 두 가지를 정확하게 구분하는 사람에게는 앞에 말한 모순이 존재하지 않는다.

07.     **83쪽 이하**(2. 정신의 재현신과 숙명)_ 필자가 이 장을 설명하면서 특히 시도한 것이 한 가지 있는데, 그것을 유의해야 한다. 그것은 바로 다음과 같다. 다른 장에서 제시한 바와 같은 정신과학적 인식을 도외시하고 현생만 사고를 통해 고찰함으로써, 이 현생과 숙명이 그 자체를 넘어서서 지상에서 반복하는 인생들을 어느 정도로 가리키는지, 이에 대한 표상을 획득하고자 했다. 현생을 주시하는 통례적인 표상만 '확고한 지반이 있는 것'이라고 생각하는 사람은 당연히 필자의 표상을 의심스러워할 수밖에 없다. 단 그는 이 장에서 설명하는 것이 한 가지 의견을 정당화하고자 한다는 것만은 염두에 두어야 한다. 그런 통례적인 표상 양식으로는 인생 노정의 근거를 인식할 수 없다는 것이 바로 그것이다. 사정이 이렇기 때문에 통례적인 표상과 **외관상** 모순이 되는 다른 표상을 반드시 **찾아야 한다.** 그리고 이 다른 표상을 찾으려 하지 않는 것은 단 한 경우에서일 뿐이다. 인간은 물체 세계에서 일어나는 사건의 과정에 보통 사고하는 고찰을 적용한다. 그런데 사건들에서 오직 영적으로 파악해야 할 과정에 그 사고하는 고찰의 적용을 근본적으로 거부하는 것이 바로 그 경우다.

그렇게 거부하는 사람은, 숙명이 나/Ich한테 들이닥치는 것은 어떤 기억이 그것과 유사한 체험을 만나는 것과 같은 종류라는 것이 느낌상 증명된다는 사실에 아무 가치도 두지 않는다. 그런데 숙명적 사건이 진정으로 체험되는 양식을 지각하고자 애쓰는 사람은, 외부 세계에서 관점을 받아들이기 때문에 나/Ich와 숙명적 사건 간의 생동적인 관계가 당연히 전부 누락되는 경우에 생겨날 수밖에 없는 의견과 그 체험을 구분할 줄 안다. 외부 세계에서 받아들인 관점에서 보면 숙명적 사건은 우연이거나 혹은 외부에서 다가오는 규정성으로 보인다. 그런데 잘 들여다보면 한 인간의 인생에 특정한 의미에서 숙명의 첫 기미 같은 것이 생기고, 그 결과는 나중에야 드러나는 **숙명적 사건도 역시 있기 때문에**, 나중의 결과에 해당하는 것을 일반화하고 다른 가능성은 전혀 고려하지 않으려는 경향이 더 커진다. 인생 경험이 괴테의 친구 크네벨Karl Ludwig von Knebel 이 보인 방향으로 표상 능력을 이끌어가면, 비로소 그 다른 가능성에 주의를 기울이기 시작한다. 크네벨은 다음과 같은 편지를 쓴 적이 있다. "엄밀하게 관찰해 보면, 대다수 사람들 인생에 한 가지 특정한 의도가 존재한다는 것을 알 수 있습니다. 사람들이 처한 상황을 통해서, 그들 천성을 통해서 그 의도는 예정되어 있습니다. 인생 노정이 아무리 변화무쌍해도 마지막에는 역시 그 전체가 드러나서 모든 사건이 일정한 조화를 이루고 있다는 것을 보여 줍니다. … 특정한 숙명의 손길은 아무리 비밀스럽게 작용한다 해도 역시 정확하게 드러납니다. 그 손길이 외적인 영향이나 내적인 동요로 인해 움직여질 수 있습니다. 심지어는 모순이 되는 동기들이 자주 그 손길이 가리키는 방향으로 움직입니다. 그런데 아무리 혼란스럽다 해도 그 과정은 언제나 방향과 동기가 비쳐나게 합니다."[*] 물론 이런 관찰에 쉽사리 이의를 제기할 수 있다. 특히 영혼 체험을 전혀 고려하고 **싶어하지** 않는 인물들이 그들 스스로 그 체험에서 유래하는 데도 불구하고 이의를 제기한다. 그런데 필자는 지상에서 반복하는 인생과 숙명에 관한 설명에서 정확한 경계선을 제시했고, 그 경계 안에서 인생 형상의 근거에 대한 표상을 형성할 수 있다고 믿는다. 여기에서 염두에 두어야 할 사항은, 이 표상이 향하는 관조는 이 표상에 의해 단지 '그림자 같은 윤곽'으로 규정될 뿐이며, 정신과학적으로 발견되어야 하는 것을 **사고를 통해서 미리 준비할 뿐**이라는 것이다. 그런데 사고를 통한 그 준비는

---

[*] 원발행자_『카를 루드비히 폰 크네벨의 문학 유작과 서신문 K. L. v. Knebel's Literarischer Nachlass und Briefwechsel』(1840, 2판본) 카를 아우구스트 파른하겐 폰 엔제Karl August Varnhagen von Ense와 테오도어 문트Theodor Mundt 공저, 제3권 452쪽

내적인 영혼 실행이다. 이 영혼 실행이 자체적 파급 효과를
오판하지 않는다면, 그리고 이 영혼 실행이 '증명하려' 하지
않고 '수련하기'만 원한다면, 인간이 사고를 통한 준비가
없는 경우에는 헛되고 어리석은 것이라 생각하는 인식을
편견 없이-수용할 수 있도록 준비된다.

08.　　　129~130쪽(〈영혼 세계〉5문단)_ 이 책 마지막 장인
〈인식의 길〉에서 '정신적 지각 기관'에 관해 간략하게
서술했다. 필자의 다른 저서인『고차 세계의 인식으로 가는
길』과『윤곽으로 본 신비학』에서 더 상세한 내용을 찾아볼
수 있다.

09.　　　163쪽(〈정신들의 나라〉3문단)_ "물체 세계에서처럼
한 장소에 머무르면서 조용히 쉰다는 것은 있을 수 없다."
고 해서 정신세계 안에 혼란한 소요만 있으리라 가정한다면
옳지 않다. '원초 형상은 곧 창조 중인 존재'를 의미하는
곳에 '한 장소에서 조용히 머무른다'고 부를 수 있는 것은
있을 수 없다. 그렇다 해도 정신적 양식의 평온함, 즉
활동하는 유동성에 상응하는 평온함은 전적으로 존재한다.
이는 무위가 아니라 행위로 드러나는, 정신의 평온한
충족감과 지복에 비교될 수 있다.

10.    169쪽(〈정신들의 나라〉8문단)과 173쪽(〈죽은 후 정신들의 나라에서 순례하는 정신〉1문단)_ 여기서 '의도'라는 단어는 세계 발달을 촉진하는 위력에 대조해서 이용해야 한다. 물론 그렇게 함으로써 그 위력을 인간의 의도처럼 단순하게 생각할 위험에 빠질 수는 있다. 이런 유혹을 물리치는 데에는 한 가지 길이 있을 뿐이다. 단어는 어쩔 수 없이 인간 세계에서 차용해야 한다. 그런데 이제 그 단어에서 협소하게 한정된 인간적 성격을 모두 제거하는 것이다. 그 대신 인간이 살아가는 동안 특정한 의미에서 자신을 넘어서서 고양된 경우에 그런 단어에 근사치로 부여하는 것이 있다. 바로 이것을 더한 단어의 의미로 인간이 고양되면 세계 발달을 이끌어가는 위력을 인간의 의도와 같은 것으로 보는 유혹을 물리칠 수 있다.

11.    170쪽(〈정신들의 나라〉8문단)_ '정신적 언어'에 관한 더 자세한 내용은『윤곽으로 본 신비학』에 실려 있다.

12.    190쪽(〈죽은 후 정신들의 나라에서 순례하는 정신〉 9문단)_ 이 부분에 "… 영원한 것을 근거로 삼아 미래를 위한 방향을 결정할 수 있다."라고 되어 있는데, 이는 죽음과 새로운 출생 사이에 인간 영혼 상태의 특이한 양식을

암시한다. 물체 세계에서 살아가는 동안 인간을 덮치는 숙명적 사건에 **현생의** 영혼 상태만 고려하면 인간 의지를 완전히 거스르는 무엇인가가 있는 것처럼 보인다. 죽음과 새로운 출생 사이의 삶에서는 바로 그 숙명적 사건을 체험하게 하는 방향을 인간에게 주는, 의지와 유사한 힘이 영혼 속에 지배한다. 영혼이 그 이전에 지상에서 살았던 인생에서 나온 불완전성, 즉 옳지 않은 행위나 생각에 기인하는 불완전성이 자신에 들러붙어 있다는 것을 특정한 의미에서 알아본다. 죽음과 새로운 출생 사이에 영혼 속에서 그 불완전성을 조정하려는, 의지와 유사한 자극이 발달된다. 바로 그래서 그 다음에 바로 이어지는 지상의 인생에서 불행에 빠지려는 경향을, 그 불행을 당함으로써 다시금 균형을 이루려는 경향을 자신의 존재 속에 수용한다. 육체로 다시 태어난 후 영혼이 숙명적 사건을 맞닥뜨리면, 태어나기 이전에 순수하게 정신적인 삶을 사는 동안에 그 숙명이 일어날 방향을 스스로 마련했다는 사실을 전혀 알아채지 **못한다.** 현생의 관점으로는 **전혀 원하지 않은** 듯이 보이는 것이 실은 초감각적 세계에서 영혼에 의해 **원해졌다.** 즉 '인간 스스로 자신의 미래를 영원한 것을 근거로 해서 규정하는 것이다.'

13.    **209쪽 이하(〈사고내용 형태와 인간의 오라〉)**_ 이
책에 담긴 내용 중에서 오해할 소지가 가장 다분한 부분이
바로 이 장이다. 적대적인 느낌은 바로 이 설명에서 이의를
제기할 최상의 기회를 발견한다. 이 영역에 대해 형안자가
진술하는 것은 이를테면 자연 과학적 표상 양식에 일치하는
실험으로 증명되어야 한다는 요구를 받기 십상이다. 오라의
정신적인 면을 볼 수 있다고 말하는 일정 수의 사람을
피실험자들과 대면시켜서 이들의 오라를 관찰하게 한
다음에, 그들이 피실험자들의 생각과 느낌 등을 오라로
보았는지 진술하도록 한다. 형안자들이 한 진술이 상호
일치하면, 그리고 형안자들이 진술한 느낌과 생각을
피실험자들이 지녔다는 것이 증명되면 오라의 존재를
믿겠다는 생각인 것이다. 이는 물론 순전히 자연 과학적
기준에 따라 생각한 것이다. 단, 다음 사항을 고려해야
한다. 정신 연구가가 자신의 영혼에 하는 작업은, 즉 그에게
정신적 관조 능력을 주는 그 작업은 **다름 아니라 바로 그
능력을 얻기 위한** 방향으로 나아가는 것이다. 그런데 그가
정신세계의 각 상황에서 어떤 것을 지각하는지, 그리고
**무엇을** 지각하는지, 그것은 그에게 달려 있지 않다. 그것은
**은혜로서** 정신세계에서 나와 그에게 흘러든다. 그는 그것을
억지로 강요할 수 없다. 그것이 그에게 올 때까지 기다려야

한다. 지각을 불러일으켜 보겠다는 **그의 의도는** 그 지각을
만나게 하는 원인에 절대 속하지 않는다. 그런데 자연
과학적 표상 양식은 실험에서 바로 **이 의도**를 요구한다.
하지만 정신세계는 명령되지 않는다. 그런 실험을 해야 하는
상황이라면 정신세계 자체가 그것을 성립시켜야 한다. **그**
**세계의** 한 존재가, 형안자 한 명이나 다수에게 한 사람이나
여러 사람의 사고내용을 보여 주어야겠다는 의도를 가지고
있어야 한다는 것이다. 그 다음에 그 형안자들 모두 그
'정신적 동인'을 통해서 관찰하는 그 모임으로 인도되어야
한다. 그러면 그들의 진술은 어김없이 일치할 것이다.
이 모든 것이 순수하게 자연 과학적인 사고에 너무나
역설적으로 들리겠지만, 그래도 사실이 그러하다. 정신적
'실험'은 물리적 실험에서 하는 것처럼 이루어지지 않는다.
이를테면 낯선 사람이 형안자를 방문했다고 하자. 형안자가
아무 거리낌 없이 그 사람의 오라를 관찰해 보겠다고
'마음먹을 수' 없다. 그런데 그 방문객의 오라가 형안자에게
드러나야 할 이유가 정신세계에 있다면, 형안자가 그의
오라를 관조하게 된다. 이 짤막한 설명은 위에 암시한
반박 중 애매해서 오해할 여지가 있는 부분에만 해당한다.
정신과학이 이루어야 할 것은, 인간이 어떤 길에서 오라를
관조하게 되는지를, 달리 말해 어떤 길에서 인간 스스로

오라의 존재에 대한 체험을 얻을 수 있는지를 제시하는 것이다. 과학은 인식하려는 자에게 다음과 같이 대답할 수 있을 뿐이다. "관조의 조건을 너 자신의 영혼에 적용하라. 그러면 관조할 것이다." 위에서 언급한 바와 같은 자연 과학적 표상 양식에서 나오는 요구 사항이 충족된다면 물론 편하기는 할 것이다. 단, 그런 요구 사항을 내세우는 사람은 자신이 정신과학의 맨 첫 번째 결과를 진정으로 습득하지 않았다는 것을 드러낼 뿐이다.

14.    어떻게든 '초감각적인 것'을 들여다 보아야겠다는 호기심을 가지고 '인간 오라'에 관해 이 책에 쓰인 내용을 대해서는 안 된다. 그런 호기심에 찬 사람은 단 한 경우에만 정신세계가 만족스럽게 해명된 것이라 생각한다. 그 경우란, 감각 세계에 있는 사물과 똑같이 표상할 수 있는 어떤 것을, 달리 말해 표상을 하면서 감각 세계 속에 편안히 머물 수 있는 어떤 것을 '정신'이라고 보여 줄 때다. 어떻게 오라의 색채를 표상해야 하는지, 이 특별한 양식에 관해 209쪽부터 211쪽에 서술했다. 그 내용이 이런 오해를 방지할 수 있으리라는 생각이다. 그래도 이 영역에서 올바른 인식을 추구하는 자는, 인간 영혼이 정신적인 것과 영적인 것을 **체험**하면 오라의 정신적인 ― 감각적인 것이

아니라 − **관조가** 불가피하게 자신 앞에 들어선다는 사실을 간파해야 한다. 그런 **관조가** 없다면 체험은 무의식적으로 머문다. 물론 형상적 관조를 체험 자체와 혼동하면 안 된다. 그럼에도 불구하고 체험에 완벽하게 들어맞는 표현이 그 형상적 관조에 들어 있다는 것도 분명히 알고 있어야 한다. 그 표현은 관조하는 영혼이 임의로 만들어 내는 것이 아니고, 초감각적 지각 안에서 **자체적으로** 형성되는 것이다. 모리츠 베네딕트Moritz Benedikt 박사가 그의 저서 『마법 지팡이와 진자를 이용한 수맥 찾기』*에서 서술한 것처럼 오늘날 자연 과학자가 '인간 오라'에 대해 다음과 같이 말해야 할 이유가 있다고 하면, 사람들은 그를 용서할 것이다. "비록 소수지만 '어둠에 적응한' 사람들이 있다. 그 소수의 사람 중 비교적 다수가 어둠 속에서 아주 많은 대상을 **무채색으로** 본다. 그리고 비록 아주 소수지만 이 중에는 대상에서 색채를 보는 사람들도 있다. … '어둠에 적응한 이 두 부류의 사람들이' 내 암실에서 다수의 학자와 의사를 검사했다. 피실험자 모두 그들의 관찰과 설명이 옳지 않다고 의심할 만한 것을 전혀 발견하지 못했다 … 어둠에 적응한 사람들 중 색채를 지각하는 사람들이 관찰

---

* 원발행자_『마법 지팡이와 진자를 이용한 수맥 찾기Ruten- und Pendellehre』 (1917, 빈) 17쪽

대상자의 앞이마와 정수리 부분에는 파란색을, 머리 오른쪽 절반은 파란색을 왼쪽 절반은 빨간색 혹은 몇몇 경우에는 주황색을 보았다. 관찰 대상자의 뒷모습도 역시 같은 식으로 나뉘었고, 각기 같은 색으로 보였다." 그런데 정신 연구가가 '오라'에 관해 말하면 사람들은 그렇게 쉽사리 용서하지 않는다. 필자는 베네딕트의 ―현대 자연론 중에서도 가장 흥미로운 것에 속하는― 그 설명에 어떤 형식이든 입장을 표명해야 할 이유도 없고, 많은 사람이 기꺼이 하듯이 자연 과학을 통해서 정신과학을 '변호하기' 위한 기회를 잡으려는 의도도 아니다. 어떻게 자연 과학자가 그런 경우에 정신과학의 주장과 아주 다르지 않은 주장을 하는지 보여 주고 싶을 따름이다. 그런데 여기에서 반드시 강조되어야 할 것은, 필자가 이 책에서 주제로 다룬, 정신으로 파악해야 할 오라는 베네딕트가 주제로 다룬, 물리적 실험 기구로 연구하는 오라와 완전히 다른 어떤 것이라는 사실이다. 외적인 자연 과학의 방법으로 '정신적 오라'를 연구할 수 있다고 생각한다면, 당연히 조야한 착각에 빠지기 마련이다. 오라는 (이 책 마지막 장에서 설명한 바와 같은) 인식의 길을 통과한 정신적 관조만 접근할 수 있는 것이다. 그런데

정신적으로 지각한 것의 실재성이 감각적으로 지각한
것의 실재성과 같은 방식으로 증명되어야 한다는 생각을
정당화한다면, 이 역시 오해에 기인한다.

---

\* 원발행자_다음은 이 책의 심화 연구를 위해 참고하면 좋을 루돌프 슈타이너의
문헌들이다.

〔저서〕
- 『Die Philosophie der Freiheit자유의 철학』 현대 세계관의 근본 특징. 자연
  과학적 방법을 따른 영적 관찰 결과(GA 4/포켓북 627, 1894)
- 『Das Christentum als mystische Tatsache und die Mysterien des
  Altertums신비적 사실로서의 기독교와 고대 비밀 의식』(GA 8/포켓북 619,
  1902)
- 『Wie erlangt man Erkenntnisse der höheren Welten?고차 세계의 인식
  으로 가는 길』(GA 10/포켓북 600, 1904/5)
- 『Die Geheimwissenschaft im Umriss신비학 개요』 (GA 13/포켓북 601, 1910)

· 『**Die geistige Führung des Menschen und der Menschheit**인간과 인류
의 정신적 인도』(GA 15/포켓북 614, 1911)

· 『**Lucifer-Gnosis; Grundlegende Aufsätze zur Anthroposophie und
Berichte aus den Zeitschriften «Luzifer» und «Lucifer – Gnosis»**
1903 - 1908 루시퍼-그노시스. 인지학에 대한 기본 논설과 간행물〈루시퍼-그노
시스〉에 실린 기사』(GA 34, 1903 ~1908)

〔강의〕

· 『**Ursprung und Ziel des Menschen**인간의 원천과 목표』정신과학의 기본
개념. 1904년 9월 29일부터 1905년 3월 30일까지 베를린에서 행한 23회의 연속
강의(GA 53/포켓북 682)

- 『**Vor dem Tore der Theosophie**신지학의 문 앞에서』1906년 8월 22일부터 9월 4일까지 슈투트가르트에서 행한 14회의 연속 강의와 2회의 질의 응답 (GA 95/포켓북 659)
- 『**Die Theosophie des Rosenkreuzers**장미 십자단의 신지학』1907년 5월 22일부터 6월 6일까지 뮌헨에서 행한 14회의 연속 강의(GA 99/포켓북 643)
- 『**Makrokosmos und Mikrokosmos. Die große und die kleine Welt. Seelenfragen, Lebensfragen, Geistesfragen**대우주와 소우주. 큰 세상과 작은 세상. 영혼 문제, 삶의 문제, 정신의 문제』1910년 3월 21일부터 31일까지 빈에서 행한 11회의 연속 강의. 1910년 3월 19일에 행한 1회의 공개 강의(GA 119/포켓북 703)
- 『**Die Offenbarung des Karma**업의 현시』1910년 5월 16일부터 28일까지 함부르크에서 행한 11회의 연속 강의(GA 120/포켓북 620)

- 『**Der irdische und der kosmische Mensch**지상 인간과 우주 인간』1911년 10월 23일부터 1912년 6월 20일까지 베를린에서 행한 9회의 연속 강의(GA 133)

- 『**Wiederverkörperung und Karma und ihre Bedeutung für die Kultur der Gegenwart**재현신과 업, 그리고 현대 문화에 대한 그 의미』1912년 1월 23일과 30일 베를린에서의 2회 강의, 동년 2월 20일과 21일 슈투트가르트에서 2회 강의, 동년 3월 5일 베를린에서의 1회 강의를 포함한 총 5회의 연속 강의(GA 135/포켓북 647)

- 『**Das Leben zwischen dem Tode und der neuen Geburt im Verhältnis zu den kosmischen Tatsachen**죽음과 새로운 출생 사이의 삶, 우주 상황에 대한 관계에서 보다』1912년 11월 5일부터 1913년 4월 1일까지 베를린에서 행한 10회의 연속 강의(GA 141)

- 『**Initiations-Erkenntnis**입문 인식』1923년 8월 19일부터 31일까지 영국 웨일스의 펜메인모어에서 행한 13회의 연속 강의(GA 227)

루돌프 슈타이너의 생애와 작업

| 1861 | 2월 27일 오스트리아 남부 철도청 소속 공무원의 아들로 크랄예비치(지금은 크로아티아에 속함)에서 태어남. 오스트리아 동북부 출신의 부모 밑에서 오스트리아의 여러 지방에서 유년기와 청소년기를 보냄 |
|---|---|
| 1872 | 비너 노이슈타트 실업계 학교에 입학해 1879년 대학 입학 전까지 수학 |
| 1879 | 빈 공과 대학에 입학. 수학과 자연 과학을 비롯하여 문학, 철학, 역사를 공부하고 괴테에 관한 기초 연구 시작 |
| 1882 | 최초의 저술 활동 시작 |
| 1882~1897 | 요제프 퀴르슈너가 주도하는 〈독일 민족 문학〉 전집에서 괴테의 자연 과학 논문에 서문과 주해를 덧붙이는 일을 맡아 『괴테의 자연 과학 저술에 대한 도입문과 주석』 5권(GA 1a~e) 발간 |
| 1884~1890 | 빈의 한 가정에서 가정 교사로 생활 |
| 1886 | '소피'판 괴테 작품집 발간에 공동 작업자로 초빙. 『실러를 각별히 고려한 괴테 세계관의 인식론 기본 노선들』(GA 2) |
| 1888 | 빈에서 〈독일 주간지〉(GA 31) 발간. 빈의 괴테 협회에서 강의 『인지학의 방법론적 근거: 철학, 자연 과학, 미학과 심리학에 관한 논문집』(GA 30) |
| 1890~1897 | 바이마르에 체류하면서 괴테/실러 문서실에서 공동 작업. 괴테의 자연 과학 저작물 발간 |
| 1891 | 로스토크 대학에서 철학 박사 학위를 취득하고 이듬해에 박사 학위 논문 증보판 출판. 〈진리와 과학: 『자유의 철학』 서곡〉(GA 3) |
| 1894 | 『자유의 철학: 현대 세계관의 근본 특징, 자연 과학적 방법에 따른 영적인 관찰 결과』(GA 4) |
| 1895 | 『프리드리히 니체: 시대에 맞선 투사』(GA 5) |
| 1897 | 『괴테의 세계관』(GA 6) 베를린으로 거주지를 옮기고 오토 에리히 하르트레벤과 함께 〈문학 잡지〉와 〈극 전문지〉 발행 |

(GA 29~32), '자유 문학 협회', '기오르다노 브루노 연맹', '미래인' 등에서 활동

1899~1904 빌헬름 리프크네히트가 세운 베를린 '노동자 양성 학교'에서 교사로 활동

1900~1901 『19세기의 세계관과 인생관』 집필.(1914년 확장판으로 『철학의 수수께끼』(GA 18) 발표) 베를린 신지학 협회 초대로 〈인지학〉 강의 『근대 정신생활 출현 시기의 신비학과 현대 세계관과의 관계』(GA 7)

1902~1912 〈인지학〉을 수립하고 정기적인 공개 강의(베를린)과 유럽 전역을 대상으로 하는 강의 활동 시작. 지속적인 협력자로 마리 폰 지버스(1914년 슈타이너와 결혼, 이후 마리 슈타이너)를 만남

1902 『신비로운 사실로서의 기독교와 고대의 신비들』(GA 8)

1903 잡지 〈루시퍼〉(GA 34, 나중에 〈루시퍼-그노시스〉로 바꿈) 창간

1904 『신지학: 초감각적 세계 인식과 인간 규정성에 관하여』(GA 9)

1904~1905 『고차 세계의 인식으로 가는 길』(GA 10), 『아카샤 연대기에서』(GA 11), 『고차적 인식의 단계들』(GA 12)

1909 『윤곽으로 본 신비학』(GA 13)

1901~1913 뮌헨에서 『네 편의 신비극』(GA 14) 초연

1911 『인간과 인류의 정신적 인도』(GA 15)

1912 『인지학적 영혼의 달력: 주훈週訓』(GA 40) 『인간 자아인식으로 가는 하나의 길』(GA 16)

1913 신지학 협회와 결별. 인지학 협회 창립. 『정신세계의 문지방』(GA 17)

1913~1922 첫 번째 괴테아눔(목재로 된 이중 돔형 건축물로 스위스 도르나흐에 있는 인지학 본부) 건축

1914~1923 도르나흐와 베를린에 체류하면서 유럽 전역을 순회하며

강의 및 강좌 활동. 이를 통해 예술, 교육, 자연 과학, 사회생활, 의학, 신학 등 수많은 영역에서 쇄신이 일어나도록 자극. 동작 예술 오이리트미(Eurythmie, 1912년 마리 슈타이너와 함께 만듦)를 발전시키고 교육

1914 『인간의 수수께끼에 관해』(GA 20) 『영혼의 수수께끼에 관해』(GA 21) 『〈파우스트〉와 〈초록뱀과 아름다운 백합〉을 통해 드러나는 괴테의 정신적 본성』(GA 22)

1919 남부 독일 지역에서 논문과 강의를 통해 '사회 유기체의 삼지적 구조' 사상을 주장. 『현재와 미래의 불가피한 사항에 있어서 사회 문제의 핵심』(GA 23), 『사회 유기체의 삼지성과 시대 상황(1915~1921)에 대한 논문』(GA 24). 같은 해 10월에 슈투트가르트에 '자유 발도르프학교' 세움(사망 전까지 이 학교를 이끌어 감)

1920 제1차 인지학 대학 강좌 시작. 아직 완성되지 않은 괴테아눔에서 예술과 강의 등 행사를 정기적으로 개최

1921 본인의 논문과 기고문을 정기적으로 싣는 주간지 〈괴테아눔〉(GA 36) 창간

1922 『우주론, 종교 그리고 철학』(GA 25). 12월 31일 방화로 괴테아눔 소실(이후 콘크리트로 다시 지을 두 번째 괴테아눔의 외부 형태 설계)

1923 지속적인 강의와 강의 여행. 성탄절에 '인지학 협회'를 '일반 인지학 협회'로 재창립

1923~1925 미완의 자서전 『내 삶의 발자취』(GA 28) 및 『인지학의 기본 원칙』(GA 26) 그리고 이타 베그만 박사와 함께 『정신 과학적 인식에 따른 의술 확대를 위한 기초』(GA 27)를 집필

1924 강의 활동을 늘리면서 수많은 강좌 개설. 유럽에서 마지막 강의 여행. 9월 28일 회원들에게 마지막 강의. 병상 생활 시작

1925 3월 30일 도르나흐에 있는 괴테아눔 작업실에서 눈을 감음

## 옮긴이의 글

인지학을 공부하는데 기본 중에 기본이 되는 책이 '마침내' 출판된다. 발도르프 교육과 더불어 인지학이 한국에 소개된 지 어언 20여 년이 지난 이제야 마침내, 그리고 옮긴이가 이 책 첫 번역을 탈고한 지 거의 10년 만에 마침내. 여러 사정으로 인해 이렇게 미루어지고 미루어진 것에 옮긴이는 별로 불만이 없다. 오히려 참 다행이라는 생각이다. 그동안 루돌프 슈타이너의 저술물을 다방면으로 공부했고, 덕분에 번역문을 여러 차례 꼼꼼하게 점검하며 수수께끼처럼 남았던 부분들을 – 비록 옮긴이의 허황된 소망에 불과한 것인지는 모르겠지만 – 원문에 좀더 근사치가 되도록 '조형'할 수 있었기 때문이다.

이 책에는 옮긴이의 가슴을 울리지 않고 지나간 문장은 하나도 없다. 그럼에도 불구하고 그중에서 처음 읽었을 적에 선명하게 흔적을 남겼고, 세월이 흐를수록 그 흔적이 사라지지 않고 더욱더 짙어지는 것을 골라야 한다면, 그것은 바로 다음과 같다.

"이렇게 인간은 **세 가지 세계**의 시민이다. **신체**를 통해서 지각하는 세계에 자신의 신체를 통해서 속한다. 인간은 **영혼**을 통해서 자신의 세계를 구축한다. 이 두 세계를 초월하는 세계가 인간에게 **정신**을 통해서 드러난다."

오늘날 사람들이 살아가는 모양과 느낌과 생각을 유심히 관찰해 보면, 평범하게 쓰인 듯한 이 문장의 무게가 - 적어도 옮긴이에게는 - 더욱더 비범하게 다가온다. 대부분의 사람들은 눈에 보이는 이 육체를 나 자신이라 여기고, 눈에 보이는 저 바깥 세계만 정말로 존재한다고 생각하지 않는가? 저 바깥에서 오는 자극에 육체의 신경 체계가 반응해서 우리가 느끼고 생각하고 행동한다고 배우지 않는가? 외부에서 자극이 오면 찔끔거리듯 반응해서 생겨나는 느낌이나 생각은 개인의 주관적인 경험이고, 객관적 자연과학으로 증명되지 않는 한 별 쓸모가 없는 것으로 치부되지 않는가? 앞에 문장을 빌리자면, 오늘날 우리는 오로지 한 가지 세계의 시민, 즉 '신체를 통해서 지각하는 세계의 시민'일 뿐이다.

영혼 세계와 정신세계는 개인의 주관적인 세계일 뿐이고 믿음의 대상이 되는 세계로만 남았다. 그 두 세계는 인간에게 알 수 없는 낯선 것이 되었다는 말이다. 사람이 낯선 것을, 알 수 없는 것을 만나면 어떻게 하는가? 호기심이 굉장히 강해서 낯선 것에 즐겨 다가가는 소수를 제외한 대부분은 적대감을 내포하는 공포심을 느낀다. 현재 최고도로 낯선 수수께끼로 남았기에 인간이 형용할 수 없는 공포심을 느끼는 것은 무엇인가? 바로 육체를 벗는 것, 즉 '죽음'

이다. 죽은 후에 연옥이나 지옥이나 천당이 있다고 종교가 가르치기는 해도, 그것은 체험이 아니라 그저 머릿속에 담아 둔 지식일 뿐이다. 실제로 죽음을 면전에 마주 대하면 떠오르는 것은 '깜깜할 뿐'이다. 칠흑 같은 나락으로 뛰어내려야 한다는 느낌.

　　루돌프 슈타이너가 이 책의 제6판본 출판을 앞둔 1914년 여름에 제1차 세계 대전이 일어났다. 옮긴이가 이 글을 쓰는 현재 이른바 Covid19라 불리는, '조절할 수 없는 낯선' 바이러스가 전 세계를 휩쓸고 있다. "잃는다는 면에서는 단 한 명의 생명도 너무 많다"*는 인문주의적 신조에 따라 전 세계에 민주화되고 적절한 부가 축적된 국가 정부는 낯선 바이러스에 대항하기 위해 다른 모든 인생사는 제쳐 두었다. 죽음에 대한 인류의 공포심이 검은 구름으로 지구 전체를 둘러싸고 있는 듯하다. 옮긴이는, 사람들이 Covid19에 대해 가지는 공포심이 그것의 실상에 부합하는지 그렇지 않은지, 각국 정부가 내리는 조처가 옳은지 그른지를 따지려는 게 아니다. 오늘날 사람들 사이에 죽음에 대한 공포심이 바이러스처럼 '전염되어

---

*　2020년 3월 중순 독일 수상 앙겔라 메르켈Angela Merkel이 Covid19와 관련해 발표한 사회적 격리 조처 담화문에서

있다'는 사실 정황을 이야기할 뿐이다.

루돌프 슈타이너는 이 책 〈죽은 후 영혼 세계를 거치는 영혼〉에서 죽음에 관해 다음과 같이 서술한다.

"정신과 영혼이 신체를 버리고 떠나는 것이 아니다. 신체의 힘이 인간 조직이라는 의미에서 더 이상 작용할 수 없으면, 정신과 영혼이 신체를 풀어 준다."

여기에서 '신체를 풀어 준다'에 쓰인 독일어 동사는 'Entlassen'이다. 옮긴이는 '풀어 준다'로 번역했는데, 실생활에서는 '해고하다, 퇴직시키다'라는 의미로 쓰인다. 이는 인간 존재에서 주인은 정신과 영혼이라는 것을 의미한다. 이 주인은 문자 그대로 인간적이라 평생 동안 써온 신체를 아무렇게나 내다버리지 않고, '신체의 힘이 인간 조직이라는 의미에서 더 이상 작용할 수 없으면' 퇴직시켜서 그것이 생겨난 물체 세계 영역으로 돌아가도록 한다. 인간 존재 중에 정신으로서 나/Ich가 '주도적으로' 신체를 풀어 주고 그 고유한 세계로 돌아가는 게 우리가 '죽음'이라 부르는 것이다. 그리고 한 인간이 이런 의미에서 죽을 때만 죽음은 그 사람 소유가 된다. 어찌 보면 오늘날에는 사람들이 자신의 인생이 아니라 남의 인생, 달리 말해 부모나 사회라는 이름으로 된 타인이 요구하는 인생을 살기 때문에 죽음 역시 자신 소유로 만들지 못하고, 바로 그래서 죽음을 그렇게 두려워하는지도 모를 일이다. 주어진 생에서 '자신을' 살아내지 못했기 때문에 생기는 무의식적인 아쉬움, 이것이 나/Ich가 육체를 퇴직시키지 못하게 막는 영혼력으로 작용하는 듯이 보인다.

지상에서 육체를 가지고 사는 인생이 중요하지 않다는 말이 아니다. 이 인생'만' 중요한 게 아니라 이 인생'도' 역시 중요하고, 다른 두 세계에서 사는 것도 역시 중요하다는 것을 인간으로서 체험하고 느끼고 생각할 수 있다면, 우리는 인생뿐 아니라 죽음 역시 다른 식으로 '살아낼 수' 있지 않을까 하는 질문을 해 볼 수 있다는 것이다. 이런 의미에서 이 책이 10년 전이 아니라, 전 세계가 역사상 전례가 없는 기현상 속에 빠진 지금 우리말로 출판된다는 것은 결코 우연이 아니라는 생각이다.

옮긴이한테 번역할 여건을 마련해 주는 '루돌프 슈타이너 원서 번역 후원회' 회원들, 푸른씨앗 출판사에서 일하는 분들과 꼼꼼하게 교정해 주신 백미경님께 진정 마음에서 우러나는 고마움을 전하고 싶다.

이 책을 읽는 사람이 가슴속에 반드시 간직하기를 바라면서 루돌프 슈타이너가 이 책 제3판본 서문에 쓴 문장으로 옮긴이의 말을 마무리한다.

"우리 시대에 길들인 독서 방식으로는 이 책을 읽을 수 없다. 독자는 특정 관계에서 이 책 한 장 한 장마다, 심지어는 문장 하나하나마다 스스로 **작업해야만** 한다. 필자는 이것을 의식적으로 추구했다. 왜냐하면 이 책은 그렇게 해야만 독자에게 되어야 할 것이 될 수 있기 때문이다. 그저 읽어 내려가는 사람은 이 책을 전혀 읽지 않는 것이나 다름없다. 독자 자신의 진실이 체험되어야 한다. 정신과학은 오로지 이 의미에서만 가치가 있다."

2020년 4월 최혜경

푸른씨앗_책

## 7~14세를 위한 교육 예술

**루돌프 슈타이너** 강의 **최혜경** 옮김 / 280쪽 / 20,000원

루돌프 슈타이너 생애 마지막 교육 강의록이다. 슈타이너는 최초의 발도르프학교 설립자로서 학교 전반을 조망한 경험을 바탕으로, 7~14세 아이의 극적 변화에 맞춘 혁신적 수업 방법을 생생한 예시를 통해 제시하고, 다양한 방법으로 교육 예술의 개념을 발전시킨다. 전 세계 발도르프 교사들의 필독서로 사랑 받고 있는 발도르프 교육에 대한 최고의 소개서이다.(GA311)

## 꿀벌과 인간

**루돌프 슈타이너** 강의 **최혜경** 옮김 / 236쪽 / 20,000원

발도르프 교육 100주년 기념 출간. 괴테아눔 건축 노동자를 위한 강의 중 '꿀벌' 주제에 관한 강의 9편 모음. 양봉가의 질문으로 시작되는 이 강의록에서 노동자들의 거침없는 질문에 답하는 루돌프 슈타이너를 만난다. 꿀벌과 같은 곤충과 인간과 세계의 연관성을 설명하고, 이를 간과하고 양봉과 농업이 수익성만 중시한다면 미래에 어떤 일이 일어날 수 있는지 경고한다.

## 죽음, 이는 곧 삶의 변화이니!

001 천사는 우리의 아스트랄체 속에서 무엇을 하는가?
002 어떻게 그리스도를 발견하는가?
003 죽음, 이는 곧 삶의 변화이니! [eBOOK]

**루돌프 슈타이너** 강의 **최혜경** 옮김 / 3권 세트 / 18,000원

세계 대전이 막바지에 접어든 1917년 11월부터 1918년 10월까지 루돌프 슈타이너가 독일과 스위스에서 펼친 오늘날 현실과 직결되는 주옥같은 강의. 근대에 들어 인류는 정신세계에 대한 구체적인 관계를 완전히 잃어버렸지만, 어떻게 정신세계가 여전히 인간 사회에 영향을 미치는지를 보여 준다.
씨앗문고 001~003

## 발도르프학교의 아이 관찰

6가지 체질 유형 / **미하엘라 글렉클러** 강의 **하주현** 옮김
학교 보건 문제에 관한 루돌프 슈타이너와 교사 간의 논의(GA300b) / **최혜경** 옮김

188쪽 / 12,000원

괴테아눔 의학 분과 수석을 맡고 있는 미하엘라 글렉클러가 전 세계
발도르프학교 교사, 의사, 치료사들을 대상으로 한 강의. 자아가 세상과 어떤
관계를 맺고 있는지, 그 특성과 타고난 힘이 무엇인지에 따라 학령기 아이들이
갖는 6가지 체질 유형을 소개하고, 아이를 관찰하는 방법과 치유 방법을 제시한
강의록이다. 이 강의의 바탕이 되는 〈학교 보건 문제에 관한 루돌프 슈타이너와
교사 간의 논의〉(1923년) 기록을 함께 엮었다.
**씨앗문고 005**


## 초록뱀과 아름다운 백합

요한 볼프강 폰 괴테 지음 **최혜경** 옮김 / 108쪽 / 6,000원

"이 동화를 처음으로 읽으면 실제로 좀 산만하다는 느낌이 들기도 하고, 쉽게
맥락을 놓칠 수도 있다. 커다란 강을 사이에 둔 두 세계 여기저기에 사는 사람
들과 환상 존재들이 하나의 목적지를 향해 가는 과정이 굉장히 압축된 시간 안
에 거의 시詩에 가까운 문학적 표현을 통해 전개되기 때문이다."_옮긴이 글에서
**씨앗문고 004 [Audio BOOK]**


## 생명역동농법이란 무엇인가?

니콜라이 폭스 지음 **장은심** 옮김 / 96쪽 / 9,000원

유기농, 무농약 이상의 가치로 땅의 쇠퇴에 맞서는 생명역동농법은 시들어 가는
땅에 생명력과 재생의 힘을 회복시키는 농법으로, 1924년 루돌프 슈타이너가 주
창한 이래로 전 세계 50여 개 나라의 농민이 가입한 국제 〈데메터Demeter〉라는
협회를 통해 확산되고 있다. 작물의 영양소를 되살리는 미래 농법인 생명역동농
법의 핵심 내용과 궁금증, 적용 사례 등을 쉽게 설명하였다.
**씨앗문고 006**

## 12감각

**알베르트 수스만** 강의 **서유경** 옮김 / 양장본 392쪽 / 28,000원

인간의 감각을 신체, 영혼, 정신 감각으로 나누고 12감각으로 분류한 루돌프 슈타이너의 감각론을 네덜란드 의사인 알베르트 수스만이 쉽게 설명한 6일간의 강의. 감각을 건강하게 발달시키지 못한 오늘날 아이들과 또다른 형태의 고통과 알 수 없는 어려움에 시달리고 있는 어른을 위해, 신비로운 12개 감각 기관의 의미를 자세히 설명한 이 책에서 해답을 찾고자 하는 독자들이 더욱 많아지고 있다. 『영혼을 깨우는 12감각』 개정판

## 동화의 지혜

**루돌프 마이어** 지음 **심희섭** 옮김 / 양장본 412쪽 / 30,000원

그림 형제 동화부터 다른 민족의 민담까지 심오한 인간 본성과 법칙으로 동화 속 인물이 성숙해 가는 과정과, 상상적 인식을 가진 아이가 지성이 만든 고정된 개념, 저급한 감각 세계를 넘어서는 것을 발견할 수 있다. 어린 시절에 동화를 들려주는 것의 중요성을 깨닫고, 가슴 깊은 곳에 순수한 아이 영혼이 되살아남을 느낄 수 있을 것이다.

## 인생의 씨실과 날실

**베티 스텔리** 지음 **하주현** 옮김 / 336쪽 / 25,000원

너의 참모습이 아닌 다른 존재가 되려고 애쓰지 마라. 한 인간의 개성을 구성하는 요소인 4가지 기질, 영혼 특성, 영혼 원형을 이해하고 인생 주기에서 나만의 문명으로 직조하는 방법을 모색해 본다. 미국 발도르프 교육 기관에서 30년 넘게 아이들을 만나온 저자의 베스트셀러.

"타고난 재능과 과제, 삶을 대하는 태도, 세상을 바라보는 눈은 우리도 깨닫지 못하는 사이에 인생에서 씨실과 날실이 되어 독특한 문양을 만들어 낸다."_책 속에서

발도르프 교과 시리즈

## 8년간의 교실 여행_발도르프학교 이야기

**토린 M. 핀서** 지음 **청계자유발도르프학교** 옮김 / 264쪽 / 14,000원

한국 첫 발도르프학교를 꿈꾸며 함께 공부하고 만든 책. 담임 과정 8년 동안
교사와 아이들이 함께 성장한 과정을 담은 감동 에세이이다.

## 발도르프학교의 수학_수학을 배우는 진정한 이유

**론 자만** 지음 **하주현** 옮김 / 400쪽 / 25,000원

아라비아 숫자보다 로마 숫자로 산술 수업을 시작하는 것이 좋다, 사칙 연산을
통해 도덕을 가르친다, 사춘기의 시작과 일차 방정식은 무슨 상관이 있을까? 세
상의 원리를 알고 싶어 눈을 반짝거리는 아이들이 17세쯤 되면 왜 수학에 흥미
를 잃는가. 40년 동안 발도르프학교에서 수학을 가르쳐온 저자가 수학의 재미
를 찾아 주는, 통찰력 있고 유쾌한 수학 지침서. 초보 교사들도 자신감 있게 수
업할 수 있도록 아동기부터 사춘기까지 발달에 맞는 수학 수업을 제시하고 일
상을 바탕으로 만든 수학 문제와 풍부한 예시를 실었다.

[eBOOK]

## 발도르프학교의 미술 수업_1~12학년

**마그리트 위네만, 프리츠 바이트만** 지음 **하주현** 옮김 / 272쪽 / 30,000원

이 책은 슈타이너의 교육 예술 분야를 평생에 걸쳐 연구한 율리우스 헤빙과 그
의 제자 위네만 박사, 프리츠 바이트만이 소개하는 발도르프 교육의 '미술 영역'
에 관한 자료이다. 저학년과 중학년(1~8학년)을 위한 회화와 조소, 상급학년
(9~12학년)을 위한 흑백 드로잉과 회화에 대한 설명과 그림, 괴테의 색채론을
한 단계 더 발전시킨 루돌프 슈타이너의 색채 연구를 만나게 된다.

## 살아 있는 지성을 키우는 발도르프학교의 공예 수업

**패트리샤 리빙스턴, 데이비드 미첼** 지음 **하주현** 옮김

발도르프학교의 수공예 수업은 아주 어린 나이부터 의지를 부드럽게 깨우고 교육한다. '의지'는 궁극적으로 사고와 연결된다. 사고를 일깨우는 과정에서 손은 아주 중요한 역할을 한다. 손가락 움직임은 아이와 세상을 연결하는 감각을 자극하고, 마침내 사고 영역 전체를 움직이게 한다. 이 책은 발도르프 교과 과정이 유치원부터 상급 과정까지 어떻게 의식적으로 손을 훈련하고 성장시키고, 가슴의 힘을 통해 인식 능력을 강화하는지를 보여 주고, 공예 수업을 이끄는 실용적인 지침도 제공한다. 2022년 11월 출간 예정

## 오드리 맥앨런의 도움수업 이해

**욥 에켄붐** 지음 **하주현** 옮김 / 334쪽 / 25,000원

학습에 어려움을 겪는 어린 아이들을 돕는 일에 평생을 바친 영국의 발도르프 교사 오드리 맥앨런이 펴낸 《도움수업》의 개념 이해를 돕는 책. 『도움수업Extra Lesson』을 공부하는 이들에게 그 바탕인 인지학 개념을 소개하고 출처를 밝힌다.

## 발도르프학교의 형태그리기 수업(특별판)

**한스 니더호이저, 마가렛 프로리히** 지음 **푸른씨앗** 옮김 / 100쪽 / 15,000원

1부에서는 발도르프학교 교사였던 저자의 수업 경험, 형태그리기와 기하학의 관계, 생명력과 감각, 도덕성과 사고 능력을 강하게 자극하는 형태그리기 수업의 효과에 대해 설명한다. 2부에서는 형태그리기 수업에서 주의할 점과 슈타이너가 제안한 형태의 원리와 의미를 수업에 녹여 내는 방법과 사례를 실었다.

발도르프 교육학 입문

## 발도르프 킨더가르텐의 봄여름가을겨울

**이미애** 지음 / 248쪽 / 18,000원

17년간 발도르프 유아 교육 기관을 운영해 온 저자가 '발도르프 킨더가르텐'의
사계절을 생생한 사진과 함께 엮어 냈다. 한국의 자연과 리듬에 맞는 동화와 라
이겐 시, 모듬 놀이, 습식 수채화, 손동작, 아이들과 함께하는 성탄 동극 등 발
도르프 킨더가르텐의 생활을 자세히 소개하며 관련 자료도 풍부하게 실었다.

## 첫 7년 그림

**잉거 브로흐만** 지음 **심희섭** 옮김 / 246쪽 / 18,000원

『아이들 그림의 비밀』개정판. 태어나서 첫 7년 동안 아이들이 그리는 그림 속에
는 생명력의 영향 아래 형성된 자신의 신체 기관과 그 발달이 숨겨져 있다. 아울
러 그림에 묘사된 이갈이, 병, 통증의 징후도 발견할 수 있다. 덴마크 출신의 발
도르프 교육자인 저자는 이 책에서 양육자와 교사에게 사전 지식이나 전제 없이
도 아이들의 그림 속 비밀을 알아볼 수 있도록 풍부한 자료를 함께 구성하였다.
[eBOOK]

## 마음에 힘을 주는 치유동화

**수잔 페로우** 지음 **하주현** 옮김 / 424쪽 / 20,000원

'문제' 행동을 '바람직한' 행동으로 변형시키는 이야기의 힘. 골치 아픈 행동을
하는 아이들에서부터 이사, 이혼, 죽음까지 특정한 상황에 놓여 있는 아이들에
게 논리적인 설득이나 무서운 훈육보다 이야기의 힘이 더 강력하다. 가정생활
과 교육 현장에서 효과를 거둔 주옥 같은 85편의 동화와 이야기의 만들기와 들
려주기 연습을 소개한다.
[eBOOK]

**최혜경** www.liilachoi.com

본업은 조형 예술가인데 지난 20년간 인지학을 공부하면서 루돌프 슈타이너의 책을 번역해 왔다.

쓸데없는 것에 관심이 많은 사람이라 그림 그리고 번역하는 사이사이에 정통 동종 요법을 공부했다.

**번역서_** 『자유의 철학』, 『발도르프학교와 그 정신』, 『교육예술 1, 인간에 대한 보편적인 앎』, 『교육예술 2, 발도르프 교육 방법론적 고찰』, 『교육예술 3, 세미나 논의와 교과과정 강의』, 『발도르프 특수 교육학 강의』, 『사회문제의 핵심』, 『사고의 실용적인 형성』, 『인간과 인류의 정신적 인도』, 『젊은이여, 앎을 삶이 되도록 일깨우라!』 **밝은누리**

『7~14세를 위한 교육 예술』, 『죽음, 이는 곧 삶의 변화이니!』, 『인간 자아 인식으로 가는 하나의 길』, 『꿀벌과 인간』 **도서출판 푸른씨앗**

**저 서_** 『유럽의 대체의학, 정통 동종요법』 **북피아**

## 루돌프 슈타이너Rudolf Steiner(1861~1925)

오스트리아 빈 공과대학에서 물리와 화학을 공부했지만 실은 철학과 문학에 심취해 후일 독일 로스토크 대학교에서 철학 박사 학위를 받았다.

바이마르 괴테 유고국에서 괴테의 자연 과학 논설을 발행하면서 괴테의 자연관과 인간관을 정립하고 심화시켰다. 이후 정신세계와 영혼 세계를 물체 세계와 똑같은 정도로 중시하는 인지학을 창시하고, 제1차 세계 대전을 기점으로 추종자들의 요구에 따라 철학적, 인지학적 정신과학에서 실생활에 적용할 수 있는 학문 분야를 개척하기 시작했다. 인지학을 근거로 하는 실용 학문에는 발도르프 교육학, 생명 역동 농법, 인지학적 의학과 약학, 사회과학 등 인간 생활의 모든 분야가 포함된다. 이 외에도 새로운 동작 예술인 오이리트미를 창시하고, 연극 예술과 조형 예술을 심화 발달시켰다.

자연 과학자 헤켈, 철학자 하르트만 등 수많은 철학자, 예술가와 교류한 슈타이너는 화가 칸딘스키, 클레, 에드가 엔데, 작가 프란츠 카프카, 스테판 츠바이크, 모르겐슈테른 등에 큰 영향을 미쳤다. 스위스 도르나흐에 세운 괴테아눔은 현대 건축사에 중요한 한 획을 그은 건축물로 손꼽힌다.

〈루돌프 슈타이너 전집〉으로 출판되고 있는 슈타이너의 저작물과 강의록은 현재 약 360권에 이른다.

신지학THEOSOPHY_초감각적 세계 인식과 인간 규정성에 관하여

루돌프 슈타이너 지음 \ 최혜경 옮김

1판 1쇄 발행 2020년 6월 10일
　　2쇄 발행 2022년 11월 10일

펴낸곳 사)발도르프 청소년 네트워크 도서출판 푸른씨앗

　　　책임 편집 백미경　편집 백미경, 최수진, 김기원　번역기획 하주현
　　　디자인 유영란, 문서영　마케팅 남승희, 안빛, 이연정

　　　표지 땀디자인

　　　등록번호 제25100-2004-000002호
　　　등록일자 2004.11.26.(변경신고일자 2011.9.1.)
　　　주소 경기도 의왕시 청계로 189-6　전화 031-421-1726
　　　페이스북 greenseedbook　카카오톡 @도서출판푸른씨앗
　　　전자우편 greenseed@hotmail.co.kr

greenseed.kr　www.greenseed.kr

이 도서의 국립중앙도서관 출판예정도서목록(CIP)은 서지정보유통지원시스템 홈페이지
(http://seoji.nl.go.kr)와 국가자료종합목록 구축시스템에서 이용하실 수 있습니다.
(CIP제어번호 : CIP2020022052)

값 20,000원
ISBN 979-11-86202-29-6 (03120)

재생 종이로 만든 책

**이 책은 재생 종이에 콩기름 잉크로 인쇄했습니다.**
겉지_ 한솔제지 앙코르 210g/m²
속지_ 전주페이퍼 Green-Light 80g/m²
인쇄_ (주) 도담프린팅 | 031-945-8894

본문 글꼴_ DX 명조
책크기_ 127*188